# 罗马法概论

AN INTRODUCTION TO ROMAN LAW

## 版权声明

AN INTRODUCTION TO ROMAN LAW, FIRST EDITION
By Barry Nicholas and Ernest Metzger
Copyright © Oxford University Press 1962
AN INTRODUCTION TO ROMAN LAW, FIRST EDITION was originally published in English in 1962. This translation is published by arrangement with Oxford University Press. Law Press China is solely responsible for this translation from the original work and Oxford University Press shall have no liability for any errors, omissions or inaccuracies or ambiguities in such translation or for any losses caused by reliance thereon.

英文原著著作权归属于牛津大学出版社，最初于1962年以英文版出版。中译本经由牛津大学出版社授权法律出版社独家出版发行。法律出版社全权负责翻译原作，牛津大学出版社对此类翻译中的任何错误、遗漏、不准确或含糊之处，或因其所造成的任何损失，不负任何责任。

著作权合同登记号
图字:01-2019-7181

| 修订译本 |

# 罗马法概论

［英］巴里·尼古拉斯 著　黄 风 译

AN INTRODUCTION TO ROMAN LAW

法律出版社
LAW PRESS · CHINA

## 图书在版编目(CIP)数据

罗马法概论：修订译本／（英）巴里·尼古拉斯著；黄风译．－－北京：法律出版社，2021

书名原文：AN INTRODUCTION TO ROMAN LAW
ISBN 978－7－5197－5778－6

Ⅰ．①罗… Ⅱ．①巴… ②黄… Ⅲ．①罗马法－概论 Ⅳ．①D904.1

中国版本图书馆 CIP 数据核字（2021）第 145137 号

**罗马法概论（修订译本）**
LUOMAFA GAILUN（XIUDING YIBEN）

| 著　　者 | ［英］巴里·尼古拉斯 |
|---|---|
| 译　　者 | 黄　风 |
| 责任编辑 | 丁小宣　宋丽娜 |
| 编辑统筹 | 法律教育出版分社 |
| 装帧设计 | 凌点工作室 |
| 责任校对 | 王晓萍 |
| 责任印制 | 胡晓雅 |
| 出　　版 | 法律出版社／北京市丰台区莲花池西里 7 号（100073） |
| 网　　址 | www.lawpress.com.cn |
| 经　　销 | 新华书店 |
| 印　　刷 | 中煤（北京）印务有限公司 |
| 版　　本 | 2021 年 8 月第 1 版 |
| 印　　次 | 2021 年 8 月第 1 次印刷 |
| 字　　数 | 274 千 |
| 开　　本 | A5 |
| 印　　张 | 10.625 |
| 定　　价 | 52.00 元 |
| 书　　号 | ISBN 978－7－5197－5778－6 |
| 投稿邮箱 | info@lawpress.com.cn |
| 维权邮箱 | jbwq@lawpress.com.cn |
| 咨询电话 | 010－63939796 |
| 销售客服 | 010－83938350 |
| 销售电话 | 010－83938349 |

凡购买本社图书，如有印装错误，我社负责退换。电话：010－83938349

**巴里·尼古拉斯(Barry Nicholas)**

  牛津大学比较法教授,曾任布雷森诺斯学院(Brasenose College)院长。

**黄 风**

  北京师范大学刑事法律科学研究院、法学院教授,中国国际私法学会副会长,最高人民检察院专家咨询委员会委员。1996年获"国际罗马法奖"(库比泽夫斯基奖);1998年获意大利外交部"文化作品翻译奖";1999年获意大利总统授予的共和国骑士勋章;2005年获意大利总统授予的"仁惠之星"共和国爵士勋章。

# 修订译本说明

尼古拉斯教授的这部《罗马法概论》第一版问世于1962年,我的第一个中译本正是根据这个版本1996年在中国香港的加印版完成的。2008年英国格拉斯哥大学的欧内斯特·梅茨格(Ernest Metzger)教授对此书的"参考书目"(Select Bibliography)进行了较大范围的修订,同时增加了一篇"术语解释"(Glossary)。本次对本书中译本的校订同时参照了笔者于2018年7月购得的梅茨格教授这一修订版本。虽然梅茨格教授在2008年修订版的"前言"中说对本书正文的内容"没做改动",但译者在译文校订过程中发现梅茨格教授的修订版对尼古拉斯教授1962年的最初版本有若干处的修改,并且很难分辨这些修改是由尼古拉斯教授作出的,还是由梅茨格教授作出的;无论怎样,译者在新的中译本中以注释的方式将这些修改之处逐一加以注明。考虑到牛津出版社与法律出版社签订的《翻译授权协议》将翻译的范围限定于本书的第一版,因而,除注明本书正文中的上述修改情况之外,译者未将2008年版本所修订的"参考书目"和增加的"术语解释"纳入新的中译本中。

用英文撰写罗马法教科书,这可能会让不少正统的罗马法学者产生疑虑,甚至感到不可思议,且不管罗马法系学者与普通法系学者之间的隔阂与成见,仅在术语使用的问题上就确实存在许多沟通上的困难,罗马法的大量术语在普通法中难以找到对应的词汇,而且罗马法和普通法中一些相同的词汇(如property、obligation等)又可能在各自的制度和学理中有着不同的含义。尼古拉斯教授以其精湛的罗马法造诣以及深厚的比较法功底，用英文向读者尤其是英美法系的法律专业学生，送上了一本原汁原味的罗马法教科书，以无缝对接的方式在罗马法与普通法之间架设起一座相互沟通的桥梁，同时还向人们介绍了罗马法后期的演变以及在罗马法系不同国家法制中的一些特殊规则。对尼古拉斯教授作品中译文的重新校订，使作为译者的我有机会再次徜徉在罗马法与比较法的纯学术境地，潜心领略公平与正义的艺术和智慧。这种享受相信是这本《罗马法概论》的每位读者都同样能够获得的。

在翻译问题上，业界公认的标准是"信、达、雅"。笔者认为，就专业和学术文献的翻译而言，还应该特别讲究一个"专"字，也就是说，在术语、概念、规则的表述和表达上，译文应当尽量符合专业性和规范化的要求。在专业和学术文献的译文中经常出现这样的情况：译文看起来流畅且文雅，但令人难以准确理解专业上的含义，查看原文之后才真正领悟其中说的是什么意思。一篇好的译文甚至可以把这种情况翻转过来：当看原文不太理解其专业含义时，译文则能帮助读者从专业和学术的角度明了原文的字面表述，甚至理解了文字背后的深层含义。这就对专业和学术文献的译者提出了两方面的更高要求，一是文字的把握能力，二是专业的理解和表达能力。这两项要求时时鞭策并提醒着译者：切忌自以为是，对自己翻译工作的最终评判者是读者和相关的专业人士。

黄　风

2021 年 5 月 10 日

于北京师范大学珠海校区文华苑

# 译者说明

尼古拉斯教授的《罗马法概论》是由我在大约 12 年前翻译成中文的。中译本出版后受到中国读者的欢迎,曾数次加印。借本书重新出版之机,我对整个译文进行了校订,纠正了一些文字上的错误并做了个别语言表述上的调整。在此,我想特别感谢我的老朋友——法律出版社丁小宣先生,他对这本书的特别关注令我回想起我们 18 年前开始的、关于"罗马法研究翻译系列"的出版合作。正是像小宣这样有远见的出版家的鼓励和督促,使我本人不敢懈怠向中国读者推介罗马法学术精品的责任。

黄 风

2010 年 3 月 8 日

于北京师范大学

# 目 录

## 第一编 罗马法的历史和渊源

引 言 ································································· 3
 第一节 罗马法的要求 ········································· 3
 第二节 宪政的和历史的背景 ································ 5

### 第一章 法的渊源 ················································ 17
 第一节 制定法 ···················································· 17
 第二节 执法官告示 ············································· 22
 第三节 法学家的解释 ········································· 31

### 第二章 优士丁尼的立法工程 ································ 42
 第一节 《民法大全》 ········································· 42
 第二节 《学说汇纂》的特点 ································ 46

### 第三章 罗马法第二阶段的发展 ··························· 49
 第一节 在东部的流传 ········································· 49
 第二节 在西部的流传和复兴 ································ 50
 第三节 对罗马法的接受 ······································ 53
 第四节 人文主义的复兴 ······································ 54
 第五节 自然法 ···················································· 55

第六节　法典化和现代民法……………………………………… 56
　　第七节　对罗马法的现代历史研究……………………………… 57

第四章　自然法，万民法…………………………………………… 60

# 第二编　人　　法

引　言…………………………………………………………………… 69

## 第一章　人法的主要特点…………………………………………… 74
　　第一节　市民和非市民…………………………………………… 74
　　第二节　罗马家庭——父权……………………………………… 75
　　第三节　家子在财产上的无权能………………………………… 77
　　第四节　奴隶的法律地位和事实地位…………………………… 79

## 第二章　奴隶身份的创设和终止…………………………………… 82
　　第一节　奴隶身份的产生………………………………………… 82
　　第二节　奴隶身份的终止——解放奴隶………………………… 83
　　第三节　解放奴隶的后果………………………………………… 86
　　第四节　对解放奴隶的公共限制………………………………… 87

## 第三章　父权的设立和终结………………………………………… 88
　　第一节　父权的产生……………………………………………… 88
　　第二节　父权的终止……………………………………………… 91

## 第四章　婚姻………………………………………………………… 93
　　第一节　主要特点………………………………………………… 93
　　第二节　夫权……………………………………………………… 95
　　第三节　合法婚姻和非罗马婚姻………………………………… 96

第四节　姘合 …………………………………………… 97
　　第五节　准正 …………………………………………… 98
　　第六节　离婚 …………………………………………… 99
　　第七节　婚姻财产 ……………………………………… 101

第五章　监护 ………………………………………………… 104
　　第一节　未成年人监护 ………………………………… 104
　　第二节　未成年人保佐 ………………………………… 108
　　第三节　其他形式的监护 ……………………………… 109

第六章　人格减等 …………………………………………… 111

## 第三编　财　物　法

引　言 ………………………………………………………… 115

第一章　基本区分 …………………………………………… 116
　　第一节　财物和债　对物之诉和对人之诉 …………… 116
　　第二节　契约和转让 …………………………………… 120
　　第三节　物的分类 ……………………………………… 122
　　第四节　所有权和占有 ………………………………… 124

第二章　占有 ………………………………………………… 126
　　第一节　对占有的保护 ………………………………… 127
　　第二节　占有的重要性 ………………………………… 128
　　第三节　谁能占有 ……………………………………… 129
　　第四节　作为事实的占有 ……………………………… 134

## 第三章 取得有形物的方式 ········· 136

## 第四章 传来取得方式：转让 ········· 138
  第一节 要式买卖和拟诉弃权 ········· 138
  第二节 让渡 ········· 139

## 第五章 市民法原始取得方式：时效取得 ········· 143
  第一节 时限和时效 ········· 143
  第二节 时效取得 ········· 145
  第三节 善意拥有人和善意占有人 ········· 148
  第四节 长期取得时效和优士丁尼的改革 ········· 152
  第五节 现代法和所有权不可侵犯性 ········· 153

## 第六章 原始取得的自然方式 ········· 155
  第一节 先占 ········· 155
  第二节 河流造成的扩张 ········· 157
  第三节 合并 ········· 158
  第四节 加工 ········· 162
  第五节 孳息的取得 ········· 163
  第六节 取得埋藏物 ········· 166

## 第七章 役权 ········· 167
  第一节 引言：他物权 ········· 167
  第二节 地役权 ········· 168
  第三节 人役权 ········· 170
  第四节 罗马法中的役权和现代法 ········· 174

## 第八章 其他他物权 ········· 176
  第一节 永佃权和地上权 ········· 176

第二节　物的担保························· 177

**第九章　所有权**····························· 182

# 第四编　债　　法

引　言····································· 189

**第一章　契约**······························ 191
　　第一节　历史发展························· 191
　　第二节　非要式契约······················· 199
　　第三节　要式契约························· 226
　　第四节　债的解除························· 232
　　第五节　契约相对关系····················· 233
　　第六节　保证····························· 238
　　第七节　现代民法························· 240

**第二章　私犯和准私犯**······················ 242
　　第一节　引言····························· 242
　　第二节　盗窃和抢劫······················· 246
　　第三节　侵辱····························· 251
　　第四节　非法侵害························· 254
　　第五节　裁判官法中的私犯················· 259
　　第六节　赔偿责任························· 260
　　第七节　准私犯··························· 261
　　第八节　现代法··························· 263

**第三章　准契约**···························· 265

# 第五编 继 承 法

引 言 ······275

## 第一章 市民法中的基本原则 ······277
第一节 概括继承 ······277
第二节 继承人 遗产 ······278
第三节 继承人的类型 ······280
第四节 缓解概括继承弊端的办法 ······282
第五节 "一旦成为继承人,永远是继承人" ······284

## 第二章 裁判官法中的遗产占有 ······287
第一节 遗产占有的一般原则 ······287
第二节 遗产占有人的救济手段 ······289

## 第三章 无遗嘱继承 ······291
第一节 初步的概念 ······291
第二节 市民法制度 ······293
第三节 无遗嘱继承中的遗产占有 ······294
第四节 《新律》的制度 ······296

## 第四章 遗嘱继承 ······298
第一节 早期的遗嘱 ······299
第二节 根据遗嘱的遗产占有"裁判官法遗嘱" ······301
第三节 后来的遗嘱形式 ······302
第四节 遗嘱内容的要件 ······304
第五节 替补 ······305
第六节 对遗嘱权的限制 ······307

## 第五章　继承外赠与 ··············································· 312
### 第一节　遗赠的形式 ············································· 312
### 第二节　对遗赠数量的限制:《法尔其第法》 ············ 314
### 第三节　死因赠与 ·················································· 315
### 第四节　遗产信托 ·················································· 315
### 第五节　遗产信托、遗赠和死因赠与的同化 ············ 318
### 第六节　遗嘱附书 ·················································· 318

## 附表:罗马法历史的重要年代 ································· 320

## 译后记 ···································································· 322

# 第一编　罗马法的历史和渊源

# 引　言

## 第一节　罗马法的要求

根据传说,罗马建立于公元前753年,在随后的2700年中,罗马法经历了两个不同的发展阶段,并且从两个方面要求我们予以注意。在它的第一个发展阶段中,罗马法是罗马城的法,在其最后成熟时,它成为整个罗马帝国的法。但是,它不止如此。它是罗马精神最原始的产物。在几乎所有其他智力创造的领域,罗马人曾是希腊人虔诚的学生,但在法律方面他们却是老师。在他们手里,法律第一次完全变成了科学的主题,他们从作为法律原材料的细碎规则中提炼出原则并精心构建成一个体系。这一提炼过程之所以重要,不仅是因为它能够使规则制定工作变得简化,还因为原则不同于规则,前者蕴含丰富:一位法学家可以通过对两三项原则的组合创造出新的原则,并且由此创造出新的规则。原则体系与规则体系间的区别可以说类似于字母拼写文字与象形文字(如中文)间的区别。[1]

罗马法学家的力量不仅在于他们有能力在前所未有的规模和复杂程度上创建和运用这些抽象原则,而且还在于他们清楚地觉察到社会生活和贸易生活的需要,注意到如何采用最简单的方法取得所

---

[1]　这一评论是由鲁道夫·冯·耶林在他那部最富洞察力的关于罗马法的书——《罗马法精神》(*Geist des römischen Rechts*)中提出的,遗憾的是这本书还没有译成英文。

希冀的实际结果。当自己规则体系的逻辑与适宜性所提出的要求发生冲突时,他们乐于摈弃这种逻辑。如果说法是"实践的理性"的话,毫不奇怪,罗马人依靠他们在这一实践上的天才,能够在法中找到一块完全适合于他们的智力活动园地。

这第一个发展阶段由优士丁尼皇帝在公元 6 世纪加以总结,并且随之而宣告结束,它所要求我们注意的是这一智力成就的内在质量。但是,在 550 年后,优士丁尼的法律书籍在意大利北部被加以研读;在那里,先是从大学,后是到法庭,开始了罗马法第二个令人惊奇的发展阶段,它给予几乎整个欧洲以法律概念的共同库藏、法律思想的共同文法(a common grammar of legal thought),并且,在不断变化但不可轻视的范围内,提供了一批共同的法律规则。英国站出来抵制这种对罗马法的接受,并且在很大程度上保留了自己的普通法,然而,后者没有完全摆脱罗马法的影响。因此,今天的世界上存在两大起源于欧洲的法律体系:一个产生于英国普通法,它的范围扩及大部分讲英语的国家;另一个则扎根于或者部分地扎根于复兴的罗马法,它的范围覆盖着几乎所有的欧洲国家和一定数量的周边国家。[2] 相对于普通法,罗马法体系通常被称为民法法系,直到不久前,罗马法一直以此名称闻名于世。

这就是罗马法要求我们注意的第二点,它为普通法的法律工作者提供了一把钥匙,以理解几乎所有其他可溯源于欧洲的法律体系的共同语言。

然而,这第二个要求对于整个罗马法来说并不都是成立的。罗马人把法区分为公法和私法。公法是关于国家管理职能的法,具体地说包括宪法和刑法;私法涉及的是个人之间的关系。罗马法学家把他们的主要兴趣放在了私法上,正是私法赋予罗马法第二个发展

---

[2] 欧洲外的两大法系——印度法和伊斯兰法具有宗教的特点。在商法领域,它们在很大程度上被从欧洲两大法系中引进的东西所取代,但是在其他方面,它们一直调整着千百万人的生活。

阶段以最重要的意义。因此,我们在这里只论述私法。

## 第二节 宪政的和历史的背景

对任何法律制度的理解都不能完全脱离该法律制度所为之服务并且对之加以调整的社会的历史。然而,我们下面只能对罗马1300余年历史的某些显著特征做一概述,这一历史在公元565年随着优士丁尼的去世而结束。

**不同阶层间的斗争和共和国宪政**

最初时期的历史,根据传统的说法,完结于公元前510年,在这一年,最后一个国王塔尔奎尼·苏佩布遭到驱逐。对于这个时期的历史,我们没有多少可靠的证据,至于它的法,材料就更少了。从这一时期起,罗马共和国作为一个小城邦而出现,它主要以农业为基础,但已经取得了某些贸易上的重要地位,并且表露出那种使它后来将其边境扩张到地中海世界之外的军事才能。然而,在共和国的前150年(公元前510—公元前367年)中,它主要致力于在其市民社会中所形成的两大阶层或者阶级间的内部斗争,即贵族阶层与构成其人口主体的平民阶层间的斗争。这一斗争是为了实现平等,这种平等部分是经济上的,但主要是政治上的。上述斗争对于罗马宪政的早期发展是重要的,但是,由于它最终结束于公元前287年,并且私法的重要发展至少是又过了100年之后才开始的,因此我们可以只满足于看一看共和国宪政的主要特征。这一宪政的形成是从三大要素——执法官、元老院(Senate)和民众大会的出现而开始的。

执法官是王权的接班人。创建共和国的革命所带来的主要政治结果,简单地说,就是以两位执法官取代了国王,这两位执法官叫作执政官。他们被授予充分的行政权力[*imperium*(治权)],只受到三项限制:首先,虽然他们各自拥有充分的权力,但两位执政官中的每一者都受到另一者否决权的约束;其次,他们任职的时间仅为一年;最后,他们的权力可以受到立法的限制。随着罗马的发展,人们创设了其他一些主要的执法官以减轻执政官在某些具体领域中的任务,但是,"治权"的上述原则仍然保持着,每一上述执法官都在自己的领域内享有充分的权力,受到同样的限制,并且受到上级执法官否决权的约束。这一权力的范围有多大,可以从下列事实中看出:只有根据立法,市民才有权针对执法官判处死刑的决定向民众大会提出申诉。

与私法有着最重要关系的官职是裁判官。该官职创设于公元前367年,以接替执政官那部分与民事司法权有关的(同刑事司法权相对的)职责。裁判官从此开始负责执掌民事法律,虽然裁判官对民法形成伟大影响的时期只是在过去了200年之后才到来。大约在公元前242年,对裁判官的职能加以划分变得必要,由此人们指定了两名裁判官,一名负责审理当事人均为罗马市民的案件,其被称为"城市裁判官"(*praetor urbanus*);另一名负责审理至少有一名当事人是异邦人(*peregrinus*)的案件,其被称为"外事裁判官"[*praetor peregrinus*,其全称是 *praetor qui inter peregrinos ius dicit*(对异邦人执法的裁判官)]。在共和国后期,裁判官的数量大大增加,但是,只有这两名裁判官与私法有关。

在公元前367年,共和国还第一次指定了两位贵族营造司(Curule Aediles),他们所负责的那些工作可以被称为城市公共事务,并且还负责粮食供应。然而,他们在私法上的重要意义表现为对市场的监管,与此相联系,他们也行使有限的民事司法权。这种司法权使他们得以为买卖法做出重要的贡献。

在公元前443年,共和国首次指定了监察官(Censors),他们每四年或每五年指定一次,其任职时间不超过18个月。他们与法律无直接关系,但是,他们行使着一般的道德监督权,这种监督可以成为对法律的重要补充。道德监督权产生于监察官的主要职责:进行人口普查。这涉及根据政治和经济目的并且为了征税的需要将每个市民编排在适当的团组中。在执行这一职责时,监察官可以对任何在他们看来在公共生活或者私人生活中行为不端的人进行名单标记(nota),在其各种作用中,这样做通常具有剥夺该人公权的效力。他们的裁量权是很不受限制的:我们听说过因滥用父权、生活奢侈、不节俭、从军队开小差或者执法官员行为不洁而被做"标记"的情况。随着监察官卸去审查元老院成员名单的职责(该职责可能是在公元前4世纪从执政官那里转移到监察官身上的),上述权力就变得更为重要。因而,他们所享有的威望甚至超过了执政官。[3] 在共和国的最后50年中,这一官职却衰落了,从公元前22年之后再未指定过一名监察官,而是由皇帝继续行使做"标记"的权力。

　　元老院是老年人议事机构,自有历史记载以来,它几乎完全接纳的是卸任的执法官,并且到了共和国最后100年时,它的人数达到了300人。从形式上看,它的职能仅仅是咨询性的,但实质上,它在共和国宪政中是最具实力的组织。正如我们将谈到的,民众大会没有提议权;一名任职期仅为一年的执法官也很少采取反对元老院集体智慧的行动,最多只能在可以说服自己的同僚一起干的情况下为某一目的而这样去做。

　　民众大会是一个很不同于现代立法机构的组织,它像所有的古代群众会议一样,不是由代表组成,而是由全体市民组成。更为重要的区别在于它缺乏提议权。它由一位执法官主持,只有执法官才能召集它,并且只有执法官才能决定可以向大会提出怎样的动议。在那里没有任何"个人成员"的议案,也不存在任何修正权。民众大会只能接受或者拒绝由执法官向它提出的建议,这样的建议应当先由元老院进行讨论并且通过。尽管每个市民都享有表决权,但是,投票是按照团组而不是人头进行,不存在一人一票的原则。正是投票团组得以使贵族阶层在两大阶层的斗争中保持自己的优势。因为贵族

---

[3] 但是,监察官不拥有治权。

的投票团组被"增加了分量",以便能使贵族获得多数。

说民众大会是单一的,实际上是不准确的。整个共同体有三个民众会议,民众按照不同的单位形成投票团体。每个表决单位的确切性质不大清楚,从私法的角度讲,这也无关紧要。最早的民众大会是"库里亚民众会议"(*comitia curiata*),在这里表决的是30个"库里亚"(*curiae*)(大概是一种地域性单位),但在有历史记载的时期,它的政治作用已经退化。正如我们将谈到的,它在私法上只保留着某些形式的意义,但正是由于这一原因,库里亚曾简单地由30位侍从官(执法官的随从)来代表。在政治上起作用的民众会议是"百人团民众会议"(*comitia centuriata*)和"部落民众会议"(*comitia tributa*),这两个表决单位,前一个可能是以财富为基础(以某种方式同军事组织相联系),后一个则是以地域为基础。

另外还存在一个"平民会议"(*concilium plebis*),这个表决单位的基础与部落民众会议相同。平民会议由专门的平民护民官(Tribunes)主持,但是,它的决议(*plebiscita*)最初是没有任何法律效力的。后来,它的效力终于得到承认。在两大阶层间的斗争中发生的最后事件是于公元前287年制定了《霍尔滕西法》(*lex Hortensia*),它宣布:平民会决议具有充分的立法效力。因此,此时存在三个实际的立法组织:百人团民众会议、部落民众会议(这两者由全体市民组成)和平民会议(只由平民组成)。然而,平民会议逐渐成为一般立法机构,因为平民护民官承担这种任务的时间比曾主持民众会议的执政官或裁判官任职的时间更长。

将立法权授予民众中最卑微的部分,乍看起来是令人惊奇的,但在这时,贵族肯定已仅在市民中占有很小的比例,而且贵族与平民间的旧冲突也已经不复存在。两大阶层间的斗争早在80年前就已因公元前367年的《李其尼和塞斯蒂法》(*leges Liciniae Sextiae*)的制定而结束。这一立法接受了平民主要的经济要求以及他们最重要的政治要求:在每一年中,执政官中的一人必须是平民护民官;而且在不久之后,平民就被允许担任所有执法官的职务。不过,只有那些比较富有的平民才从这一政治解放事件中受益。事实上,随着这一斗争而出现的不是一个无阶级的社会,而是一个新的当权贵族。现在的差别不再是在贵族和平民之间,而是在那些其成员已经取得高级执法官职位的家族与那些可能站出来反对这种差别的家族之间。对于某个人来说,确保自己被推选担任较高级的执法官职位并不容易,除非他的前辈中有人担任过这样的职位。而且,正如我们谈到的,由于取得职位也变成了进入元老院的关键,因而就出现了一个元老院贵族。像西塞罗这样的新人可以打破统治者家族的圈子是一个可以引以为自豪的成就。〔4〕

### 共和国后期

内部政治争斗的最重要阶段可以说是在公元前367年结束的,在随后的150年中,罗马把它的精力转向了领土扩张。在公元前272年左右,它实际上实现了对意大利〔5〕的完全控制,部分是采用直接统治的方式,部分是采用名义上的但不平等的结盟;并且罗马向迦太基开战,后者是与罗马争夺对西地中海控制权的唯一对手。在两次战争(公元前264—公元前241年和公元前218—公元前201年)中,虽然迦太基最终被打败,但罗马付出了沉重的代价,意大利农业的原有秩序被打乱了。然而,作为这两次战争的结果,罗马获得了它的第一批行省(在意大利以外的领土,统治该领土的人是拥有治权的执法官)。第一个行省是西西里,创设于公元前241年;撒丁是十年后增设的;在同迦太基的第二次战争结束时又增加了两个位于西班牙的行省。也正是在这一时期,罗马的异邦人数量不断增长,以至需要指定我们前面介绍的外事裁判官对涉及异邦人的案件行使

---

〔4〕 在提比留·格拉古(Tiberius Gracchus,公元前123—公元前122年)担任护民官职务之前的1个世纪中,200名执政官中的159人来自26个家族,而且,在这159人中,有99人仅来自10个家族。
〔5〕 在古罗马的术语中,"意大利"不扩及现在的佛罗伦萨以北地区。意大利以北是高卢。

司法管辖权,这并不是一种偶然的巧合。

迦太基作为一个城市和列强的最终毁灭只是到了公元前146年才发生,但在公元前201年,罗马就已经明显地确立了其在西地中海的统治地位。随后,罗马不顾自己在资源上遭受的损耗,又立刻投身于在东部与马其顿的战争,接着又与叙利亚开战,并且在进行了70年断断续续的战争之后,创设了分别位于希腊和小亚细亚的新行省;在迦太基最终垮台后又创设了位于北非的行省。

公元前2世纪的这一领土扩张时期,以及罗马与近东最古老的文明和商业繁荣的交合,在罗马的历史中产生了深远的影响。罗马变为一个伟大的贸易强国,资本从东方和其他新的行省流入。这种资本中最不可忽视的形式是大量的奴隶。这些财富的流入伴随着市民组织的衰竭(一方面起因于连绵的战争,另一方面是由于向新近征服的领土移民),使意大利的面目发生了变化。意大利不再是一个自耕农的国家,越来越多的土地集中在富人手中,后者使用奴隶把这些土地开垦成大的庄园。随着小块土地被大的庄园所取代,对土地的使用发生了根本的变化。埃及和北非可以提供更大量的、更廉价的粮食,因而意大利的土地所有者集中精力生产那些能够在海外找到最好市场的产品(主要是葡萄和橄榄),同时这些产品也最适合由拥有资本的耕作者开发。

所有这一切给罗马社会带来了伟大的变化。旧的、紧密的市民组织已经消失。在拥有资本的富人和穷人之间出现了一条鸿沟,现在第一次出现了无产阶级。许多失去了自己的土地并且没有迁居的市民云集在罗马,他们生存的最好方式就是充当富人的门客(clients)。

罗马现在还感受到希腊文化的强烈冲击。一直都很孱弱的罗马文学现在开始发展起来,它的模式和灵感都来自希腊,有教养的人都学习希腊文,希腊哲学开始对罗马生活产生影响。但是,希腊对罗马的影响也有着负面的效应,希腊的道德是放荡的,而且比罗马人所一直遵循的淳朴准则要矫揉造作得多。在这个新的财富世界,希腊文化的引进以及传统准则的丧失都发生得太突然了,道德沦丧开始了。

在公元前 2 世纪末期,共和国的结构开始崩溃。坦率地讲,罗马曾依靠它的市民军队而获得力量,这样一个国家不能看着自己的市民堕落成丧失土地并且依靠富人施舍求生的无产阶级。但是,富人充斥于元老院,任何改革都是不可能的。实际上,对市民的公共粮食赈济制度已经建立,这确保了无产阶级的长期存在,这个阶级所感兴趣的只是"面包和竞技",下一个发展阶段在这个世纪末已经初露端倪。市民已经不再有足够多的人数或者不再十分愿意加入军队,罗马不得不从最低层市民中招募职业军人。因此,任何一个野心勃勃的将军,只要能够发出军饷,就能培育一支为他自己服务的军队,并且通过施舍获得罗马下层民众的选票,他可以依靠这一切使自己成为帝国的主宰,这种将军的连续出现为共和国最后 100 年树立了榜样。危险的其他源泉是聚居在大庄园中的反叛奴隶(他们在造反中没有什么可丧失的)以及罗马的意大利同盟者(他们对罗马拒绝给予自己市民籍感到愤愤不平)。这种不满在公元前 91—公元前 88 年的令人毛骨悚然的内战中达到了顶峰,罗马取得了这场战争的军事胜利,但在政治上则最终同意向全意大利给予它一直坚持拒绝给予的东西——市民籍。

在这一时期,领土扩张也在无休止地继续进行。边境一直伸向英吉利海峡、莱茵河、多瑙河和幼发拉底河,每次新的征服都带来新的财富。在这一时期并且在随后的几年中,罗马文学进入了最繁荣阶段。

在一代代相互争斗的将军中,在因他们间的争斗而引发的内战中,最终脱颖而出的是屋大维(Octavian),他更以自己的荣誉称号"奥古斯都"(Augustus)而著称。很长时间以来,宪政已经实际中断了,但在公元前 27 年,随着和平的恢复,奥古斯都宣称已经恢复了宪政统治。然而,所恢复的宪政只是形式上的共和国,我们认为,正是从这时候起开始了帝国时代。

帝国通常划分为两个时期,元首制时期(公元前 27—公元 284 年)和随后出现的君主制时期,或者叫绝对君主制时期。

## 元首制

尤利·恺撒由于太赤裸裸地主张个人权力而遭到谋杀。奥古斯都吸取了恺撒倒台的教训,为他的权力罩上了共和国的外衣。从外表看,宪政制度没有任何改变,执法官制度仍然保留着。所不同的是:权力现在集中到了奥古斯都的手中,而在以前,这些权力从来不是由一个人把持的,而且,奥古斯都现在实际上终生享有这样的权力。他形式上只是 princeps——第一市民[6],但是,他的权力实际上扩展到统治的所有领域。民众会议没有被废除,但它已经逐渐地形同消亡。民众会议的活动只不过是对皇帝的意愿加以批准,而且,随着元首制的没落(它在公元1世纪末完全消逝),这些活动也变得越来越少。相反,元老院的权力却得到增强,至少是在形式上。政治权力被皇帝和元老院瓜分,因而,元首制时期的宪政被描述为"两头政治",但在这种合伙关系中哪一方占主导地位这个问题,从来没有任何疑问。形式上归民众会议所有的立法权现在转移到了元老院,因而,早在公元2世纪,元老院决议(senatusconsulta)就已经毫无疑问地具有了法律的效力。但是,在那里,皇帝的声音太起作用了,元老院实际上是皇帝的喉舌。

皇帝的权力最终依靠的是军队,并且借助了民众对重新陷于共和国末年的混乱和内战的恐惧。军队的力量在公元69年得到证明,当时随着尼禄的死去,四位将军被各自驻扎在帝国不同地域的军队拥戴为皇帝,而这只是真理的瞬间一闪。这四位将军中的最后一位——维斯帕西安(Vespasian),成功地建立了一个新王朝,并且随之而来的是100年的稳固与和平、繁荣和大治。在此期间也播撒下未来骚乱的种子,帝国的平衡中心正在从意大利和旧的罗马家族那里移开。维斯帕西安的几位接班人来自行省的家庭,具有罗马血统,

---

[6] "princeps"一词来自拉丁文 primus capio(占据第一个位置的人),意指在元老院中坐第一把交椅的人。公元前28年,元老院将此称号授予奥古斯都。——译者注

但居住在行省。(直到公元 2 世纪末才出现了第一位非罗马血统的皇帝——塞第米·塞维鲁[Septimius Severus],很具有讽刺意味的是:他是迦太基人的后裔。)实际治理权不断地转移到皇帝的民事服务人员身上,而这些人大量地来自解放自由人[7]或者解放自由人的后裔,而不是正统的罗马人。日益发生在军队成分中的变化是:大量的兵源不仅来自意大利以外,而且还来自北部边境的民族,这些民族没有罗马的传统,同罗马潜在敌人的亲近程度超过了同罗马人自己的亲近程度。

由此而播下的种子在元首制的最后 100 年中产生了结果。马可·奥勒留,公元 2 世纪最后一位伟大皇帝,死于公元 180 年。边境骚乱持续了近 20 年(横跨莱茵河和多瑙河的入侵,与波斯的战争)。现在,虽然帝国需要一位优秀的治理者,但是希望落空,财富被尼禄肆意挥霍,他甚至充作角斗士出现在竞技场中,与此同时国库匮乏,罗马的粮食供给崩溃。尼禄于公元 192 年遭到谋杀后出现了短暂的无政府时期,同以往一样,这一时期因一位士兵占据了王位而宣告终结,此人就是塞第米·塞维鲁。军队再一次统治了帝国,它向它所创立的皇帝要求犒赏。为满足这一要求以及其他一些要求,塞第米·塞维鲁和他的接班人求助于横征暴敛和贬值货币。这一经济危机时期与边境战争相伴随,在公元 235 年发展到顶峰,导致帝国权威的崩塌。在后来的 50 年中出现了一连串令人迷惑的皇帝和自称皇帝的人,他们很少是正常死亡。帝国被内战所分裂,并且遭受到沿边境的入侵,由此造成经济上和政治上的混乱。假如罗马的敌人能够在政治上发展得足够强大并且能够抓住适当的时机,罗马的历史可能会在公元 3 世纪就宣告完结。然而,就在此时期的末端,几位强大的皇帝开始恢复秩序,他们的事业由戴克里先(公元 284—305 年)最终完成。人们在习惯上把戴克里先的统治视为君主制的开始。

---

[7] 即已经获得了自由的奴隶。

**君主制**

这一时期之所以被称为君主制时期,是因为共和国宪政的最后残余已经被遗弃,皇帝再也不是第一市民,他被公开地奉为"君主"(*dominus*),即罗马世界主宰者。但是,在这里,对历史时期的划分比在通常情况下更容易产生误导。皇帝拥有绝对权力(正如人们所指出的,这种制度是"被合法的革命权利所柔化的独裁统治"),这是已经出现了100多年的事实。戴克里先的工作只不过同奥古斯都所做的一样,是来了一次彻底的更新。他们俩都只是将那些在混乱年代成长的东西加以总结,并且将它们变成一种制度。戴克里先的成就与奥古斯都的成就一样,是将自己所发现的事实加以记录,并且以宪政的形式加以确认。

公元3世纪的帝国存在三个弱点:政治的、行政的和经济的。在政治上,皇帝受军队的摆布,他不得不保持警惕,以防出现一个能够向士兵们许诺更具有吸引力条件的篡位者。在行政上,单一的中央权力不能治理如此广袤的帝国,更不能抵御沿大约一万公里边境出现的入侵。在经济上,当入侵和内战已经严重削弱了纳税人满足帝国要求的能力时,沉重的苛捐杂税致使货币不断贬值,并且随之产生各种弊病。帝国后期的特点部分地集中在戴克里先针对这三个弱点而采取的整治措施上。

针对上述政治弱点采取的整治措施是实现皇帝从元首,即 *princeps* 向 *dominus* 的转变。他现在成了一位东方式的君主,很少露面,并且被精心设计的礼仪所环绕,这些礼仪为许多宫廷所保留。他在所有方面都是神圣的,在他面前,当地最高职位的人都必须下拜,共和国的治理形式被最终抛弃。所有的权力都由皇帝掌握,并且由他通过只向他个人负责的民事服务人员加以行使。元老院甚至丧失了立法权力机构的形象,萎缩得差不多像是罗马的城市会议。执政官仍然保留着,但他们的职位纯粹是荣誉性的。他们实际上可以在一定程度上说是不朽的,因为人们用裁判官的名字来命名年代。他们还以昂贵的费用承担为城市组织竞赛的任务。由于这项负担过于沉重,优士丁尼于公元541年将执政官职位废除。

针对过分集中的行政弱点采取的措施是将帝国加以划分。对于后来的历史来说,这一划分的最重要举措是:戴克里先同马克西米安皇帝共同分享权力。戴克里先管理帝国的东部,马克西米安管理帝国的西部。然而,这一做法直到公元395年才固定下来,这不是在分割帝国,而是在对一个未被分割的帝国分而治之。所有的立法都是以两位皇帝的名义发布,即使是由一位皇帝进行的。这种划分得到进一步发展。每位皇帝都指定一个助手[叫"恺撒"(Caesar)],后者管理一部分领土并且被选作皇帝的接班人。在皇帝和他们的助手(恺撒)之下,设置了四个大区,每个大区分为不同的管区(dioceses),这些管区又划分为不同的行省。

为了医治经济上的弊病,皇帝采用了强制手段和国家控制的做法。国家的作用是常见的,国家调节着帝国对内的和对外的贸易。严格的世袭等级制度发展起来,比如,手工艺者的儿子必须从事他父亲的职业,农民则通常被束缚在土地上,就像中世纪的农奴那样。

随着戴克里先的接班人君士坦丁的继位,罗马帝国变成了拜占庭帝国。君士坦丁在拜占庭创建了一个新罗马,后来以君士坦丁堡而著称,公元330年他将帝国首都迁到那里,帝国重心从西向东的转移由此而得到最终的承认。早在17年前,他还采取了更具有重要意义的一步,即结束了对基督教徒的迫害,并且给予新宗教以帝国的支持,由此开始了皇帝职位与教会的密切联系。这种联系应当被视为拜占庭帝国的一大特点。

在公元4世纪末期,西罗马帝国面临威胁。公元410年,罗马被哥特人洗劫,由此而来的不断入侵使得帝国权力形同风中残烛。我们认为西罗马帝国结束于公元476年,在那一年中,罗莫洛·奥古斯都皇帝遭到废黜。

就是在此种形势下,优士丁尼皇帝于公元527年继承皇位。他所治理的罗马帝国不再包含罗马。但是,优士丁尼是个有远见的人,他希望恢复罗马帝国的荣耀,他开始去收复所失去的帝国领土,并且复兴帝国最伟大的智力成就——罗马法,使之永载史册。他的领土抱负只是暂时得到实现:他恢复了帝国对意大利、北非和西班牙南部的统治,但是,他过高地估计了帝国的实力,他的征服成果没能保持。然而,他使罗马法以一种他自己所未能预见到的方式永存。

# 第一章 法的渊源

"法的渊源"一语可以在许多意义上使用。在这里它是指法的产生方式,这层含义同在文学材料中可能被称为法的概念不同,后者从历史的角度说明法是怎样的。罗马法的渊源从广义上可以划分为三大部分:制定法、执法官告示和法学家解释。

## 第一节 制 定 法

### 法律(*lex*)和平民会决议(*plebiscitum*)

我们所说的"制定法"是指由立法者或者立法机构颁布的一般规范。我们谈到,在共和国宪政下存在三个立法机构:百人团民众会议、部落民众会议和平民会议。任何一种民众会议制定的规范均被称为"法律",即"lex",[1]平民会制定的法律被称为"平民会决议"。但是,这种术语解释不是被完全严格遵守的,"平民会决议"通常也

---

[1] 与"*lex*"(法律)不同,"*ius*"(法)是没有被颁布的法律。在英文中没有两个分别表示法的两层不同含义的词汇,使用一个词翻译 lex 和 ius 可能会使人产生一些误解["law"(法律)一词并非产生于 *lex*]。另外,ius 从任何广义上讲,都具有两个含义,分别与英文的"law"和"right"相对应。除英文外,同样的语源学特点也存在于其他现代欧洲语言之中。在法语中存在 *loi* 和 *droit* 的区别,但人们也常使用 *droit* 表示"right"的含义。同样,在意大利语中存在 *legge* 和 *diritto*,在德语中存在 *Gesetz* 和 *Recht*。因而,人们通常把 droit、diritto 和 Recht 划分为"客观的"和"主观的",试图以此表示"law"(法律)和"right"(权利)之间的区分。

被归入"法律"的范畴。

　　一般人在想到法律时通常首先考虑的是制定法。但是,历史上,无论对于罗马法还是普通法来说,制定法在私法发展方面所起的作用都是比较小的。私法曾经是"法学家的法",因为它在很大程度上是在职业法学家(英国的法院和罗马的法学家)手中形成的。奇怪的是,对于罗马来说,它所有的法均以《十二表法》为基础,后者显然是 lex。

　　《十二表法》是两大阶层间斗争的早期产物。那时,法律由贵族执法官执掌,广大下层民众甚至不被允许了解法的内容。因此,平民阶层提出的要求之一就是公开法律。根据历史记载(它多少来自传说,多少来自事实,我们不得而知),一个使团曾被派往希腊学习索伦的立法,在此之后的公元前451年,十人委员会编纂了一部法典,它被铭刻在市场上的十块铜表上。后来,另外一个十人委员会又增加了两块铜表(公元前450年)。从一定意义上讲,《十二表法》既是一部制定法,又是一部法典,但是,必须注意不要太深抠词义。《十二表法》不是现代意义上的法典,不是对法律全面和连贯的叙述;而且,虽然它表现为一部制定法,但它在实质上却不可能大大偏离传统的习惯法。这样的结论至少从我们所掌握的证据中可以合理地得出。不过,在关于《十二表法》的评论中存在大量不确定的东西和推测,因为我们对它的了解是零碎的,而且来自较晚时期的材料。原始的《十二表法》据说在高卢人于公元前390年焚烧罗马时已经毁没,而且在共和国末期肯定不存在任何官方的文本,虽然一定有许多私人文本。(据西塞罗记载,在他年轻时,孩子们在学校专心地学习它们。)我们不能肯定残存的文本是整个法律的多大部分,但从其范围看,似乎表述的只是最主要的规则,习惯法的主要框架看来得到了保存。程序问题似乎比实体法问题得到更详细的论述,这肯定是因为不掌握技巧的争讼人最容易摔跟头。虽然存在出使希腊的故事,但几乎所有残存的文本看起来都具有土生土长的特点,这同流传下来的传统说法相一致:平民们所寻求的不是改革法律,而是公开法律。

不管情况可能是怎样的,我们至少可以对《十二表法》的风格有一个概念。我们可以通过一些语录看到一系列简短而又零碎的规则。开头的一段说道:"如果一个人被传唤出庭而没有去,则让证人出庭,然后让原告将其拘禁。如果他反抗或者逃脱,让原告将其抓住。如果他有病或者年迈,让原告提供牲口运送他。如果他拒绝,原告不必提供有篷马车。"[2]另外一段说道:"如果一个人疯了,让他的宗亲属或者族人监管他和他的财物";"如果一个人半夜实施盗窃并且被杀死,这种杀死行为是合法的"。

尽管 lex 在一定意义上讲是法律的制定,但正如我们所说过的,它在法的发展进程中只发挥很小的作用。在从《十二表法》到共和国结束的 400 年中,我们只知道有三十几个对私法产生影响的制定法。《阿奎利亚法》(lex Aquilia)在私法方面具有基本的重要意义;其他法律,尤其是《爱布兹法》(lex Aebutia),对诉讼和程序法实行过重要的改革,然而,其余的法律大部分只对法的细节具有意义。

**元老院决议**

我们曾经谈到,在共和国宪政中,元老院在形式上不享有立法权。元老院决议只是向执法官提出建议,虽然这种建议不可能被置若罔闻,但在被民众会议决议或者执法官告示采纳之前,它没有任何法律效力。元首制的出现没有立即带来什么变化。元老院决议在一定时期中仍然只能通过执法官告示而发挥作用,但是,它随着民众会议的衰落而取得了重要地位。显然,它在实践中取代了那种旧的立法形式,而且宪政理论使自己在适应新的现实。因此盖尤斯提到:在

---

[2] 将零碎的原始材料译成易懂的英文,这是不可能的,原文是:"Si in ius vocat, ni it, antestamino; igitur em capito. Si calvitur pedemve struit manum endo iacito. Si morbus aevitasve vitium escit, iumentum dato. Si nolet, arceram ne sternito." 说它是开头的一段,这是从西塞罗的以下评论中推测的:"我们孩提时曾学习 si in ius vocat。"但是在现代的版本中通常所作的整理几乎完全产生于猜测,虽然从援引的角度看这种整理是适当的。

他那个时代(公元 2 世纪中期),元老院决议已经被承认具有 lex 的效力,尽管这在过去是有争议的。上述争议什么时候结束的尚不确定。最早以无可置疑的方式直接创造法的元老院决议产生于哈德良统治时期(公元 117—138 年),但过渡时期可能出现得更早。

但是,以元老院作为法的实质性渊源的生活时期是短暂的。随着公元 2 世纪的结束,甚至它的提议形式都不见了。元老院只是对皇帝向他提出的东西加以确认。法学家在想提及被如此通过的措施时都只简单地讲皇帝的建议(*oratio*)。元老院决议已经同皇帝的直接立法合为一体。

### 皇帝谕令

虽然元老院决议可以被视为铺设在共和国宪政的立法形式与帝国后期赤裸裸的皇权之间的桥梁(这种皇权被表述为这样一条著名的准则:"皇帝喜欢的东西就具有法律效力。"[ quod principi placuit legis habet vigorem. ])[3],事实上,这种权力很早就已经获得了承认。正如我们谈到的,盖尤斯承认:虽然早时曾在元老院决议的立法效力问题上存在过怀疑,但他却从来没有对这样的政治主张提出任何质疑。毫无疑问,皇帝的谕令(*constitutiones*)具有 lex 的效力。

皇帝谕令采用若干种形式,但并非所有这些形式都属于我们所说的制定法。许多谕令类似于英国法学家所称的先例。与制定法联系最紧密的是告示(*Edicta*)。皇帝享有执法官的权力,因此,同所有最高执法官一样,他可以发布告示,以宣布自己的命令或者打算在其管辖范围内实行的政策。由于皇帝的管辖范围是不受限制的,他的告示也涉及许多不同的议题。最为著名的是《安东尼谕令》(*constitutio Antoniniana*)(公元 212 年),它将罗马市民籍授予帝国的大批自由居民。训示(*mandata*)也具有一定的普遍性。训示表现为向官

---

[3] 这一准则在《学说汇纂》中被列在乌尔比安的名下,它收入于优士丁尼的《法学阶梯》,并且在中世纪和后来的欧洲被用作君主专制权力的根据。

员尤其是向行省总督发出的行政指示,随着不断的积累,这些指示上升为稳定的命令。然而,它们对于私法只具有较小和零星的影响。皇帝对于私法最深刻和最正常的影响是通过他在个案中作出的决定施加的,这些决定在现存的谕令中占较大的部分。这些决定表现为两种主要形式:裁决(decreta)和批复(rescripta)。裁决是皇帝的司法决定,皇帝既可以作为审判官行使司法权,也可以对上诉行使司法权。一般来说,在古罗马,司法先例是没有约束力或指导作用的,但是,皇帝独有的权威使他的决定具有真正意义上的法律表述的特点。批复并不是判决,而是针对某一问题或者要求所作的书面回答,这样的问题或者要求既可能是由官员或公共机构提出的,也可能是由个人提出的。许多批复对私法不产生任何作用,但审判员(iudex)和争讼人可以就案件所涉及的某一法律问题寻求裁决。没有对事实进行调查,就不能作出判决;但是,皇帝可以在处理案件时确定假如事实与请求中的叙述一致,必须作出怎样的裁决。这种请求皇帝对有关法律问题预先作出解释的做法,从哈德良统治时起,变得越来越普遍。在君士坦丁之前,存在大量产生于那个时期的批复,它们主要保存在优士丁尼《法典》(Codex)之中。这些批复的长度和复杂程度有很大不同,所涉及法律问题的难度也各不相同。实际上,人们会吃惊地发现:向皇帝文书处提出的问题有时是何等重要。[4]

---

[4] 我们可以从优士丁尼《法典》中看到一些简短的例子:"戴克里先皇帝和马克西米安皇帝致奥勒留:占主导地位的意见是合伙关系可通过下列方式有效地创立:一个合伙人提供钱款,另一个合伙人提供劳务"。(C.4,37,1)"亚历山大皇帝致士兵奥勒留·马可:如果你父亲是被强迫出卖房子的,交易不被承认,因为它不是以善意的方式进行的。恶意买卖是无效的。因此,如果你以自己的名义提起诉讼,行省总督将会出面,尤其是当你宣布你将准备向买主返还他所支付的价款之时"。(C.4,44,1)批复的日期以执政官的年号表示,它通常放在后面并且在《法典》中注明。以上援引的批复所注明的日期分别是公元293年和公元222年。

## 第二节 执法官告示

我们在前面已经提到高级执法官发布告示的权力。从那些拥有司法权的执法官发布的告示中,尤其是从城市裁判官发布的告示中,产生了"法官法"(ius honorarium)。它同"市民法"(ius civile,即传统的共同法,该法通过制定法和法学家"解释"加以体现和修订)并驾齐驱,而且对市民法加以补充和提高。相对于其他各项因素来说,城市裁判官告示对罗马法发挥着更为重要的改造作用,它把罗马法从散见于《十二表法》中的、狭窄古板的规范改变成灵活的、包罗万象的体系,从而满足了欧洲几百年变革的需要。它在成功地实现这一改造的同时,从外表上看并没有改变市民法,它把保守主义与变革的需要调和在一起。裁判官在制定法律方面不享有任何高于其他执法官的权力,他的权力仅涉及救济手段,即据以使法律得到执行的手段。但是,这种权力使他能够间接地改变法律。为了理解罗马法的这一中心矛盾,需要对裁判官的职能进行进一步的解释。

我们已经介绍过:裁判官的职责就是在市民间执掌私法。在这一职责范围内,他可以说具有一项特殊职能和一项一般职能。所谓特殊职能就是对诉讼的日常处理;所谓一般职能就是发布告示,以确定在其行使职务的年度他将针对怎样的情况并且采取怎样的方式履行其特殊职能。正是这种一般职能使裁判官成为重要的法律渊源。

### 裁判官的一般职能

"Ubi ius, ibi remedium"(哪里有法,哪里就有救济手段)是现代原则。最初的观念则是权利,而不是救济手段。法是由权利(以及相对应的义务)构成的,救济手段只是这些权利的程序外衣。但是,罗马法学家的看法并非如此。他们思考问题的角度更注重救济手段,而不是权利;更注重诉讼形式,而不是诉讼原因。一项请求只有当能够以得到承认的形式加以表达时,才可以向法庭提出。同样,人们也可以说英国早期法所注重的是文书,而不是权利。当然,差别主要是侧重点问题,但这也会产生重要的实践后果:那些负责提供救济手段的人也控制着法的发展。在罗马,这种人就是裁判官。通过创造新的诉讼形式或者把旧的诉讼形式扩展适用于新的事实,裁判官实际上可以创造新的权利。从形式上看,出现的只是新的救济手段,在实质上却出现了新的法。

就其前200年的历史而言,裁判官的这种权力一直处于休眠状态。诉讼请求只能按照五种得到制定法承认的方式[ "法律诉讼" ( *legis actiones* ) ]之一提出。裁判官似乎既不创造新的诉讼形式,也不能将现有的"法律诉讼"扩展适用于未得到法律承认的请求。只是当一种新的并且比较灵活的诉讼制度——"程式( *formula* )诉讼"被引进时,才开始使人感觉到裁判官的影响。这种诉讼是贯穿于罗马法古典时期的基本制度,它以其简明性、经济性和适应性为特点,采用很少量的类型化程式就能简单明了地表达任何争讼的实质性内容。

程式诉讼制度的特点是:它为每个诉讼原因规定了一种专门的诉讼形式,而且每个诉讼都采用一套用语或者叫"程式",即 *formula*,这套程式就构成诉讼程序。因此,如果已经达成一项买卖契约( *emptio venditio* ),而卖者拒绝交付他已经出卖的物品,买者有权提起"买物之诉"( *actio empti* );同样,如果买者拒绝支付价款,卖者则有权提起"卖物之诉"( *actio venditi* )。这每项诉讼都有专门的程式,从而对问题加以界定。原则上,每个诉讼原因都应当有自己专门的诉讼形式,从而使裁判官有自己的用武之地。显然,如果他能够创造新的诉讼形式,他就能够由此创造出新的诉讼原因;而且, *formula* 的结构也使它能够容易地适应任何可由裁判官创造的新诉讼。

程式诉讼是怎样而且何时引进的,很难加以确切说明。决定性的一步显然是由一项制定法——《爱布兹法》迈出的。有证据表明这部法律在公元前2世纪的前75年中肯定已经通过,而且很可能是在这一时期之末。可以确定的是:在公元前 2 世纪的最后 25 年中,新制度已经执行,裁判官因此而有权创设新的诉讼。毫不奇怪,这项关键性革新应当是在罗马生活,尤其是经济生活和贸易生活同样发生重大变迁的时期出现的。"法律诉讼"的严格制度以及它所保障的"市民法"已经不能适应正在崛起的罗马帝国的要求。

据以完成适应工作的主要工具是裁判官告示。裁判官在其任职年度开始时发布一项告示,作出一系列的政策性说明。这些告示在长度和复杂程度上有很大不同,在语法结构上也有着某些差异,但是,所有这些告示的目的都在于确定裁判官将针对怎样的情形行使他的权力,以便提供新的救济手段。[5] 从理论上讲,每个裁判官的告示均独立于其前任的告示,而且只在自己任职的年度中有效。但是,如果在一个制度中法律实质性部分每年都在变化,这个制度显然将是难以操作的。尽管在最初几年肯定存在过一定数量的试验,但告示的主体部分都逐年延续下来,后来的裁判官只是做一些必要的增补或者删减。[6] 就这样,告示获得了立法文件的特点,虽然形式上并非如此;它成为法学家评论和解释的对象。对告示的内容承担实质性责任的肯定也是法学家,因为裁判官通常没有学习过法,因而需要听取法学家的意见。[7] 此外,罗马人在就公共生活和私人生活

---

[5] 请看下面一些较简短的告示:"如果有人提出诈欺(*dolus malus*)的指控并且不存在任何其他诉权,然后,如果证明了正当理由并自原告打算起诉之日起时间不超过 1 年,我将允许提起诉讼。""如果有人指控说某人恶意地窝藏或者引诱他人的男奴或女奴,以致使其价值降低,我将允许针对该某人提出双倍赔偿之诉讼。"

[6] 以此种方式延续下来并且具有长期效力的告示被称为"沿袭告示"(*edictum tralaticium*)。"永久告示"(*edictum perpetuum*)一词是指那些在年初发布并且在全年中一直有效的告示,与这种永久告示相对应的是那些在一年过程中可以为特殊目的而发布的告示。

[7] 例如,西塞罗告诉我们:他的朋友阿奎里·加卢(Aquilius Gallus)是一位著名的法学家,创造了关于诈欺的程式,这套诉讼程式对法产生了深刻的影响。阿奎里曾取得过裁判官等级(公元前 66 年),但表面上既不是城市裁判官,也不是外事裁判官,他大概是依靠自己的法学家能力"创造"上述程式的。

作出任何重要决定之前,都习惯于征求专家的非正式意见,这种习惯肯定会增强上述自然倾向。

除宣告政策外,告示还为获准使用的救济手段以及用来保障传统市民法的现存救济手段规定程式,对于这后一类救济手段,告示没有另作论述,因为对于裁判官来说,宣称将执行他的首要职能(保障市民法的实施)是多余的。

告示的公布并未使裁判官的革新权就此告终。裁判官可以在认为适当的任何时候,根据某一具体案件的事实,或者根据较为一般的原因,提供新的救济手段。这种救济手段常常是在下一年的告示中被确定为永久的。

总的来说,告示的"大厦"似乎在共和国末期就已经建成。在帝国的前 100 年中,对法的发展起促进作用的力量越来越多地来自法学家的解释活动和皇帝各种形式的介入。实际上这符合当时正在形成的帝国宪制:执法官应获得相当于立法权的权力。在哈德良统治时期,这种新的现实再次得到公开承认并且被赋予稳定的形式。伟大的法学家尤里安(Julian)受委托对告示进行最终的修改,在此之后人们就再不能对之加以变动。裁判官作为法律渊源的生涯至此结束。裁判官法能够据以发展的唯一途径是:法学家对最终告示作出字面解释,或者由皇帝给予新的"裁判官法"救济手段。

城市裁判官告示不是裁判官法的唯一渊源。外事裁判官也发布告示,而且,我们在城市裁判官告示中发现的许多东西可能恰恰产生于外事裁判官的告示。由于外事裁判官不是在传统法的框架内进行工作,因此他肯定比城市裁判官作出了更快捷和更自由的建树。但是,任何关于外事裁判官告示内容的叙述都肯定是推测性的,因为这类告示没有保存下来,甚至连间接证据材料都很少。我们对城市裁判官告示的了解来自法学家们对这些告示的有关评论材料,这些材料构成优士丁尼《学说汇纂》的基本内容,这些评论也经常援引作为它们评论对象的法条原文。然而,对于外事裁判官的告示却没有留下任何材料,这一定是因为在公元 212 年普遍授予市民籍后,这种告示不再具有什么实践意义。

我们对于行省总督据以将裁判官法扩展适用于生活在行省的市民的那些告示同样知之甚少。盖尤斯曾写过一部《关于行省告示》的评论集,从对单项告示的使用中我们可以推断:在一定程度上存在每个行省总督均普遍采纳的基本内容。这部评论集的少量片段保存在《学说汇纂》中,从那里看不出有明显不同于城市裁判官告示的地方。另外,对于贵族营造司告示,我们相对来说了解得比较充分,但是,这类告示的重要性仅限于买卖契约和关于牲畜责任的特别规定。由于所有这些原因,我们在这里应当把注意力集中在产生于城市裁判官告示的"裁判官法"上。

**裁判官的特殊职能**

裁判官的日常职能是在具体案件中提供救济手段。在任何诉讼制度中都必定存在某种类似于英国法学家称为"请求程序"(pleadings)的东西,即在实际审判开始之前,对当事人所争议的问题明确加以界定。在程式诉讼中,请求程序通过程式加以体现。每个诉讼的程序均分为两个阶段(在"法律诉讼"中也同样如此)。第一阶段的程序在裁判官面前进行[法律审(*in iure*)],它用来拟定程式,第二阶段则在审判员或者普通仲裁人面前进行(*apud iudicem*),它用来对在程式中提出的问题加以审判。因此,裁判官的职能不是去对诉讼进行审判,而是满足于使诉讼能够按照他告示中的程式加以表述,或者在特殊情况下,为处理新的案件事实提供新的程式。"程式"实质上是为审判员提供的指针,要求他在原告的理由得到证实的情况下对被告予以判罚,在没有得到证实的情况下则予以开释。为了更清楚地加以说明,我们举个例子。

让我们假设原告的诉讼请求是:被告以要式口约(*stipulatio*,一种主要的市民法契约)向他允诺支付1万塞斯特兹,而被告却没有支付。双方当事人在法律审中出庭,当然还带着他们的法律顾问。原告要求获得专门的诉权,即"要求给付特定钱款之诉"(*condictio cer-*

*tae pecuniae*），告示为这种诉讼规定的程式如下:"××是审判员。如果查明被告应当向原告支付 1 万塞斯特兹,则审判员判罚被告向原告支付 1 万塞斯特兹。如果查明不是这样,审判员则使被告开释。"[8] 如果被告的回答是简单地否认自己欠原告上述钱款(既可能因为没有达成上述要式口约,也可能因为他已经清偿了有关债务,或者由于市民法所承认的其他原因),他只要接受以上程式就行了,因为他的回答已经包含在该程式的后一句话中,即"查明不是这样"。但他可以希望陈述某一情形,该情形虽然根据市民法不能使要式口约无效,但可以使人根据告示而获得裁判官的保护,以此对抗起诉,这种做法叫作抗辩(*exceptio*)。例如,他可以要求说:原告后来同意自己可以不支付欠款。这样一种简单的协议[*pactum*(简约)]按照市民法是没有任何效力的,因为被告本来应当要求实行"正式免除"(*acceptilatio*)。但是,裁判官一直坚持的政策是:更重要的是愿意,而不是行为的形式,而且在这种情况下告示允许提出"简约抗辩"(*exceptio pacti*),以对抗原告所主张的权利。对此被告应作出回答。被加以扩展的程式如下:"如果查明被告应当向原告支付 1 万塞斯特兹,除非原告和被告达成协议约定将不要求支付钱款,否则,审判员则判罚……"如果原告针对这一抗辩的回答也是简单的否认,不需要进一步增加程式的内容。但是,如果他也想针锋相对地提出一项在告示中受到承认的理由,可以就抗辩提出进一步的条件式条款,即"除非……",这叫作"答辩"(*replicatio*)。对此,被告可以再作出回答,采用同样的套语,以此类推,直到每一方当事人都充分叙述了

---

[8] 这种程式是对前面谈到的原则的例外,该原则规定:每个诉讼原因都有各自专门的诉讼程式。选择此案做例子是由于比较通俗易懂。其他对人之诉的程式虽然在基本结构上相同,却是比较精细的,并且总是叙述根据什么原因或理由被告对原告负有义务。比如,如果原告在请求中说他卖给被告一个奴隶,而被告没有支付价款,有关程式应是这样的:"原告卖给被告奴隶斯蒂科,无论被告应当因此而根据诚信原则向原告交付或者做什么,审判员均将在此范围内判罚。"

有关案情。[9] 在请求程序以此方式结束后,当事人经协商从一份官方名单中挑选审判员,这些人都是经济上宽裕的普通人,他们把履行审判员职责视为一种公共义务。整个程式被整理成书面记录并最后由裁判官批准。这时将对问题加以归纳,也就是说,确定哪些问题必须在当事人之间加以解决,在作出此确定之后诉讼请求就不能再改变,也不得就同一问题提起新的诉讼,这叫作"争讼程序"(litis contestatio)。

在"争讼程序"完成之后,审判员开始听审案件。当事人由各自的律师代表提交证据,包括书面证据和口头证据,但是不存在英国法庭所实行的那种严格的举证规则或程序。审判员在程式确定的范围内拥有广泛的自由裁量权。他既裁判事实,也适用法律,并且确定在作出判决时采纳什么样的意见。由于审判员不是法学家,他在法律问题上接受法学家们的指导。他作出的裁决对当事人具有约束力,但是,由于罗马法不实行依循前例的制度,因而这种裁决不具有更广泛的意义。

### 裁判官法的特点

帕比尼安(Aemilius Papinianus)在一条保存于《学说汇纂》的著名论断中宣称:裁判官法是对市民法的支持、补充和修正。裁判官法不能直接改变或者变通市民法,因为,正如我们已经说过的,裁判官没有立法的权力。裁判官通过适时地提供更加有效的救济手段来支持市民法。[10] 他通过在市民法出现空白时提供救济手段来对其加以补充。最重要的是:他对市民法加以修正,这种修正或者发生在我们刚刚论述的情况之中,即仅提供抗辩,以对抗市民法权利;或者采

---

[9] 在诚信(bonae fidei)诉讼中,请求程序比较简单。
[10] 以下使用的"civil law"一词指的是与"裁判官法"相对的"市民法",除非根据上下文内容应对其另做解释。其在用来指现代民法时将开头的字母大写(Civil law)。

取更进一步的形式,即一方面拒绝向根据市民法享有权利的人提供救济手段,另一方面则向根据市民法不享有权利的人提供救济手段。从实质上讲,裁判官在制定法;但从形式上看,他只是在抵制或者创设救济手段。其区别首先在于请求程序和提供救济手段的程序。在我们前面论述的案例中,裁判官实质上宣告:由要式口约创设的权利因随后达成关于不要求偿还的协议而消灭,就像市民法宣告要式口约因"正式免除"而消灭一样,但提出诉讼请求的程序不同。如果被告想把关于不要求偿还的协议作为理由,他必须采用抗辩的形式提出诉讼请求;相反,如果他想把正式解除列为理由,则不需要提出抗辩,因为当出现正式解除时,债务就不再存在。同样,当裁判官给予一个根据市民法不享有权利的人以诉权时,他通常使用拟制的方式确定程式,而不是宣称原告享有某项权利。这些都是技术性问题。但是,在像罗马法这样一种特别重视诉讼形式的制度中,这些技术性问题对整个法的形成均产生影响,因而必须既介绍市民法,又介绍裁判官法对市民法的修改,而不是只讲它们相互结合所产生的结果。此外,市民法与裁判官法之间的区别也产生超越单纯技术问题的结果。对这样的情况,我们在此可以举例说明。根据市民法,对奴隶的所有权只能通过要式让与的方式转让,而不能采用简单的让渡(*traditio*)。因此,如某甲将自己的奴隶出卖并且交付给某乙,而没有使用要式让与的形式,所有权不能发生转移,因而,根据市民法某甲可以要求某乙或者其他获得了该奴隶的人返还奴隶。然而,裁判官注重的是意愿而不是形式,他可以抵制某甲针对某乙提起的诉讼,并且还可以允许某乙针对某甲或任何曾占有该奴隶的人提起诉讼。换言之,某乙获得了所有主的救济手段,而某甲却没有。在大多数情况下,人们可以因此而正确地说某乙是所有主,但并非一概如此。如果某乙打算解放该奴隶,他的行为按照市民法是不产生任何效力的。因为只有所有主能够解放奴隶,而且某仍然是所有主。实际上,裁判官可以保护某乙在某甲因反悔而主张对奴隶的权利时不受损害,但是,他不能赋予奴隶以自由人所享有的法定权利。[11]

### 后期法的诉讼及其程序

随着尤里安对告示的整理,裁判官的一般职能丧失了其重要意义,其特殊职能仍然继续保持。但是,在程式诉讼外已经发展起来另一种诉讼制度,它比较类似于现代社会的诉讼制度,并且比较符合帝国不断增长的官僚特点。程式诉讼的特有之处在于将审判划分为两个阶段。从形式上看,程式诉讼表现为自愿将争讼提交仲裁,在这种诉讼制度中,唯一由国家扮演的角色是批准"程式"和指定审判员,国家不直接强制当事人出庭,也不直接强制执行判决,而且没有职业法官。在新的诉讼制度——"非常审判"(cognitio extraordinaria)程序中,这一切都改变了,执法官亲自或者通过一名受委托官员(iudex pedaneus)听审整个案件并且采取措施强制执行自己的裁决。"程式"让位于一种非程式化的请求程序。新的诉讼程序最初是出于特殊目的而引进的。例如,当奥古斯都决定承认非正式遗产信托(fideicommissa)的效力时,他委托执政官维护这种信托,后来还委派了一名专门的"遗产信托裁判官"(Praetor fideicommissarius)。然而,随着绝对君主制的开始,程式诉讼消失了,只有非常审判程序保存下来。不过,法已经在程式的模型中定型,并且深深打上了裁判官法与市民法对峙的烙印,要想对法进行重铸,就需要有比帝国后期表现得更强烈的改革热情和能力。实际上,优士丁尼砍掉了许多陈旧过时的东西,但是,正如我们下面将看到的,他的编纂活动的方法和目的都与激进的改革不相容。因此,就像英国法学家一直都在很大程度上按照已在一个世纪之前被废除的诉讼形式来思考问题一样,对优士丁尼法的大部分内容,也只有回到在 250 年前已丧失其实践意义的那些条件下才易于理解。

---

[11] 裁判官对程式的控制与早期英国司法官(Chancellor)对诉状的控制显然可以相提并论;裁判官法与英国的衡平法也在更为有限的范围内可以相提并论。

## 第三节　法学家的解释

所有的法都需要解释。当法(如某一制定法、告示或现代法典)是以专门的词句加以表述时,这种需要最为强烈;但当情况并非如此时,这种需要也同样存在,而且,解释的任务必然落在那些在某种意义上属于职业法律工作者的人身上。在英国,这一任务主要由法院承担。在罗马法形成时期,正如我们谈到的,没有职业法官和正规的法院,因此,直到公元前4世纪末,解释的任务一直由祭司(pontifices)的僧侣团体承担,在此之后则由世俗法学家承担。

**法学解释**

现代世界没有与罗马法学家严格对应的职业。在共和国后期的形成年代,罗马法学家来自一些大的家族,他们把解释法律当成对公共生活的贡献。他们不是我们现在所说的专业人员,不接受报酬,法律工作只是他们公益生活中的一部分,他们是精通法的政治家。在共和国末期并且在此之后,这一阶层得到一定程度的扩大,其中少数人虽然极为显赫,似乎在公共生活中只扮演法学家的角色,但他们的基本特点和思维方式仍然是同样的。他们是实务工作者,更加关心的是实践问题而不是理论问题,他们也不像现代职业律师那样沉溺于日常琐事。在英国人眼里,他们既具有学者的特点,又具有实务律师的特点。因为,一方面他们建造了伟大的法学论著大厦并且承担着当时的法学教育工作,另一方面他们又在所有问题上影响着法律实践。他们告诉裁判官如何拟定自己的告示并且如何在具体案件中提供救济手段;他们指导审判员如何庭审并且如何就案件作出裁决;他们帮助个人起草文书和实施其他法律行为,帮助他们在裁判官或者审判员面前进行诉讼。然而,他们是顾问而不是具体的实践者,他们并不出席法庭就具体案件进行论说,那属于律师的职责范围。虽然像西塞罗(Cicero)那样的著名律师可能对法律有很清楚的了解,但他的主要兴趣与其说针对着法学,不如说是倾注在以理服人的艺术上。

我们所描述的这种法学家是共和国政治和社会生活的产物。当共和国的治理形式被抛弃并且出现新的帝国官僚机构时,他们不可能完全不受影响。他们在公共生活中仍然保持着卓越的地位,但现在却越来越经常地出现在皇帝官僚机构的高级官吏行列中。这种新型的帝国法学家诞生于公元1世纪末,雅沃伦(Octavius Tidius Tossianus Javolenus Priscus)就是一个典范。他沿着老路从共和国官吏晋升为执政官,相继指挥过两个军团,在不列颠担任过主要司法官员,又成为上日耳曼(Upper Germany)、叙利亚和非洲的总督,后来他留在罗马担任图拉真(Trajan)皇帝枢密院的成员。与此同时,他遵循法学家的旧传统,进行写作、咨询和教学活动。他的弟子之一,在法学和公共生活中甚至比他还杰出,这就是我们前面提到的尤里安(Falvius Iulianus)。尤里安出生于现在的突尼斯,担任过大量的官职:他曾在哈德良的官僚机构中供职(据记载,他因其学识而获得双份薪金),掌管过国家的财政和军队的财政,担任过裁判官和执政官(公元148年),随后还担任过下日耳曼(Lower Germany)、近西班牙(Nearer Spain)和非洲的总督。在哈德良、安东尼·比乌(Antoninus Pius)、马可·奥勒留(Marcus Aurelius)和卢奇·维鲁(Lucius Verus)统治时期,他是皇帝枢密院的成员。

我们认为流传下来的大部分法律文献是公元3世纪初期法学家的作品,这些伟大的法学家与帝国权力中心的联系比较紧密。帕比尼安通常被视为罗马法学家中最伟大者,人们对他最初的了解是:他曾担任过皇帝文书处负责处理个人请愿部门的领导人,从公元203年到212年[在那一年他被卡拉卡拉(Caracalla)处死],他担任过在帝国最有权势的职位,即皇帝卫队队长(Prefect of the Praetorian Guard)。[12] 保罗(Julius Paulus)和乌尔比安(Domitius Ulpianus)的生涯很相似。他俩在亚历山大·塞维鲁(Alexander Severus)统治时期(公元222—235年)都担任过皇帝卫队队长的职务,乌尔比安于公元223年被他自己的军队杀死。

没有多久,法学家的延续关系就断了。在半个世纪中,帝国一直处于生死攸关的时期,专制君主制正是从这一时期开始的,在此时期没有个人解释(interpretatio)的余地,即使对于像帕比尼安、乌尔比安和保罗这样的供职于皇帝服务机构的法学家来说也同样如此。现在,法的唯一渊源是皇帝,法学家的位置已由皇帝文书处的无名民事勤杂吏所取代。现实生活脱离了罗马法。

我们仅提到一小部分最伟大的名字。当然还有其他一些人,但数量不多。从元首制出现到最后一位伟大法学家消失之间的250年中,我们仅听说过大约70位这样的人,其中将近一半大概只将自己的名字流传下来。实际上,我们前面描述的这类法学家在人数上一定是很少的。在他们的论著中总是相互援引观点,似乎没有多少人能摆脱这种相互援引的网络。由于只有这样少量的人全身心地投入公共生活,因而只能为像罗马帝国这样的大城邦提供所需要的一小部分法律咨询服务。肯定还有许多不大出名的法律工作者、诉讼代理人和公证人,在那个古代世界,这些人所追求的不是法学家的权威和创造性地位,而是在罗马和各行省的日常法律实践中挣钱谋生。因而我们面对着这样一个问题:在我们前面所描述的法学家与这些不大出名的实务工作者之间,是否存在某些正式的区分?

---

[12] 皇帝卫队队长要比禁卫军司令官(commander of the household troops)在人数上多得多,卫队长是皇帝官吏班子中的头儿,因而享有广泛的权力,尤其是广泛的司法权。据说,帕比尼安之所以被处死,是因为他拒绝为卡拉卡拉谋杀其兄弟杰达(Geta)皇帝的行为编造辩解理由,按照传说的讲法,他曾声称:"实施杀人比为杀人作辩解更容易。"

**解答权**

我们已经谈到,法学家的任务之一是针对向他们提出的法律问题发表意见,这种意见(responsa)具有多大的权威性?它们对于审判员具有多大的约束力?这是在罗马法中没有解决的问题。当然,在共和国时期对此并无一定之规,审判员可以自由地对某一解答作出自己的评估,虽然这样做时他无疑要考虑作出答复的法学家的声望。然而,在一段保存于《学说汇纂》的论述中、哈德良统治时期的一位法学家彭波尼告诉我们:奥古斯都为了赋予法以较大的权威,向某些法学家授予根据皇帝的权力作出解答的特权(ius respondendi),这种做法被他的接班人所延续。我们对这种解答权的性质存在疑问,彭波尼没有告诉我们奥古斯都的创新具有怎样的效力。奥古斯都在许多其他问题上不愿意公开地与过去决裂,很难想象他会赋予这类解答以正式的约束力。比较可能的情况是:他想认定某些法学家特别卓越;他明白,审判员是不会轻视皇帝的这种垂青的。甚至很可能只有这种权威性的解答才能在法庭上援引,有点像在英国法院(至少根据传统规则)只能援引已去世的学者的论著那样。根据盖尤斯一段晦涩的论述,似乎在公元2世纪左右,这种事实上的(de facto)权威不再局限于针对具体案件作出的解答,而扩展到享有特权的法学家的所有论著,无论这些法学家是活着还是已去世,当法学家的见解相互冲突时(这变得越来越可能),谨慎的审判员面临难题。表面上看,哈德良不大喜欢这种谨慎,盖尤斯曾提到,哈德良在一项批复中声称:如果法学家的意见是一致的,这种意见就具有法律,即 lex 的效力,否则,审判员可以自由选择。这肯定是对刨根问底者的敷衍,因为最困难的法律问题恰恰就是饱学之士可能对之莫衷一是的那些问题。

我们不仅不知道"解答权"具有怎样的法律效力,也不清楚享有此特权的法学家的名字以及这种授权持续多长时间,有人可能希望它成为特殊法学家权威的标志,但在所有现存的文献中没有发现这种解释,我们所直接了解到的是:它只被授予了一位法学家——马苏里·萨宾(Massurius Sabinus)。我们也不能肯定地说在哈德良统治之后仍然继续实行此种授权。或许最有根据的推论是：它只不过是确定法学家权威的因素之一；随着主要法学家都被选进了皇帝身边的服务机构，这种授权也就丧失了原有的重要意义。

### 萨宾学派和普罗库勒学派

在共和国时期没有任何正式的法律教育。正如我们讲到的，年轻人以"私塾"的方式学习法律。学习者追随一位法学家，陪其参加日常的实务并同其一起讨论所遇到的问题，以此方式获得法律的实践知识。这种实践中的口头教育一直是罗马法的特征之一，但在帝国时代出现了两个"学派"，帝国前200年的大部分(如果说不是所有的)重要的法学家似乎都分别归属于这两个学派。据说，这两个学派是由奥古斯都时期的两位重要的法学家创立的，一位叫卡比多(Capito)，另一位叫拉贝奥(Labeo)，但学派的名称却来自随后的两位领导人的名字：马苏里·萨宾和普罗库勒(Proculus)。它们似乎已经不仅仅是思想学派，但是，关于它们的组织和职能，我们一无所知。我们了解这两个学派所争论的大量法律问题，我们所听说的其他争论大概也能归因于这两个学派间的斗争。但是，尽管许多人做过尝试，却没有发现这些见解分歧的任何令人信服的学说基础。我们不能不得出这样的结论：各学派的学说肯定是学派的各代领导人就不同问题发表的见解的积累，这些见解由传说加以保存并且在忠实和保守的基础上加以连贯。这些学派在公元2世纪似乎就已消亡，因为，没有迹象表明公元3世纪的伟大法学家属于上述学派。

### 法学作品的形式

纵观历史，法学家最重要的职责是写作，他们的作品是大量的和议题繁多的。我们认为，几乎所有的残存作品都是由《学说汇纂》保留下来的，这一大部头作品只收入了优士丁尼时期仍然保存的一小部分文献。法学论著表现为多种多样的形式，并且有许多不同的名称,但它们可以大致地归纳为以下四种形式:导论性的或者更深层次的教科书、评论集、针对问题的论著、单册专著。我们现在只拥有一本比较完整的教科书范本,即盖尤斯的《法学阶梯》。其他的则只是些保存下来的零碎材料,虽然这些材料常常是很重要的;这些材料通常保存在《学说汇纂》和少量小型的文献汇编之中。从保存数量的角度看,最主要的类别是评论集。关于告示的评论占《学说汇纂》篇幅的三分之一多,除此之外,还有针对单项法律(leges)和元老院决议的评论,尤其是针对早期法学家著作的评论。比如,彭波尼、保罗和乌尔比安都撰写过《论萨宾》(就萨宾关于市民法的教科书所撰写的评论);其他法学家的著作也被同样地加以评论。在这样的评论中,学理评述、举例说明和问题相互掺杂,但是,罗马法学家个案分析的手法突出地表现在其关于问题的著作中,这后一类作品大约占《学说汇纂》的三分之一。在这后一类作品中,我们看到大量问题松散地串联在一起,有时候夹有其他法学家的见解和有关争论,有时候则只含有作者自己的结论。正是这些针对具体问题的作品使罗马法获得非常丰富的内涵,构成罗马法体系中的判例法。普通法的发展在很大程度上依赖于法院在具体实践中遇到的问题,而罗马法学家则经常借助假设的问题来创建自己的体系。虽然所讨论的某些问题产生于具体的实践并且是为了征求法学家的"解答"而向他们提出的,但有些问题则产生于法学家与其弟子的讨论,还有些问题纯粹来自作者的琢磨思索。某些这样的问题看起来牵强附会,但我们应当记住:揭示某一原则界限的东西常常就是那些极端的和不大可能发生的情况。

从保罗(他可能是所有人中著述最丰者)已知的著作清单中,可以得到主要法学家著述议题和范围的大致轮廓。这个清单包含80多种著作(其中许多只留下了标题),这些著作分为275"编"。[13] 最重要的著作是关于告示的80编评论集,两部针对具体问题的论著

---

[13] 一"编"有30~50页。

[26编的《问题》(Quaestiones)和23编的《解答》(Responsa)],总共为41编的四部对早期法学家著作的评论。其余则是一些简短的教材、皇帝裁决汇编、12篇对单项法律和元老院决议的评论以及50多部单册专著。

### "古典时期"

罗马法最伟大的形成时期是在公元前最后150年。其后来的发展就不那么迅速了,并且主要体现在尤里安的工作中。尤里安通过整理告示和撰写自己的论著对先前几百年的发展加以总结,在他之后的伟大法学家所做的工作之一就是加工和介绍。因此,从尤里安到公元3世纪中叶这一时期,或者更宽点讲,君主制时期,通常被称为罗马法的"古典时期"。在流传下来的法学家作品中,至少十分之一来自最狭窄意义上的古典时期,而且,对于这一时期我们本来可以获得最为充分的了解。然而,由于有关作品的可信性受到怀疑(只有一项例外),上述希望可能落空。属于例外的是盖尤斯的《法学阶梯》。

### 盖尤斯的《法学阶梯》

优士丁尼编辑《学说汇纂》的目的在于筛选和保存古典作品中的精华。为了确保他的汇编具有无可置疑的权威性,他禁止在其汇编完成后再以其他方式使用原始文献。后来,这些原始文献几乎全部消失。除此之外,优士丁尼还指示他的汇编者对他们所使用的文献加以修改,以使之能够反映当时的法。因此,我们现在所看到的不仅是些片段,而且并不必然是作者原本撰写的文字。在帝国西部残存着少量文献,但这都只是后古典时期经过修改和简化的汇编,进行这种修改和简化是为了适应一种使法学黯然失色的文化。

正因如此,在1816年之前人们不承认有任何一部古典著作是按其本来面目保存下来的。1816年,德国学者Niebuhr在保存于维罗纳教会图书馆中的St. Jerome的文献底下发现了一位早期法学家的文献,[14]它被证明是盖尤斯的《法学阶梯》。这部为学生编写的教材被认为是优士丁尼《法学阶梯》的基础,但直到当时,人们只看到少量保存在《学说汇纂》和其他地方中的片段及《西哥特罗马法》(lex Romana Visigothorum)中的一篇摘要。维罗纳手稿中的3页丢失,许多段落看不清楚,但缺漏部分大概不超过十分之一。虽然它只是公元5世纪或者6世纪的流传物,但人们普遍认为这份文本实质上是盖尤斯留下的。这种观点被1933年的一项发现所完全证实,那一年人们在埃及发现了公元4世纪末或者5世纪初的几页手稿。新发现的手稿填补了维罗纳手稿所完全遗漏掉的一段,还使另一段可能出现在已丢失的那一页中的文字得以恢复,除此之外,新发现的手稿表明这两份手稿之间没有重大的差别。盖尤斯的《法学阶梯》之所以具有独一无二的重要性是因为:对于那种我们可以合理地确信没受到后古典时期的编辑者或者优士丁尼法的汇编者篡改的古典法来说,它提供了唯一的证据。特别是它使我们获得大量关于"法律诉讼"和"程式诉讼"制度的情况,这些诉讼制度由于已经过时而被后古典时期的作品以及优士丁尼法律汇编所忽略。

盖尤斯个人的情况现在仍然是个谜,他的威望在后古典时期很高,他的《法学阶梯》在帝国西部被指定为法律学校的正式教科书,从他的18部著作中选出的论述被收入《学说汇纂》中。我们对他的了解只限于在其论著中读到的那些情况。他从来没有被任何一位古典学者提到过,虽然法学家们总喜欢相互援引论点。甚至他的全名也不为人所知["盖尤斯"(Gaius)只是一个姓]。一些内部的证据材料说:他是在安东尼·比乌去世(公元161年)后不久完成《法学阶梯》的,而且他曾是一位罗马市民。既然他称萨宾学派的领导为"我们的老师",就很可能曾经在罗马学习过,而且他自己也很可能是一位教师。有迹象表明他曾是行省居民,但我们可以完全相信的是:他

---

[14] 作为节省的措施,羊皮纸经常被反复使用,人们刮去或者洗去不再需要的文字,再在上面写上新的文字,这样的手稿被称为 palimpsest。

不属于精选的主要法学家群体中的一员。我们前面提到,除这一群体外,肯定还有许多不大出名的法律工作者,盖尤斯就可能是其中之一,他在《法学阶梯》中通俗明了的论述使他避免了被人遗忘。

**后古典时期**

我们前面谈到,独立法学家的活跃期在公元 3 世纪中叶的动乱中结束。在从戴克里先文书处发出的批复中仍然能看到旧身份的某些痕迹,但是,衰退已经开始。所谓"庸俗法"的成长促进了这一衰退进程。

随着《安东尼谕令》的发布(公元 212 年),帝国境内的异邦居民被授予了罗马市民籍,由此要求他们必须按照自己不大了解或者根本不了解的法律制度行事。结果,事实上在各行省适用的法律成了降格的罗马法与当地常规的混合物,它因地而异,但远远脱离了古典法的精密和精致。这种庸俗法可在日耳曼统治者于西罗马帝国垮台后为其罗马臣民颁布的法典中略见一斑。这些法典中最重要的是《西哥特罗马法》,它是西哥特(Visigoths)国王阿拉里科(Alaric)二世于公元 506 年颁布的。《西哥特罗马法》的组成部分有:若干皇帝谕令,一部盖尤斯《法学阶梯》的摘要,选编于后古典时期的保罗著作(《判决》(*Sententiae*)或者《见解》(*Opinions*)选集,帕比尼安的《解答》。除盖尤斯作品的摘要外,所有这些作品都配有评论或者释义。这只不过是一种狭窄的、被扭曲了的罗马法。

帝国东部大都市的法学家们在贝鲁特或者君士坦丁堡的法律学校受过教育,与古典法保持着较强的承袭关系,但是,他们却不能够掌握浩瀚的法学家论著。[15] 人们对不同论著的真实性和权威性提

---

[15] 在决定编纂《狄奥多西法典》(*Codex Theodosianus*)的谕令中,这位皇帝使用当时华丽的语言抱怨道:"仁慈的上天经常困惑不解地探究这样一个问题:为什么尽管向精髓的艺术和学识提供了丰厚的奖赏,却只如此稀罕地出现少量几个精通市民法知识的人,为什么这些人长夜劳作后的苍白面色仅仅才使一两个人获得精湛的学识。"

出疑问,可能正是这样的疑问唤来公元426年著名的援引法。这项法律将帕比尼安、保罗、乌尔比安、莫德斯丁和盖尤斯五人的著作选为权威性文献。当出现冲突时,应遵循多数人的意见;如果持不同意见的人数量相等,帕比尼安的看法应取得优势;只有当持不同意见的人数量相等并且帕比尼安未发表过意见时,法官才能自己作出决定。这样的规则,如果说有失机械的话,却至少是明确的。不过,上述谕令还允许引证上述五位主要的权威法学家所参考过的、其他法学家的论述,只要这样的引证曾经确实在手稿中出现过(这可能是因为这些权威法学家著作的复制本很少,并且其真实性难以确定)。这些具有次要权威性的法学家被纳入计算多数意见的人员范围中。正如我们谈到的,许多法学家受到援引;这样的制度,如果被加以应用,肯定会产生非常杂乱的结果,起决定作用的将可能是有多少相关的引证能够被找到。

然而,情况很可能是这样的:一般的法律工作者只能接触到古典著作中很有限的一些选集和摘要,这些少量的汇编几乎完全是从帝国西部流传下来的。前面我们已经提到保罗的《判决》、《梵蒂冈片断》(*Fragmenta Vaticana*)(之所以被这样称呼是因为这些片断是1821年于梵蒂冈图书馆中发现的)提供了最好的例证。这些片断是公元4世纪的一部大型选集中的文献,均选自帕比尼安、保罗和乌尔比安的著作以及皇帝的谕令。

因而,典型的后古典作品形式是某一论著的摘要和不署名的选集。表现在皇帝谕令中的各种创议以及这些谕令的不断增加带来了两个困难。

第一个困难是:难以调和那些不可避免的冲突,尤其是当许多谕令是针对个人的并且涉及具体案件的批复之时。从君士坦丁时代起,人们就一直试图不把批复作为先例使用,并且将立法效力限定于"一般"谕令,但是,在皇帝具有独尊的和绝对的权威的制度中,君主以任何方式所表达的意愿都不可避免地会被尊为法律。

第二个困难是:难以查阅这样大量的材料。这似乎看起来令人惊奇:在古典时期不存在可长期查阅的出版物,将所了解到的专业见解保存下来大概就是法学家们的任务。但当这样的法学家消失后,就需要借助其他手段。为满足这一要求而进行的第一次尝试是出版(可能是在戴克里先时期)两部私人汇编——《格雷哥里安法典》(*Codex Gregorianus*)和《赫尔莫杰尼安法典》(*Codex Hermogenianus*)。它们都未流传下来,这些汇编所收入的谕令在后来的汇编中被援引,优士丁尼《法典》的编纂者也采用了它们。直到公元438年,才在狄奥多西二世的支持下,推出了一部官方的汇编,即《狄奥多西法典》。这实际上不只是一部汇编,因为受委托从事这项工作的委员会得到指示进行必要的修改和补充,以确保清晰性和连贯性。这部法典在帝国东部被优士丁尼《法典》所取代,但在西部则继续适用,并且从各种手稿和其他文献,尤其是《西哥特罗马法》中,又找回了一部分重要的内容。

# 第二章 优士丁尼的立法工程

公元518年，一位老年士兵登上了皇位，他就是优士丁（Justin）。此人出生于现被称为南斯拉夫地区的一个农民家庭，虽然完全缺乏教育，却从士兵中被提拔起来。然而，优士丁为其亲属提供了自己所缺欠的东西：他让家庭中最年轻的成员，他的侄子和养子——优士丁尼（Justinian）在君士坦丁堡接受当时所能提供的最好的教育。

在优士丁登基时，优士丁尼已满36岁，他凭借着自己卓越的才能，很快取得了伟大的成就。他在其养父统治时期肯定就已形成让罗马帝国重新崛起的雄心。优士丁尼于公元527年继位时立即一展宏图。我们前面已经提到他的那些短命的军事征服。他的圣智（Holy Wisdom）大教堂一直都保留在君士坦丁堡，以纪念他对宗教的关怀。我们在这里所关心的是他的立法活动，产生于这一立法活动的成果后来被称为《民法大全》（Corpus Iuris Civilis）。

## 第一节 《民法大全》

优士丁尼的第一个计划相对来说比较简单：为自己的时代再次进行狄奥多西二世在90年前为他那个时代所做的工作。公元528年2月，优士丁尼任命了一个十人委员会［其中包括皇帝文书处的负责人特里波尼安（Tribonianus）］，负责重新汇编谕令。他们的任务是删除所有已经过时的内容，并且为消除矛盾而对有关文献做必要的整理、删减和修改。这项工作很快就被完成，优士丁尼《法典》于公元529年4月颁布。[1] 正如我们随后将介绍的，这部法典只是在公元534年之前具有效力，而且它后来没有流传下来。

优士丁尼随后将他的注意力转移到法学家的法上。狄奥多西本人曾经打算做一部法学家们的论著汇编，但后来放弃了这一计划。优士丁尼最初似乎只想处理一下那些悬而未决的争议并且正式废除过时的谕令。为进行上述改革而颁布的谕令被人们称为"五十项裁决"，但是，它们没有被流传下来，虽然其中的许多内容肯定被收进了第二部法典。

在这个问题上，看起来优士丁尼胸中装有更加雄心勃勃的编纂计划，即编辑一部能够保存古典法学著作精华，并且能够为当时所实行的法提供说明的《学说汇纂》(*Digesta*)。这项任务于公元530年12月15日委托给了特里波尼安(按照现代的说法，他在当时的职务是司法部部长)。特里波尼安成立了一个委员会，以帮助他完成上述任务。他共挑选了16个人，其中1人是国家的高级官员，11人是实际工作者，4人是教授(两人来自君士坦丁堡，两人来自贝鲁特)。他们对旧的著作进行翻阅和摘录，然后，将所摘录的材料汇集在50编中，再根据议题将这50编划分为章节。此外，他们还应当对有关文献进行必要的删减和修改，以保证这部著作不包含重复的、矛盾的和已经过时的内容。[2] 与此同时，他们还应当记录所有摘录材料的出处，注明作者的姓名、作品的标题和第几编[这被称为"落款"(in-

---

[1] "codex"(法典)一词的英文翻译可能会使人产生误解。"codex"一般只指一部典籍，但它曾特指谕令汇编，如《狄奥多西法典》(*Codex Theodosianus*)、优士丁尼《法典》(*Codex*)等。然而，按照现代的说法，"code"有了第三种含义：对某一部门法所作出的、系统的规定，如《拿破仑法典》(*Napoleonic Code*)。从这后一含义上讲，整个《民法大全》可以被称为一部法典(虽然它远远不符合系统性的标准)。

[2] 这种修改现在被称为"添加"(interpolations)。这个词容易使人产生误解，因为它不仅是指加进新的内容，而且还包括进行某些修改，即使这类修改只是采用删减或者删除的方式进行。

scription)，比如，"乌尔比安：《论萨宾》第 1 编"]。

这样一项工程，即使尝试一下，也是令人瞩目的，而且它印证了这样的观点（对此，还存在其他一些证据）：在君士坦丁堡和贝鲁特的法律学校中已经出现了古典学说的复兴。特里波尼安当然成为中心人物，灵感可能就来自他。优士丁尼在颁布《学说汇纂》的谕令中提到：所使用的大部分书籍来自特里波尼安的藏书，它们中的许多书甚至连最博学的人都不知晓。这项工程的规模是雄伟的。优士丁尼称：翻阅了将近 2000 "编"的文献，大约有 3,000,000 行；这些文献被删减成 150,000 行。这部包含 150,000 行的著作是《圣经》篇幅的 1.5 倍。有关摘录选自 39 位学者的著作，这些学者的范围包括死于公元前 82 年的穆奇·斯凯沃拉到另外两位可能著述于公元 4 世纪的不知名的法学家，但这部著作的主要部分（约 95%）选自公元 100—250 年时期学者的著作。就是这一时期的著作也只是少数人的。乌尔比安的论著大约占总篇幅的三分之一，保罗的论著超过六分之一。由于后来的古典时期学者经常援引君主制早期的前辈的论述，因而，这部著作在我们面前所呈现的图景要宽得多。

为这项工作预定的时间是 10 年，但它在 3 年内就完成了。它由优士丁尼于公元 533 年 12 月 16 日加以公布并且在 14 天后生效。在许多人看来，这样一部浩瀚的巨著竟在如此短的时间内完成。这是令人吃惊的，尤其是优士丁尼还说这里有"许多的和很大的"改动。人们因此而认为：编纂者肯定利用了在一些法律学校中使用的先前的汇编材料。然而，这也使人认为：当优士丁尼说有 2000 编书被翻阅时是在撒谎，这是任何一个法律工作者都能够一眼看出的。成就并不像乍看上去时那么令人惊异。我们下面将讲到，编纂者看来划分为三个负责筹备工作的编辑组，很可能在每个编辑组中还有更进一步的分工。这项工作完成得很不完满。

同时，特里波尼安和两位教授[来自君士坦丁堡的狄奥菲尔（Theophilus）和来自贝鲁特的多罗特（Dorotheus）]又被委托去完成另一项任务：为学生编辑一本正式的基础教材——《法学阶梯》。这部教材也于公元533年12月颁布,而且被赋予了立法的效力。然而,它能强过《学说汇纂》而成为一部原创著作吗?它是对古典教材作品中论述的拼凑,在那些需要改变法律或者存在其他某些要求的地方还充斥着编辑者自己的杜撰。在这方面,它与《学说汇纂》的不同之处只在于:没有注明各段论述的出处。不过,这些出处经常是可以查到的。这部《法学阶梯》的大部分内容借取自盖尤斯的《法学阶梯》,另一些相当数量的段落转抄自《学说汇纂》,这种拼凑特点使这部文献不那么连贯,偶尔还出现矛盾。

优士丁尼的《法学阶梯》之所以受惠于盖尤斯的《法学阶梯》,不仅因为前者的大量内容来自后者,更主要的是因为前者的结构也来自后者,尤其是把法分为三个主要部分,即人法、物法、诉讼。我们下面将谈到这种划分对随后的法律思想施加的重大影响。

就在这一时期,不仅颁布了"五十项裁决",而且还颁布了大量其他具有改革性质的谕令,从而使529年的优士丁尼《法典》变得过时。特里波尼安又受命与多罗特和三位来自《学说汇纂》编委会的实际工作者一起,准备编辑一部新法典。编辑委员会的成员再一次被授予了广泛的修改、整理和删减的权力。这部法典于公元534年11月16日公布,并且于同年12月29日生效。这第二部法典流传至今,虽然在它的传抄稿中尚有很大一部分有待于补齐。这部法典的篇幅大约是《学说汇纂》的一半,包含自哈德良统治时期以来的大约5000项谕令。

整个立法工程至此大功告成,但谕令还在不断涌现。优士丁尼曾试图搞一部这些新谕令[*novellae constitutiones*,现代人所说的"新律"(Novellae)一词起源于此]的汇编,但这项计划一直没有付诸实施。出现在一些现代版本的《民法大全》尾部的新律汇编来自三个非官方的或者半官方的汇编。新律的大部分内容涉及的是公法和宗教事务,但在它们当中也包含一定数量的关于私法改革的内容,尤其是在家庭法和继承问题上。

## 第二节 《学说汇纂》的特点

《学说汇纂》不仅是《民法大全》中篇幅最大的一部分,也是其中最为重要的部分,关于它的某些特点还需要再多说几句。优士丁尼把它的编纂工作描述为"一项最困难,事实上不可能实现的事业"。这种描述带有夸张的意味,但在一定意义上却是事实。因为,优士丁尼试图实现两个不相容的目标:一方面想保存古典著作中的精华;另一方面又想对其加以改造并建立自己时代的法。当他试图在这两个方面都取得成功时,就无法完全地实现这两个目的中任何一个,而且这项编纂工作的仓促进行只能加速这种失败。

《学说汇纂》的权威来自优士丁尼自己,他禁止使用任何未包含在这部著作中的作品。每一条论段都注明其出处,整个著作充满对被指名列举的法学家观点的援引和讨论。所援引的原始论著是在大约350年的进程中写出的,因而,其不仅包含着在任何动态的法律制度中都不可避免的冲突见解,而且也存在因历史发展而出现的差异。事实上,优士丁尼命令编纂者对有关文献加以篡改,他自信地断言不存在任何会使那些敏感的头脑感到难以调和的矛盾,但实际上却存在着数不胜数的矛盾。不仅编纂者未能清除大量在古典材料中就已经存在的矛盾,而且又增加了新的矛盾:他们为了说明自己时代的法而对某些文献加以修改,但对另一些文献却没有触动。在随后的几百年中,许多敏感的头脑为调和这些矛盾做出了努力。但对那个时代自己的法律工作者来说,这一任务肯定是不可能完成的,就像我们下面将看到的,《学说汇纂》很快就被束之高阁。

《学说汇纂》的编排体系并没有使法律工作者的工作变得较为轻松。各编和各章(每一"章"论述一个议题)的顺序来自告示。与《法学阶梯》的次序不同,这部著作只是做了最粗线条的体系划分,这无疑是正常的和适当的,尤其是因为那些古人、那些古典学者和拜占庭学者不像我们这样重视科学的编排体系。但是,每一章内材料的编排顺序却显得任意。有时会出现这样的情况:某一章中的论段可能又涉及另一章中的某一议题,而书中却没有交叉参阅的注明。这种编排次序一直是个谜,直到1818年,一位年轻的德国人布鲁赫麦(Bluhme)才揭开了谜底。通过对各论段的"落款"进行研究,他发现有三个大组(或者说三大"群")论著,来自每一组的摘录被有规律地拼合在各章之中;他进一步揭示说,虽然大组与大组之间的顺序各异,但每一大组内部的编排顺序一般是相同的。由此他推论:编纂者划分为三个编辑组,每组负责从一"群"论著中摘录材料,总编委会只负责做最后的工作,即进行总体编辑。

因而,《学说汇纂》的精神与像《拿破仑法典》这样的现代法典相距甚远。但它是当时时代精神的体现,那个时代在许多领域几乎是崇尚墨守成规的。优士丁尼本人就宣称:"对不完善之处进行修补的人比首创者更值得赞扬。"只有在这样一个时代当中,像《学说汇纂》这样一部宗旨矛盾的著作才可能被编纂出来。优士丁尼试图保存过去的精华,却没能创造出一部他自己的臣民可以实际使用的法律汇编。他想推出自己时代的法,却歪曲了他试图保存的精华。

优士丁尼正是在一个他做梦也没能想到的时间和地点,并且采用一种没有梦想到的方式取得了成功,上述缺陷也正是这种意外成功的源泉之一。他曾经宣称,他不仅为自己的时代,而且也为未来的时代,提供了最好的法。若干世纪之后,这些话再次萦绕于人们耳边,立法者把优士丁尼的作品变成了欧洲大陆的共同法。随后并且直至我们这个时代,法律史学者都认为:在优士丁尼的作品中保存着对罗马最伟大的智力成果的丰富记载。

在法律史中,优士丁尼宣告了古代世界的结束。在他的统治时期,罗马法第二次登上了顶峰,随后立即进入了500年的冬眠期。中世纪的法就是出现于这一冬眠期的罗马法,它是书本上的法。立法者的手一旦落在它身上,罗马法的特色就改变了:现在,它的权威并不是体现在对法学家自由讨论的总结上,而是体现在保存这些讨论内容的书本中。任何立法都必定会产生这样的后果,只是由于中世纪的精神特性而使这种后果变得极为明显而已。

优士丁尼的重要性在于:他在古代世界正在解体之时,成功地采用一种能够保留下来的形式将罗马法文献汇集在一起。在保存这些文献的过程中,他的征服成果甚至也可以说是发挥了作用。因为他对意大利的征服使得在那里颁布其法律汇编成为可能,而且大概就是在意大利,并且正是在优士丁尼死后的 50 年内,出现了使《学说汇纂》得以流传下来的手抄本[3]。这部手抄本是如何保存下来的,我们不得而知,但是,我们能记得:在优士丁尼登基后不久,圣·贝内德特(St. Benedict)就在意大利的蒙特·卡西诺(Monte Cassino)建立了第一个修道院。随着古代世界的解体,中世纪社会也在逐渐形成。

---

[3] 这部手抄本被称为"佛罗伦丁(Florentine)手抄本",它从 1406 年起就保存在佛罗伦萨的劳伦蒂亚诺(Laurentian)图书馆。它是从比萨被带到这里的,它至少从 12 世纪起就保存在比萨,所有其他的手抄本都是根据它而转抄的。

# 第三章　罗马法第二阶段的发展

## 第一节　在东部的流传

在东罗马帝国,直到君士坦丁堡于1453年落入土耳其人手中之前,罗马法的历史还没有中断,但这是一段衰退的历史。当时的拜占庭法是偏离古典法很远的衍生物。优士丁尼以法典编纂者常有的自信认为自己的作品是完美的并且能够防止增加新矛盾,因而他禁止所有的评注。然而,他允许把希腊的译文以及希腊文目录(*indices*)和索引对照(*paratitla*)列为例外,这后一类材料一般是些简短的概要和有关论段的对照索引。如果真是这样的话,甚至在优士丁尼活着的时候,人们都可以自由地创造这些例外。有关的禁令后来完全被置若罔闻,这种情况是不可避免的。东罗马帝国使用的是希腊语,甚至连《法学阶梯》对于许多人来说都曾是无法阅读的,因此一部据说是由狄奥菲尔主持的、增加了篇幅的意译本流传至今。《学说汇纂》带来的困难更多,它篇幅繁冗,内容复杂,编排混乱,收录了一些在实践中不被理解或者不被使用的制度和概念,因而迫切需要做一些概要和评注。这样一部最好的希腊文作品就是《帝国法律汇编》(*Basilica*),它由"智者"利奥(Leo il Saggio)六世(公元886—911年)颁布。这部汇编是根据较早的材料编辑的,所采用的《学说汇纂》《法典》《新律》的希腊译文经过了重大删节和精简,并且被汇集在一起,形成一部单一的集子。后来,主要是在16世纪或17世纪,人们又采用旁批或者评论的形式在这些材料上增加了大量的注释。

这种形式的罗马法作品一直保存到 1453 年，而且实际保存的时间可能更长。因为，大约在 1345 年，萨洛尼卡（Salonica）的一位法官哈尔麦诺波罗斯（Harmenopoulos）编辑了一本分为六编的教科书（*Hexabiblos*），这本书至少在理论上一直保留着 1946 年《希腊民法典》生效前的希腊法基础。

## 第二节　在西部的流传和复兴

甚至在帝国西部，罗马法也没有完全消亡。在"蛮人"统治的法国南部、西班牙和意大利，罗马臣民继续依靠"庸俗法"生活，这种法存在于像《西哥特罗马法》那样的汇编之中。的确，优士丁尼的法典化立法早已于公元 554 年在意大利颁布，一些关于《法学阶梯》《法典》《新律》的零散材料流传着，但是，《学说汇纂》则完全被遗忘了。在欧洲北部，罗马法的踪迹几乎全部消失。

然而，罗马法的伟大影响并不是产生于有关文献的残存，而是产生于从 11 世纪末开始的、作为广泛的文化振兴运动一部分的罗马法复兴。《学说汇纂》被重新发现，并且第一次为人们所透彻研究。这次罗马法复兴中最伟大的先驱就是在波伦亚教书的伊尔内留斯（Irnerius，公元 1055—1130 年），他和他在波伦亚的接班人担负起对《民法大全》文本进行说明、整理和诠释的工作。这项工作所采用的主要文字形式是在有关文献的边缘或者行间书写说明和注释（gloss），以解释有关论述的含义，对需要交叉参阅的地方加以注明，对一些只有经过协调后才可使用的材料进行加工。因此，伊尔内留斯及其接班人被称为注释学派（Glossators），但他们的著述也采取其他一些形式，既有系统性论述，也有论战性作品。

追求新文化的热情是巨大的。学生们从西欧各地来到波伦亚，大约在 12 世纪中叶，这些学生的人数达到了 1 万。此外，对罗马法的学习和研究也从波伦亚扩展到意大利和意大利以外的其他新生大学,如 12 世纪后期,瓦卡里乌斯(Vacarius)就是在英国教罗马法的。[1] 然而,主要的推动力仍然不断来自意大利,并且在大约 100 年后完成了注释学派的工作。阿库修斯(Accursius)对这一工作加以归纳,将所有的注释汇编为一部大型的注释集。从此,这种"正规注释"(glossa ordinaria)开辟了一个独立的领域,它的对象既有《民法大全》手抄文稿,也包括早期的一些印刷版本。

罗马法的复兴是一种学术上的复兴,一方面这一复兴发源于大学,另一方面它同当时在法庭中应用的法并不相关。从前一种意义上讲,罗马法的学术特点一直没有丧失,而且它还在很大程度上传给了现代民法。但是,实践中的法却不可能总是不受大学中沸腾情形的影响,因而出现了朝着学术兴趣方向发展的相应变化。阿库修斯的继承者开始将罗马法应用于当时具体的实践问题。为实现这样的目的,注释的方法是不适宜的,这种方法开始被比较系统的和比较宽广的评论所取代,这些评论的作者通常被称为评论学派(Commentators)或者后注释学派(Post-glossators)。这些学者根据具体情况分别运用限制性解释或者自由解释的方法,并且进行细微的区别,从而使古代法符合中世纪的需要。他们在评论中比较经常使用的材料是对原文的注释,而不是原文本身,因此,由此而产生的法是第三手的罗马法,但它是实践性的法,而且它的力量就在于此。评论学派的最伟大学者是巴尔托鲁(Bartolus,公元 1314—1357 年)和他的弟子巴尔都斯(Baldus,公元 1327—1400 年),他们享有很高的权威,只有冒失的人才会与他们的论点作对。"法学家之称,非巴尔托鲁学派莫属"(Nemo iurista nisi Bartolista),这成为一句格言。

《民法大全》对于注释学派的吸引力主要在于一种精神上的满足,这种精神满足是在探索文献合理的内在和谐关系中获得的。文献中不存在需要探索的和谐关系,这是不可思议的事情。在注释学

---

[1] 这是本书最新版本的表述,先前版本的表述是"在 12 世纪中叶,瓦卡里乌斯就是在牛津教罗马法的"。——译者注

派和评论学派看来,《民法大全》不是某一历史进程的最终成果,而是对正当秩序的单项权威性表述。他们的工作之所以富有成果恰恰就因为文献中的和谐关系有待探求和确定,虽然他们不认为这是在"确定"。优士丁尼作品中的缺点现在变成了优点。假若这些作品是对公元6世纪的法所作的简洁、系统和紧凑连贯的叙述,它们也许就不能如此成功地适应中世纪社会变化着的需要,更适应不了随后的社会发展。但是,优士丁尼的作品为解决实践中的问题提供了一个几乎取之不尽、用之不竭的良策源泉。它们预先设定一个相当结实的、由一般原则构成的基本框架,囊括了足够多的相互分歧和冲突的见解,从而使法学家能够根据现实需要选择最佳解决方案。虽然法学家事实上是在进行选择,但可能看起来仅仅是在对权威文献进行解释,似乎仅仅是在证明优士丁尼的下列说法是对的:他的著作中不包含任何不能为机敏的头脑所调和的冲突。任何制度中的法律工作者,也就是法学家或者法官,都处在这样一种矛盾境地:一方面,他们把法看作并且希望看作某种有着自己生命的东西,它独立于他们而存在,并且只是由他们加以应用;另一方面,他们有时又必须根据实际情况创造法,对于先前从未出现过的某些情况放弃适用一定的规则,或者修改某一已经变得有失公平或者不合适的规则。中世纪的法律工作者在这方面很幸运,他们既可以根据自己时代的精神赋予某一文献以内在价值,同时,他们又可以在这最新的权威材料内为许多问题找到不止一个的解决办法。在我们眼里,这些中世纪的法律工作者是在进行选择;而在他们自己看来,则是在"辨别"解决问题的唯一权威方案,并将此同解决其他具有细微差别的问题的方案区分开来。如果不同的解决方案来自表面上针对同样问题的不同文献,人们就可能推定说:在某一情况中还需要考虑另外一些未被提及的事实。

## 第三节　对罗马法的接受

罗马法文献有着它自己的智慧权威,但它也因皇权而获得权威,因为在神圣罗马帝国已经体现得不完美的帝国观念一直还支配着人们的思想。上述智慧权威和产生于皇权的权威,在与注释学派和评论学派的活动相伴的进程中,一直发挥着作用。我们称这一进程为对罗马法的接受进程,也就是说,通过此进程,罗马法变为西欧的共同法。但是,这一接受进程在欧洲大陆的发展也是因地而异的。在欧洲南部(意大利、西班牙和法国南部),正如我们已经介绍过的,罗马法从来没有完全消亡过,在那里,各种注释和评论学派的学说可以简单地作为对保存在《西哥特罗马法》和其他汇编中的法的补充而被接受。因而,在那里所出现的与其说是对新法律制度的突变性接受,不如说是旧法的逐渐复兴和再发掘。然而,在欧洲北部却只保留着因地而异的习惯法。那里对罗马法的接受则要迟缓得多,而且这一进程在开始时显得很突然。对新知识的敌视态度部分地来自当地的世俗法庭,这些法庭很珍视本地的习惯法;有时候,也部分地来自王权,如在法国。因为,在神圣罗马帝国以外,《民法大全》的皇权渊源恰恰阻碍着对它的接受,直到后来,国王或者君主可以在自己领地内以皇帝自尊,才有为他自己适用所有那些主张绝对皇权的文献的机会。[2]

随着中世纪走向结束,繁杂的地方习惯所带来的弊端和问题以及地方法庭的无能为力,使人们难以抗拒对罗马法的需求和对受过罗马法教育的法律工作者的需求。由此而产生的对罗马法的接受在

---

[2]　"法国国王在自己的王国中是皇帝"(Rex Franciae est imperator in regno suo)作为格言流传。它更普遍的说法是"君主在自己的王国中是皇帝"(Princeps imperator in regno suo)。

德国和荷兰表现得最为彻底。15世纪后期出现了拥有较为广泛司法管辖权的法庭,这些法庭的法官都接受过罗马法教育。16世纪对罗马法的接受完全实现。大量的地方习俗仍然继续存在,尤其是在家庭法和继承问题上,但是,法的基本结构和法律工作者的思维方式以及所使用的术语均来自罗马法,习惯法的规则作为一种地方变数对一般制度施加着影响。

在法国北部[那里是"习俗的故乡"(pays des coutumes),相反,南部则是"成文法的故乡"(pays de droit écrit)],对罗马法的接受比德国要早,而且比较渐进,不那么激烈。各种习俗在16世纪被编纂成典,因而能够更好地抵御罗马法的渗透。尽管如此,罗马法对法律思维方式和逻辑的影响却是不可躲避的。[3]

在英国,虽然罗马法比较早地被了解和讲授,但一直没有在普通法庭的实践中立足。造成这种情况的原因,一方面在于,早期建立的国王中央权力制度使国王法庭的普通习惯(我们称为"普通法")能够取代地方的习惯法;另一方面的原因也在于,此地存在律师公会,这一强大的职业组织比较靠近国王法庭,但远离大学,并且在排斥罗马法方面与法庭有着共同的利益。[4]

## 第四节 人文主义的复兴

然而,在对罗马法的接受进入高潮的时期,也同时出现对评论学

---

[3] 造成这种情况的一个原因一定是在大学中缺乏习惯法课程,法国法的首次课程是在1679年(在巴黎)开设的。的确,在英国,英国法课程设立得更晚(1758年,在牛津),但是,律师公会(Inns of Court)的早期壮大以及普通法的早期发展都是在法庭实践中实现的,它们为英国法的发展提供了相当独立于大学的动力和源泉。由于这个原因,英国法从一开始就不是学术性的,不像是大陆民法法系一直在很大程度保持至今的那样。

[4] 苏格兰法采取的是折中立场。它曾经在16世纪和17世纪以某种形式接受过罗马法,但在后来的时代,它大大地受到英国法的影响。

派的方法和宗旨的反击。人文主义在古典文化领域中的复兴造就出这样一批学者,他们认为评论学派糟糕的拉丁文、历史敏感性的完全缺乏以及对原始文献的无视是令人哀叹的,"返回原文"现在成为他们的呼声。随着对原始文献重新产生兴趣,《民法大全》的历史特点开始得到强调,人们希望按照当时的历史面目重新发现罗马法。这第一次促使人们试图探索《民法大全》中的"添加",并且由此揭示真正的古典法。这一人文主义运动在法国发展得尤为强劲,那里的主要代表人物是库嘉丘斯(Cujacius,约1522—1590年)、多内卢斯(Donellus,1527—1591年)和法贝尔(Faber,1557—1624年)。对罗马法重新产生兴趣也促使人们去发现某些未依赖优士丁尼而保存下来的后古典作品,并且重新关注《狄奥多西法典》。嘉科布斯·哥托福雷杜斯(Jacobus Gothofredus,1587—1652年)出版了这部法典并且带有评注,这些材料现在还一直为人们所参考。

## 第五节 自 然 法

在17世纪和18世纪,人文主义的考古兴趣让位于自然法学派的新理性主义。这一学派认为:任何一个社会都可能通过合理运用人和自然本性所固有的原则而得到法,因而,这一学派的追随者拒绝接受中世纪评论学派赋予《民法大全》的不可置疑的权威。他们根据罗马法关于"万民法"(ius gentium)和"自然法"(ius naturale)的学说,在罗马法中也发现了大量在他们看来体现着自然理性的东西。第一位倡导这一新学说的人是荷兰法学家格劳秀斯(Hugo Grotius,1583—1645年),他特别强调运用这一学说论述国际法的形成。[5] 实际上,自然法学派在这一领域中的影响力最大,但它也鼓励人们从现代罗马法理论中清除那些非理性的,因而也是罗马人所特有的东

---

[5] 他还撰写了一部《荷兰法学导论》,对荷兰法产生过重大的影响。

西(人文主义者曾经很注重这些东西),并且强调和坚持(甚至有些过分强调和坚持)逻辑在法律中的作用。

## 第六节 法典化和现代民法

自然法观念也促使人们发出对法典化的呼唤,有条理地安排法律原则和规则,这一理想状态能够通过成文的法典得到最好的实现。这种呼唤在巴伐利亚(1756年)和普鲁士(1794年)得到了一定程度的响应,但在现代欧洲法律史中无可比拟的最重要的事件是1804年《拿破仑法典》,也称《法国民法典》的颁布。这部法典的重要意义并不主要在于法国在其历史上第一次有了一套单行的法律体系,而主要在于这部法典得到其他许多国家的采纳或者模仿。虽然有时对它的采纳是拿破仑征服的结果,但它的吸引力在拿破仑最终失败后仍然长时间地继续保存,这一方面应归功于该法典本身的简洁明了,另一方面应归功于法国在19世纪中的威望。在不同程度上效仿《法国民法典》的法典分别出现在荷兰、西班牙、意大利、比利时、路易斯安那、魁北克、埃及以及南非的许多地区。

在德国,如果不是由于伟大法学家萨维尼(1779—1861年)的影响,其可能也会在拿破仑战争结束后制定一部法国式的法典。萨维尼认为这样的时机尚不成熟,为了能够成功地制定一部令人满意的法典,需要更加深入地研究罗马法,其深度应当超过中世纪的法律工作者和自然法学派所达到的程度。由此开始了最新的、实际应用罗马法的伟大时期。在萨维尼及其继承人手中,优士丁尼的《民法大全》为19世纪的德国生产出一部具有高度系统性、得到严谨分析并且显然经过精细加工的法律汇编[*Pandektenrecht*(《学说汇纂法》)]。直到德意志帝国创建后,才在由此奠定的基础上开始进行法典化的工作,并且直到1900年,《德国民法典》才终于出台。这部法典比法国法典更加系统和精细,它也受到其他国家的模仿,如日本和巴西;它的影响也表现在瑞士法典之中,这部瑞士法典随后为土耳其所采纳。

法典化运动在一定意义上导致罗马法第二阶段生活的结束。除了在南非和锡兰(现在的斯里兰卡)曾依然保留着早先的罗马法制度外,《民法大全》已经不再是直接的法律渊源。没有哪些地方允许将它作为权威文献加以使用,除非当法典在某一问题上出现空白或者模棱两可时。从另一种意义上讲,法典化又赋予罗马法以新的生命,并且将它扩展到它过去从未能涉足过的地域。没有法典化的制度是不适合输出的。按照现代的标准,罗马法是一种没有法典化的制度。实际上,没有法典化的普通法已经遍布全球,但它追随的是那面旗帜。普通法仅仅扎根于那些接受英国统治并且有受过普通法教育的法律工作者的地方。另外,正如我们刚才谈到的,法典的传播却一帆风顺。但是,我们必须注意不要夸大现代法典对罗马法的体现程度。在德国(更不用提法国了),民法典包含着许多完全不同于罗马法的东西,甚至罗马法的成分也常常在各国的立法进程中被改造;但是,在结构、思维方式和基本术语方面,这些民法典有着强烈的大家庭特点,至少在普通法的法律工作者眼中,这种大家庭特点比它们之间的细微差别更加具有意义。这种大家庭特点产生于它们对罗马法的共同继承。但是,如果简单地将现代民法法系法律工作者区别于普通法系法律工作者的所有思维习惯都归功于罗马法和罗马法学家,那也是危险的;不应当忘记,《民法大全》是存在于罗马古典法学与后来的民法传承人之间的东西,民法(无论是否经过法典化)是一种书本上的法,而古典罗马法却根本不是这样的。

## 第七节  对罗马法的现代历史研究

随着《德国民法典》起草工作的开始,罗马法研究的方向也发生了变化。就像我们前面所说过的,罗马法现在被传递到历史学家手中。先是在德国,随后在意大利和其他地方,学者们转而进行人文主义者在300年前所开始的工作:揭示古典法。《民法大全》中的缺陷再一次成为优点。《学说汇纂》中各个片段的"落款"在一定程度上使人得以再现后古典时期学者的某些主要著作;通过重新拼合关于告示的评论,人们可以揭示告示本身的体系以及部分内容。同样,通过研究优士丁尼《法典》中的谕令,可以考察后古典法的某些发展踪迹。在所有这些研究中都遇到"添加"问题,某些最显而易见的"添加"已经被人文主义者指出,但现在,人们又开始认真工作,用上了现代学术研究中的全部技术和创新。所采用的方法有时候也很简单。在一些很偶然的情况中,《学说汇纂》中的某一文献也被通过其他途径保存下来,如通过盖尤斯的《法学阶梯》流传下来;或者同样的文献在《学说汇纂》中反复出现,但有不同的表述。我们通常可以指出:在某一具体文献中记述的法不是古典法,因为它体现的是后来的谕令所引进的革新,或者因为盖尤斯或者其他的古典法材料对这一问题做过不同的论述。当无法采用这些标准时,就不得不使用较为复杂并且不那么可靠的方法。某一论述所使用的语言、语法或者逻辑结构都可能暴露编纂者所做的手脚;在某些摘取自同一作品的不同论述中包含着相互矛盾的观点,而这些观点可能被归之于同一位作者。像这样的方法(还有一些不同的方法)显然可能被滥用,而且在20世纪三四十年代,对添加的寻找导致出现许多过分夸张的断言,但是,仍然有大量无可辩驳的正确观点,我们对古典法的认识已经改变。实际上,我们对优士丁尼法和后古典法的了解在很多方面少于对古典法的了解。过去人们曾经推断:流传到优士丁尼法编纂者手中的文献基本上没有被改动;并且由此推论,如果能够找出添加,我们就能对古典法和优士丁尼法均有所了解。现在人们发现:真实的情况肯定远比这复杂得多。一方面,除盖尤斯的《法学阶梯》外,那些不是依靠优士丁尼而流传下来的文献在后古典时期已经被加以编辑并且受到篡改,而且至少某些传到优士丁尼法编纂者手中的文献可能已受到同样的处理。因此,人们开始寻找出现在优士丁尼法之前的"添加"。另一方面,"庸俗法"与帝国法之间的分歧已经在一定程度上得到研究并且被加以描述。现在所剩下的问题就是:就我们通过优士丁尼的谕令以及优士丁尼法编纂者的添加所能够看到的范围而言,优士丁尼法在多大程度上代表着在当时的实践中被实际应用的法。

# 第四章 自然法,万民法

盖尤斯在《法学阶梯》的开头写道:

> 所有受法律和习俗调整的民众共同体都一方面使用自己的法,另一方面使用一切人所共有的法。每个共同体为自己制定的法是他们自己的法,并且称为市民法,即市民自己的法;根据自然原因在一切人中制定的法为所有的民众共同体共同遵守,并且称为万民法,就像是一切民族所使用的法。因而罗马人民一方面使用他自己的法,另一方面使用一切人所共有的法。

亚里士多德也做过实质上相同的划分,即区分人定法(某一国家所特有的法)和自然法(普遍适用的法)。前一种法不具有内在的道德意义,它的效力产生于国家对它的采纳(交通规则可以说是现代的例子);后一种法则是普遍有效的,无论是否得到采纳。前者是对的,因为它是法;后者是法,因为它是对的。这种比亚里士多德思想还古老的观念把自然法看作理想的和普遍有效的规则,认为这套规则产生于在物质世界明显发挥作用的秩序原则,这一秩序原则也通过人的理性体现在人身上。这种自然法观念变成了哲学上的和修辞上的口头禅,尤其是在斯多噶学派当中;斯多噶所鼓吹的学说要求人们"顺应自然而生活"。在残存的古罗马作品中,这种观念首先(而且是频繁地)出现在西塞罗的著作中,就像盖尤斯在上引论述中说的那样,西塞罗把"*ius naturale*"(自然法)当作"万民法",即 *ius gentium* 的同义语。从这个意义上讲,这两个词代表着同一观念的两个方面。"自然法"这个词注重的是这种法起源于自然原理(西塞罗将它等同为神明原因),而"万民法"这个词则强调的是它的普遍适用。盖尤斯简明扼要地表述了这一含义,指出:"根据自然原因在一切人当中制定的法为所有民众共同体共同遵守。"按照我们的思想方式来看,这里存在不合逻辑的情况。自然法是应当由所有人共同遵守的法,而万民法则是事实上由所有人共同遵守的法;从逻辑上讲,一个人不能根据某一规则得到遵守这一事实而推导出该规则应当被遵守这一命题,或者作出相反的推导。然而,罗马人从来不在实在法(实际应用的法)与应当订立的法之间做这种明确划分。同样,他们也从来不将那种可称为自然法的革命性表现的东西发展为能够抵制实在法的、较高层次的法。[1] 罗马法学家只是在一个方面偶尔地对自然法和万民法做一下区分。他们赞同斯多噶的教导(与亚里士多德的说法相对立),认为人是生来自由的,因而奴隶制是违反自然法的;但是,它显然是万民法的制度。这只是对某一事实的记录。法学家们不是社会的改革者。

关于自然法的另一个很不同的定义被归在乌尔比安的名下,在这里值得一提只是因为它醒目地出现在优士丁尼的《法学阶梯》和《学说汇纂》的开头,因此它对后来的思想产生着显著的和误导性的影响。这段文献论述道:

> 自然法是大自然传给一切动物的法则,也就是说,这个法不是人类所特有的,而是生活在陆地和海洋的动物包括飞禽所共有的。由此而产生我们称为"婚姻"的男女结合及其子女的生育与繁衍。我们可以见到其他动物包括野兽也都精通这门法。

这种观念似乎起源于毕达哥拉斯,它把自然本性的驱动与法的

---

[1] 这不是说古人没有察觉到在一个人的良心上实在法与自然法之间可能发生冲突。索福克勒斯(Sophocles)的《安提戈涅》(Antigone)和苏格拉底的《辩护》(Apologia)就是以此为主题。这只是两个比较著名的例子。

规范混淆起来。这种混淆有时候也因"law"(法)字的不同使用而产生:"法"不仅可以理解为法律工作者所说的法,如"合同法",也可以理解为自然科学工作者所说的法则,如"引力法则"。前者讲述的是在一定情况下应当发生的事情,后者讲述的则是在一定情况下发生的事情(或者更准确地说,将发生的事情)。前者是关于行为的规则,后者则是一种预报。这种混淆清楚地反映在上述文献的解释中。罗马人的婚姻,即使不严格受法律的调整,也不能简单地说是男女结合。婚姻法的功能过去是、现在也同样是对人和一切动物所共有的自然本性的调整。

"*ius naturale*"(自然法)和"*ius gentium*"(万民法)这两个词都是直到盖尤斯时期才出现在法学作品之中的,也就是说,在西塞罗后的两个世纪。[2] 不过,这两个世纪期间的法学家作品流传下来的太少了,因而我们无法判断这种沉默是否具有重要的意义。当然,罗马法学家作为有文化和有教养的人,肯定通晓当时的哲学观念,而且,就像他们对法的认识一样,他们对这些观念的理解是很实际的,他们在自己的论著中也许没有把哲学家的"自然法"或者"万民法"概念当作纯粹的思辨。甚至在那些出现"自然"或者"自然原因"概念的论述中(如在盖尤斯和后古典时期的伟大法学家的有关论述中),这种观念似乎纯属装饰性的,或者所具有的含义依上下文的不同而各异,但与上述哲学观念没有什么联系。在普通语言中,我们自己也以这种不确切的方式使用"自然"一词。

但是,"自然本性"一词即使是不确切的,它也为对法的解释和分类提供了具有一定意义的手段。某一物或者法律制度的"自然本性"(nature)通常是其内在特点,而且法学家竭力根据这种内在特点追溯有关的规则。某些动物的自然本性是野蛮的,因此,我们只能在对它们实际加以控制的范围内拥有它们;海洋的自然本性是向所有

---

[2] 哈德良时期的法学家彭波尼曾在另一种意义上使用过"*ius gentium*"这个词,这种含义在17世纪之后被普遍接受,即调整国家间关系的规则(国际公法)。

人开放的,因此,它不受私人所有权的影响等。根据类似的观点,人们还认为:某些取得所有权的方式是自然的,或者说产生于自然法或者自然原因,因为这些方式似乎不可避免地随有关事实的出现而完成,如我想让你成为某物的所有主,这样做的"自然"方式是把该物交给你;如果一所房子是用我的材料建造在你的土地上的,按照这种合并的自然本性,整个房子都应当是属于你的。这些取得方法是自然的,当然被认为是普遍的,因而也应被认为是属于"万民法"的。在其他一些文献中,"自然"或者"自然原因"又等同于"正义"、"普遍意义"或者"良好秩序"。此外,还能找到其他的含义。

我们已经谈到,"自然法"一词强调的是某一规则或者制度的起源或者基础,而"万民法"一词则强调的是相关规则的普遍适用(第一层含义)。但是,说某一制度是普遍的,在法律工作者看来并不具有实践的意义。这曾经被称为"一种表面的比较法学"(a piece of superficial comparative jurisprudence),说它是表面的,是因为它可能只是在一种很宽泛含义上讲是真的。例如,买卖契约,同大部分契约一样,属于万民法契约,但它只是在以下含义上是普遍的:其他国家也有服务于同样目的的制度。罗马法学家并未推断希腊买卖契约的具体规则与罗马法中的买卖契约规则是相同的。

然而,"万民法"还有第二层含义,这层含义具有显著的实践意义。从这一层意义上讲,万民法是既适用于罗马市民又适用于异邦人的那部分罗马法。古代法原则上是"属人"法:一个人在生活中使用怎样的法不取决于他处于何地,而取决于他是何人(具有怎样的国籍)。罗马法适用于罗马市民,雅典法适用于雅典市民。这样的原则带来明显的问题。对于生活在罗马司法管辖范围之内的外国人应当适用什么样的法呢?曾经在某种程度上采用的一种解决办法是:适用他自己的法,特别是在家庭法和继承问题上。但是,应当用怎样的法调整他与罗马市民或者与其他国籍的外国人的关系呢?适用属人原则将要求制定一系列我们称之为"冲突法"的规则,以决定在各种具体情况下应当适用哪些制度。实际上出现的是一套很不同的法,它具有罗马的特点,但不采用旧市民法的形式和技术,它同样适用于市民和非市民。这种法是如何发展起来的仍是人们猜测的对象。它的主要特点在公元前1世纪已经定型,我们对在此之前的情况知道得很少。外事裁判官的职责就是正确地适用这样的法,他肯定发挥过很大的作用,处理同类问题的行省总督可能也起过同样的作用,但我们缺乏做更多评论的证据。此外,我们知道,这套法不仅适用于涉及异邦人的行为,甚至也适用于完全发生在市民之间的行为。如果说它起源于外事裁判官告示的话,它也通过某些途径为城市裁判官的管辖领域所"接受",肯定也有一些背离其方向的"接受"。正如我们所了解的,在这套法中,少量属于旧的、严格意义上的市民法的制度也可适用于异邦人,比较明显的是除一种形式外的要式口约。在这方面,我们也缺乏证据说明这种发展是如何出现的。我们也不知道"万民法"这个词最早是如何应用于这套法的,或者有关的哲学观念对它的发展有着怎样的影响。我们所能够肯定的是:在盖尤斯时期,"万民法"这个词,就像前面论述过的那样,在哲学和理论意义上都被使用,而且在这两种意义上,它都涵盖着除人法和继承法以外的大部分法。没有"万民法",罗马法绝不可能取得它现在的历史地位,但我们对它的起源或者发展几乎一无所知。

"万民法"的这两层含义常常是不加区分的。在实践意义上的万民法绝大部分是不讲求形式的并且是简单的,因而也就是"普遍的"。所有理论意义上的万民法制度都必然是实践意义上的万民法的组成部分,然而,反过来却不总是这样。我们已经提到的要式口约就是一个说明。这一制度在罗马法以外是不存在的,但它却开放适用于罗马市民和异邦人。

上述区分也出现在对"*ius civile*"(市民法)一词的使用中。就像我们所说的"common law"(普通法)一样,市民法一词的含义取决于它在上下文中的意义。与理论意义上的"万民法"概念相对应,它是指某一国家特有的法;与实践意义上的"万民法"概念相对应,它是指只适用于罗马市民的那部分罗马法。在第一种意义上,要式口约属于市民法,而在第二种意义上,它却不属于。此外,我们还必须记住市民法一词的第三种含义:它与"法官法"相对应,指产生于"*lex*"(法律)和"*interpretatio*"(法学解释)的那部分罗马法(我们将主要在这后一种含义上使用该术语)。

# 第二编 人 法

# 引　言

### 《法学阶梯》的体系

优士丁尼的《法学阶梯》宣称:"我们所有的法或者涉及人,或者涉及物,或者涉及诉讼。"这种分类对后来的法律思想产生了浓重的影响,它来自盖尤斯的《法学阶梯》,甚至在那里可能就已是传统分类了。对于现代法律工作者来说,法的基本构成"要素"是权利和义务,他们也以这样的观点看待上述分类。根据这种观点,"人"(无论是自然人还是法人)是能够行使权利和承担义务的实体;"物"是权利和义务本身;"诉讼"是据以维护权利和义务的救济手段。换一个角度讲,所有的法律规范都包含三个方面:所涉及的人、有关的标的物、救济手段。然而,盖尤斯并不可能以如此确切和抽象的方式看待上述划分,在他的书中所作的表述要粗糙和简单得多。关于"物"的含义,我们将在后面论述,在这里需要集中地谈谈"人"。[1]

罗马人从来没有建立起关于法律人格的连贯理论。正如上面谈到的,在现代法律工作者看来,"人"这个词写作"person",是指任何能够行使权利和承担义务的实体,但在罗马法学家看来,"*persona*"这个词没有这样的技术含义。就像当今的普通语言所讲的 person 那样,它只是指自然人,无论这个自然人是否能够行使权利及承担义务。从这种意义上讲,奴隶也是 *persona*,但他不是现代法律意义上

---

[1] 对"诉讼"将不单独论述。我们在前面已经对它们做了些介绍,由于它们对于现代读者的意义首先表现在它们对实体法的影响,因而本书将结合实体法对它们加以论述。

的 person。事实上，罗马人没有在术语上将那些能够行使权利和承担义务的人区别于不能行使权利和承担义务的人。他们并不像我们现在这样需要这种区别。因为我们承认这样的可能性：一个法律上的人可以不是自然人，也就是说，可以不是罗马人所理解的 *persona*。在现代法中，一群个人（无论这个群是大还是小）可以构成区别于并且平行于其成员个人的法人（如有限责任公司）。但是，对罗马法学家来说，这样一种群体似乎只不过是一定数量的并且相互处于一定关系之中的个人；只有自然人才拥有权利，法律上的人也必然是自然人。自然人并不都是法律上的人。奴隶不可能拥有权利，这无疑是不证自明的道理，并且谁也不会因缺乏明确的法律术语而产生误解。

此外，奴隶可能变成自由人，并且至少因此而成为潜在的权利与义务的主体，这也许就是理解罗马人法内容的关键。这部分法事实上关注的是法律上的人的不同范畴，并且关注一个人据以进入或者脱离上述各范畴的方式。更确切地说，由于对具有完全能力的"一般人"(normal man)范畴没有任何疑义，这里所涉及的是关于"地位"的不同范畴。从现代意义上来说，上述地位指的是使某一人的权利与义务区别于一般人的权利与义务的条件，这种区别不是简单地或者是根据该人的同意而创造的（在现代制度中，青少年和精神病人都是明显的例子）。这个问题对于盖尤斯来说太宽广了，他只谈到据以取得和结束各种地位的方式，在他的《法学阶梯》的最后部分才论及由此而产生的权能和无权能问题。然而，在这方面我们将不遵循他的模式。

### 形式主义

原始制度注重对形式的使用，法律后果并不是产生于单纯的协议或者简单的意思表示。如果要创设或者转让某一权利，必须实施某些特定的行为，或者使用特定的话语。这种行为或者话语就是形式，法律后果就是由这种形式造成的。如果形式没有得到遵守，或者没有完全得到遵守，就不产生任何法律后果。相反，如果有关形式得到遵守,但存在意愿方面的缺陷(如错误或者恶意),法律后果仍然产生。形式既具有实质性意义,又是充分的条件。

　　罗马法人对形式的注重不仅仅局限在私法问题上,英国人可能也很赞成这一点,他关注自己在何种程度上(特别是在公共事务中)参与某些形式,即使这些形式已经丧失了原有的意义。此外,在某些私法问题上,对形式的要求的确存在一些正当的、实践上的原因,一方面,形式使行为具有确定性和清晰性,它们不仅可以指明所做事情的特点,说明该行为完成的时间,还可以让当事人在实施行为之前有一个停顿,以便确保他们知道决定性的时刻已经来临。另一方面,形式的僵硬以及使用中的不便也带来麻烦。在现代法中,总的来讲,契约是非要式的,但关系土地转让或者财产死因转移的行为则是要式的,虽然其形式一般是简单的。

　　罗马法在以下两个方面不同于其他大部分法律制度,一是它的所谓"形式上的节俭",二是形式本身的简单。它只使用很少量的形式,却服务于繁多的目的,而且在形式中很少包含对界定和表明行为的内在目的来说并非必不可少的东西。相反,日耳曼法的形式则大不一样,它含有大量只具有象征意义的或者表演性的东西。

　　在罗马法中有四种主要的形式。其中之一是要式口约,即一种口头的提问和回答形式。其他三种在表面上看起来稍有差别,并且在不同的法律问题上有不同的表现,它们在人法方面表现得较为突出。因此,最好在开始时把它们放在一起加以介绍。

　　1. 在库里亚民众会议前的行为(act before the *comitia curiata*)。在上述三种形式中,这是最无关紧要的形式,它外表看起来像是一种立法行为(一种"私人提案"),通常被用来实行一种特殊的收养或者作为早期的遗嘱形式。"对提案予以通过"的库里亚民众会议是罗马最古老的人民大会,但在历史上,它没有发挥过立法机构的实质性作用,作为其组成部分的30个库里亚分别由30位跟随在最高执法官身边的侍从官代表。因此,有关程序实质上体现着最高执法官对某一私人行为的批准。

2. 要式买卖(mancipatio)。这在形式上是一种买卖交付。当着 5 名见证人和 1 名手执一把铜秤的司秤(libripens)的面,受让人一手抓住将被交付的标的(如一个奴隶),另一手拿着一块铜,并且说道:"我宣布:根据奎里蒂法(ius Quiritium)[2],这个奴隶是我的,我用这块铜和这把秤将他买下。"然后,他以铜敲秤,并将那块铜交给转让者。所有的参与人均应当是罗马市民。

因而,要式买卖表面上看来是一种现货买卖,它产生于铸币出现之前的某一时期。但是,甚至在《十二表法》时代,也就是说,在引进铸币制度前的大约 150 年中,这种对铜块的过秤和交付似乎就已仅具象征意义了;并且,要式买卖在历史时期与真正的买卖没有必然的联系。要式买卖只能被用来交付处于支配权下的自由人、奴隶和某些特定的物品[要式物(res mancipi)];对于上述人和物的交付来说,要式买卖以及我们随后将介绍的拟诉弃权(in iure cessio)是很重要的。比如,简单地交付一个奴隶,即使是在有效的买卖之中,也不能使所有权按照市民法转移。

3. 拟诉弃权。这是另外一种可适用于任何财物的转让方式。[3]在拟诉弃权中,罗马人使用的是一套似乎事先串通好的诉讼语言,好像是在法律诉讼中提出关于所有权的主张[请求返还所有物之诉(vindicatio)]。有关当事人向裁判官出庭(in iure),受让人在庭上抓住需要被转让的物,说出在古老的请求返还所有物之诉开始时人们所使用的套语(同要式买卖开始时的套语一样);然后,执法官问转让人是否提出相反的要求(an contra vindicet);转让人保持沉默,或者说"不";接着,执法官将物"判给"受让人。在这种形式中,拟诉弃权只在特殊意义上是串通好了的。执法官也必然是参与串通的一

---

[2] 这是罗马市民法的早期称谓。——译者注
[3] 但在实际上,人们只用它创设他物权(iura in re aliena),拟诉弃权通常只适宜针对这一目的使用。正如盖尤斯所说,如果一个人能够在朋友的帮助下实现对同样标的取得(如采用要式买卖),干吗要去找裁判官呢? 如果仅使用让渡就足以解决问题,这种论点就更加有力了。

方,因为,在正常的请求返还所有物之诉中,如果被告不进行辩护,原告则简单地拿走他所要求的物,用不着执法官"判给"。此外,这种分配裁判的主要作用在于给付,而不是判决(如受让人只是自"判给"之时起才成为所有主,而一项判决则可能宣告受让人在此之前已经成为所有主)。对此的解释可能是这样的:拟诉弃权最初时是一种串通好的诉讼程序,在它得到确立后,获得了转让的许多特点。一种很相似的程序曾被用来解放奴隶。

这些行为,同几乎所有的罗马法程式一样,都特别重视要式话语的使用。例如,仅仅说出受让人的实质性主张是不够的。郑重的话语本身就能够产生所希望的法律结果。

# 第一章 人法的主要特点

## 第一节 市民和非市民

前面提到的"normal man"当然是指市民。一般的古代原则都认为法是属人的,因而,非市民、异邦人,按照特定的罗马市民法是不享有权利的。万民法的发展实际上明显地缓解了这种无权能状态,但相当一部分重要的罗马法仍然向异邦人封闭。

然而,在很早的时候罗马人就发现应当将市民法中的一些有限的权利给予他们的邻居——拉丁人;后来,随着罗马统治的扩张,类似的地位也被授予给由罗马人建立的、数量不断增加的殖民地。这种介于市民和非市民之间的地位一直被称为"拉丁权"(Latinity),虽然在共和国末期它早已不再有任何地理上的或者种族上的意义。拉丁权所赋予的权利并不总是相同的,但是,必须区分三种不同的权利:第一种是贸易权(*commercium* 或者 *ius commercii*),即有权参加要式买卖,并且或许还有权使用某些特殊的、关于取得所有权和缔结契约的罗马法方式;第二种是通婚权(*conubium* 或者 *ius conubii*),即有权与罗马市民缔结市民法所承认的婚姻;第三种是遗嘱权(*testamenti factio*),即订立罗马法遗嘱或者在此遗嘱中成为继承人的权利。所有的拉丁人均享有贸易权,一部分拉丁人享有遗嘱权,少量的拉丁人享有通婚权。

然而,非罗马人所最希望获得的并不是拉丁权。虽然在共和国末年之前很少对外授予罗马市民籍,但罗马人后来还是放松了限制。

在共和国末年,罗马市民籍的授予已经向整个意大利扩展,在帝国时期,皇帝经常将它授予某些共同体或者个人。此外,奴隶人口也为新市民提供了取之不尽的源泉。罗马人以其惊人的慷慨允许被解放的奴隶获得此特权,而直到公元前91年,他们还不惜以残酷的战争为代价,拒绝将此特权授予自己的意大利盟友。

《尤尼亚法》(lex Iunia)(公元19年?)创造了一个新的阶层,它把一种不包含通婚权或者遗嘱权的拉丁人地位授予那些并未完全得到解放的奴隶(尤尼亚拉丁人)。在帝国初期,许诺给予市民籍不断地被用来作为吸引这些尤尼亚拉丁人和其他拉丁人参加公益活动的政治手段,这类公益活动包括:修建房屋、向罗马运输粮食、参加消防队(对于像古罗马这样一个人口稠密并且容易着火的城市来说,这是件极为重要的事情)、养育儿童等。作为结果,任何富有事业心的拉丁人都肯定能够取得市民籍。

公元212年,大批罗马世界的人口被授予市民籍,从此,市民与非市民之间的区分大大失去了其重要性,虽然尤尼亚拉丁人似乎被排除在授予罗马市民籍活动的范围之外。

## 第二节 罗马家庭——父权

在早期法中,而且从相当意义上可以说,在整个罗马历史中,家庭是法定单位,家庭的首脑——"家父"(paterfamilias)是唯一为法律所承认的完人。他的子女,无论年龄怎样,即使是罗马市民并且在公法上享有权利,皆受制于家父那不受约束的生杀权。只有家父能够拥有财产,一切由其子女取得的东西均归他所有。这种父权(patria potestas)被罗马人视为自己特有的制度。在希腊,父亲的权力只用来实现保护的目的,就像监护人的权力一样,而且这种权力随着子女的成年而终结。

正如我们将谈到的,父权可以人为地创设和结束,但一般来说,一个罗马市民处于最年老的男性长辈的父权之下,这位男性长辈被称为"家父"。随着最后一位男性长辈的死亡,他自己变为家父,并且对其卑亲属享有支配权(*potestas*)。因而,如果一个人的父亲和祖父都活着,他处于其祖父的支配权之下。随着其祖父的死亡,他开始处于父亲的支配权之下,在其父亲死亡后,他自己成为"家父"。

因而,罗马家庭是以宗亲属关系为基础建立起来的,也就是说,它完全通过男性亲属序列延续。例如,一个人与他的姐姐是宗亲关系,但与他姐姐的子女则没有宗亲关系;与他的兄弟是宗亲关系,但与其兄弟女儿的子女却无宗亲关系(英国的姓氏制度是以宗亲为基础的,只是妻子应使用其丈夫的名字)。因此,家父的女儿处于其支配权之下,但女儿的子女则处于他们的父亲的支配权之下,或者处于他们父亲的家父的支配权之下。换一种说法,一个人的宗亲属(无论是男性还是女性),是那些与他自己一样处于同一支配权之下的人,或者是处于其仍在世的共同长辈的支配权之下的人。另外,一个人的血亲属则只是与其有血缘关系的人,无论是否有宗亲属关系。从大多数的目的上讲,宗亲属关系曾是市民法所唯一承认的亲属关系,但在共和国末期,这种旧的观念已经让位于新的观念,并且裁判官不断地用血亲关系取代宗亲关系。

在早期法中,儿子与奴隶之间没有什么明显的区别,他们二者都被视为家父的财产,任其随心所欲地处置。因而,解放奴隶和收养儿子时采用的手续与转让财物时使用的那些程式相同;而且,在早期法中,家父可以自由地出卖自己的儿子,就像出卖奴隶一样。然而,在公法方面,儿子与奴隶之间有着根本的区别,儿子可以投票,并且可以担任公职。当然,奴隶的地位不同于儿子的地位,这种地位不因家父的死亡而受影响。

在行使生杀权(*ius vitae necisque*)时,就像在做所有重大决定时一样,罗马人习惯于向一个非官方的顾问"委员会"进行咨询,这些顾问所组成的上述机构相当于一个家庭法庭。然而,这只是一个习俗问题,不是法律问题。监察官可以对任何严重的滥用权力行为提出警告,但除此以外,行使生杀权的行为是不会受到追究的。例如,我们知道:一个在公元前 63 年参加了卡提林那谋反(Catilinarian cospirarcy)的人就是简单地依照其父亲的命令而被处死的。只是到了公元 2 世纪初期,我们才听说有人试图对此权力加以限制,这种限制仅表现为皇权对某些具体案件的"非常"干预,更像是旧时的监察官的道德监督,而不像是确立法律规则。哈德良曾下令流放了一个人,该人因发现自己的儿子与其继母通奸而杀死了他(杀死儿子的行为发生在外出打猎之时,而没有经过"司法审判")。但是,社会习惯发生着变化,过分放任的父母代替了早时的严厉父亲,因而,在古典法时代末期,生杀权可能已经被弃置不用,但保留着丢弃新生儿的做法。这种做法在古代世界是常见的。公元 374 年,丢弃新生儿被规定为犯罪,不过,直到优士丁尼时代,它还明显存在。

如果说父亲可以杀死自己的子女的话,他也可以出卖他们。子女在被卖到外面(在特韦雷河旁出卖)以后就变成了奴隶,但这样的买卖在很早时就不存在了。如果是在罗马的领域内进行买卖,被卖的子女并不变成奴隶,而是处于一种准奴隶状态[受役状态(in mancipio)],这种受役状态在若干细小方面不同于奴隶地位,但主要的差别在于:处于受役状态中的人只是被中止了自由人的权利,因而,如果他得到解放,这些权利将重新恢复。在古典法中,虽然在脱离父权和收养的手续中仍依稀可见这种买卖的残余,但它的实质性运用只出现在损害投偿的情况中。在帝国后期,我们听说过对新生儿的买卖,但是,父亲总是有权赎回任何被他卖出的子女。

家父被称为"自权人"(sui iuris);那些处于他的权力之下的人,无论是子女、奴隶,还是处于受役状态的人,均为"他权人"(alieni iuris)。

## 第三节 家子在财产上的无权能

根据市民法规则,家子(filiusfamilias)不能拥有任何物品,他所取得的任何物品均自动地归家父所有。这一规则显然是不适宜的,并且形成了这样一种习惯:家父允许自己的儿子自由地使用某些财物［特有产(peculium)］,尤其是家子通过自己的努力而取得的财物。在法律上,这种特有产仍然属于家父的财产:家父可以随时将其收回并且在其死亡时将它纳入自己的遗产之中。但是,在实践与法律之间存在很大的差异,并且特有产在事实上显然被看作儿子的私人财物:父亲一般不会干预它,在订立遗嘱时也会考虑到它的存在。尽管如此,实践与法律之间的这种妥协一直都不令人满意。说得好一些,它导致迂回变通的做法(因而关于特有产的诉讼应当由父亲提起或者针对父亲提起);说得坏一些,它导致不公平(如未立遗嘱或者遗嘱无效时就会出现这样的情况)。

这种对特有产［学者们称它为"父予特有产"(peculium profecticium)］的单纯社会承认,对那些长期离开罗马出外当兵的家子来说,是特别不适宜的,因而,奥古斯都允许这些人对自己在服役期间取得的财物享有合法权利。在其发展成熟时期,这种"军营特有产"(peculium castrense)几乎在所有的意义上均归儿子所有,不过,如果该儿子在未立遗嘱的情况下死亡,它将转归其父亲。在君士坦丁和随后几位皇帝统治的时代,这一原则扩展适用于在其他各种公务部门服务时获取的财物［"准军营特有产"(peculium quasi-castrense)］。在同一时期,儿子也被允许对其他财产［"外来财产"(bona adventicia)］享有一定程度的利益,这首先是指他从其母亲或者母系亲属那里取得的财产,最终也包括一切不是源于其父亲的财物。但是,这不是特有产,儿子在父亲活着期间无权享用这些财物,只有在父亲死后方变成真正的权利人。如果儿子脱离了父权,父亲继续终身享有一半的财物(用益权,usufruct),另一半则直接归儿子所有。

以这种逐渐积累的方式,家子可能会取得显著的财产权,虽然对于外来财产他们仅拥有可继承的权利。在现代的法国法和德国法中,除了有关名词和某些家长制姿态外,再很少保留其他关于罗马父权的东西,但是,父亲在其子女成年之前一直有权享用该子女的财产,当然他有义务抚养和教育子女。相反,在英国法中,父亲却完全没有权利享用其子女的财产。

还应当记住的是:虽然父权原则上是终身的,但脱离父权却在事实上是相当常见的情形。

## 第四节 奴隶的法律地位和事实地位

在法律上,奴隶是物,那些富有理性并且受过良好教育的奴隶无疑是一种特殊的物,并且他能够为主人获得权利。但是,奴隶本身没有任何权利:他只是权利的标的,就像牲畜一样。直到公元1世纪和2世纪,人们才开始试图对主人处置自己奴隶的权力进行某些调整,这种调整所采取的形式同我们今天为保护动物而采取的立法形式相同。主人可能因滥用自己的权力而在刑事上受到处罚,但是,奴隶不能自己要求获得法律保护。例如,早在帝国时期,主人就被禁止在未经执法官批准的情况下派送自己的奴隶去斗兽场同野兽角斗,后来,任何无正当理由杀死自己的奴隶的行为均被规定为犯罪。还有许多更为特殊的、皇帝出面干预的例子,尤其是由哈德良皇帝和安东尼·比乌皇帝进行干预的例子。这后一位皇帝甚至允许奴隶主动地请求获得对自己的保护,如果奴隶因主人施加的"无法忍受的残酷"虐待而跑到皇帝塑像下寻求庇护,[1]主人将被强迫出卖这个奴隶。在这一有限的范围内,可以说奴隶已经变成了权利的主体。最终,在优士丁尼时代,主人只被允许对奴隶进行合理的惩罚。

这是法律上的情况,但奴隶在事实上的地位,当然还因为每个奴

---

[1] 这种庇护形式起源于希腊,它看起来同今天存在于阿拉伯联合酋长国的庇护形式很相像。据1957年3月11日的《泰晤士报》载:"解放奴隶的权力仍一直由英国政治总管(British Political Agent)行使,奴隶先应抱住英国国旗的旗杆,并且陈述要求得到解放的合理原因。"(在本书最新版本中,这条注释被删除。——译者注)

隶个人的能力、由此而产生的价值以及他主人的特点,有着很大的差异。大量地拥有奴隶(就像拥有其他形式的资本一样),这种现象只是随着罗马在公元前 2 世纪向地中海东部的不断扩张而出现的。在此之前,奴隶的数量不多,并且一般属于与其主人相同的种族,并且居住得离其主人很近。然而,在共和国末期,奴隶的数量大量增加,并且来自当时所知道的世界的各个角落。恺撒在高卢一次就卖出了 63,000 名俘虏,据小普林尼(the Younger Pliny)记载,一个自己已经摆脱了奴隶状态的人在其去世时竟积攒了 4116 名奴隶。大规模的奴隶劳动使得大财产有可能得到发展,这些奴隶主要来自比较强壮和冷酷的北方民族。奴隶的生活条件也同样是艰苦的和不人道的。这样的奴隶曾经是古代社会的机器。瓦罗(Varro)称奴隶实际上是"会说话的工具"。[2] 卡托(Cato)甚至冷酷地认为:比较经济的做法是让奴隶劳作到死,然后换一个,而不是好好地对待他。家用奴隶的境遇也不一定会好。例如,一种传统的做法是,用链子把看门的家奴锁在他的劳作岗位上。尤文那尔(Juvenal)所描绘的奴婢遭受暴躁的女主人鞭打的图画无疑取材于生活。而另外,某些奴隶则是受过上等教育的人,他们通常来自希腊和近东,即使按照卡托的原则,这些奴隶也值得受到善待,他们可以成为医生、教师或者私人秘书,并且接受自由人的待遇。实际上,他们经常是被主人解放,以作为对他们忠实劳作的奖赏。许多这样的人还从事贸易活动,或者充任其主人财产的经管人。这类奴隶的存在使罗马的奴隶制不同于现代人所了解的那种奴隶制,并且能对下列事实作出解释:为什么罗马法中包含大量复杂的调整奴隶交易成果的规范。在种植园内的劳动与私法的关系不大,而经管大量商务的人却确实与私法问题有关。

  特有产制度使奴隶大大地有可能进行独立的活动,这种特有产与儿子的"父予特有产"相同,它在法律上归主人所有,但"在社会上"归奴隶所有。奴隶对其特有产的主张是如何得到承认的,人们

---

[2] 亚里士多德也同样称奴隶为"有生命的工具"。

可以从这样的惯常做法中看出:只要奴隶向主人的继承人支付一笔钱款,主人就在遗嘱中赐予他以自由。奴隶取得这笔钱款的唯一来源就是他的特有产,而且从法律上讲,这种特有产本已是归主人的继承人所有了。同样,我们听说有的奴隶还同自己的主人做生意,就像他们都是独立的个人一样。此外,还必须记住:特有产并不一定就是钱款,也可以表现为任何形式的财物,甚至是奴隶。特有产可以是整个由奴隶根据自己的裁量权经营的业务,如果业务兴隆,他可以要求以自己所积攒的钱财"买下"他的自由。这种特有产在法律上仍然完全归主人所有,因为法律对奴隶和儿子作出同样的规定:任何由他们取得的钱财均自动地归主人所有。同样,未经主人准可,奴隶不得转让任何物品,但人们通常认为:主人往往在允许奴隶保留特有产的同时而给了一般准可,因此,在实践中,奴隶可以在有关财产的范围内像独立的人那样行事。然而,他在缔结契约问题上遇到困难。契约权与财产权一样,归奴隶的主人所有,但很少有契约仅创设权利;并且法律认为,一个人可以不因他人订立的契约而承担义务,即使这个他人是自己的奴隶。这种严苛的规则使奴隶丧失了许多在贸易中的可用性,直到后来裁判官才出面对此加以修正。

# 第二章　奴隶身份的创设和终止

## 第一节　奴隶身份的产生

奴隶的两个主要来源是出生和战争被俘,这两种情形均同万民法有关,并且是产生于万民法的两项主要结果。因被俘而成为奴隶的规则适用于那些落入敌人之手的罗马人,并且也适用于相反的情况。[1] 子女出生时的身份,根据万民法的规则,一般取决于其母亲的身份。因此,一个女奴与一个自由人所生的子女是奴隶,但一个女自由人与一个奴隶所生的子女却是自由人。古典法为这一规则增加了有利于自由权的注释:如果母亲在从妊娠到分娩期间的任何时间中曾经是自由的,所生的子女也是自由的。

还有少量因市民法规定而变成奴隶的情况。有时,在刑事诉讼中被判刑也使人成为奴隶,在克劳迪(Claudius)时期曾有过这样的规定:如果一个女自由人在受到奴隶主人的警告之后继续与奴隶同居,她自己也将变为奴隶。我们前面已经介绍过,在帝国后期曾经存

---

[1] 为解决被俘的罗马人返回祖国后遇到的问题,人们提出了"复境权"(*postliminium*)概念。俘虏的权利在其活着期间一直处于悬止状态,如果他返回,这些权利将自动地恢复并且具有溯及既往的效力。如果他在做俘虏期间死亡,这种死亡被认为发生在被俘之时。这一原则适用于权利,但不适用于"事实",也就是说,不适用于要求以某些实体表现为其存在条件的法律关系。这种法律关系不自动恢复,而应当在实际条件下重新开始。因而,占有因被俘而终止,如果在返回后重新开始,这将是一种由此重新计算时间的占有;同样,俘虏的婚姻也因被俘而终止,并且不再恢复,除非后来又通过新的协议重新缔结了婚姻关系。

在将新生儿出卖为奴隶的情况。

## 第二节 奴隶身份的终止——解放奴隶

罗马的奴隶一直能够希望得到解放,在帝国初期,许多奴隶的这种希望得到了完满的实现。据估计,罗马人口中80%以上是解放自由人或者直接或间接由解放自由人生育的后嗣。

旧市民法承认三种解放奴隶的方式,所有这三种方式当然都是正式的,但后来也发展起来其他一些非正式的解放方式。

**诉请解放(*manumissio vindicta*)**

同拟诉弃权一样,它表现为一种事先串通好的诉讼。如果某个被认为是奴隶的人想主张自己是自由人,他显然不能亲自提起诉讼,因为他是否具有这样的权能恰恰还是个问题。因此,这一诉讼由释奴人(*adsertor libertatis*)提起,它是主张所有权诉讼的变种,释奴人并不是主张该人归他自己所有,而是主张该人是自由的。显然,以串通好的形式提起变相的返还所有物之诉,在拟诉弃权的情况下,被用来实现转让的目的,同样,以串通好的形式提出变相的要求自由权主张可以被用来使奴隶获得自由。这至少可能是诉请自由的最初形态(面对释奴人提出的主张,所有主保持沉默,然后裁判官宣判该奴隶是自由人),但是,诉请自由在古典法中所保留的形式,同拟诉弃权一样,已经丧失了诉讼的特色。特别需要指出的是:在拟诉弃权中起作用的是转让,而不是判决,同样,在诉请解放中自由来自解放;而在真正的主张自由权的诉讼中,被说成是奴隶的人必须宣称自己根本就不是奴隶。如果情况如此,诉请解放的退化速度甚至超过了拟诉弃权的退化速度。因为,在拟诉弃权中,有关程序还必须像其他普通诉讼那样在法庭中进行,而诉请解放却可以在任何一个地方进行,盖尤斯告诉我们:甚至可以在裁判官去剧场或者沐浴场的路上进行;释奴人的角色由裁判官的一名侍从官担任,这实际上是一种很陈旧的形式。

在拟诉弃权与诉请解放之间还有一个区别,并且这个区别使诉请解放获得这样的名字。释奴人在提出自己的主张时用一根短木杖触及奴隶,解放奴隶的主人也同样如此。这种使用短木杖的做法是所有权的象征,它一般出现在属于法律诉讼的请求返还所有物之诉中,但在拟诉弃权中似乎不这样做。

### 登记解放

经主人同意,监察官可以把奴隶登记在市民名单中,但由于这种人口登记每四五年才进行一次,并且自共和国末期之后再没有正常举行过(最后一次登记似乎是在公元 74 年),因而这种方式不可能具有很重要的意义。

### 遗嘱解放

解放奴隶的常见方式是采用遗嘱,它早在《十二表法》时期就已经存在了。主人可以在自己的遗嘱中使用专门的套语规定:在他死后,他的一名或者数名奴隶将获得自由,这种解放可以是立即的或者是附条件的(如要求奴隶向主人的继承人支付一大笔钱)。这种解放奴隶的方式使主人能够在不给自己带来麻烦的情况下表现出慷慨大方,同时能够满足罗马人常有的愿望:在他的葬礼中有一支感恩者的队伍。实际上,在共和国末期,这种做法已变得相当流行,以致需要通过立法对之加以限制。

### 非正式解放

裁判官所遵循的政策是:更多地注意行为的实质,而不是形式,因而他对某些非正式表达的解放奴隶的意愿也给予有限的承认。我们听说有两种表达这种意愿的习惯方式:通过书信(*per epistulam*)解放和在朋友面前(*inter amicos*)解放。但裁判官可以承认任何能够得到正常证明的解放行为。当然,根据市民法,这样的解放是无效的,由于裁判官不能制定法律,因而他不能简单地宣布奴隶是自由人。同通常的做法一样,他必须间接地这样做,阻止主人为主张对奴隶的所有权而提起的诉讼。就这样,奴隶能够获得保护,在事实上享有自由,但从另一种意义上讲,他仍然是奴隶。他不能自己提起任何诉讼;他不能拥有任何财产(他可以事实上享有的财产被认为是从主人那里得到的特有产,因而在死亡后应当回归主人);当然,他的子女也是奴隶。可以说,他享有的是在裁判官保护下的自由权(*in libertate tuitione Praetoris*)。

《尤尼亚法》用拉丁人身份取代了这种不令人满意的含糊身份。从此奴隶成为自由人,但不是罗马市民,而是尤尼亚拉丁人。他享有贸易权,但不享有通婚权和遗嘱权。以下规定再次强调了对最后一项权利的剥夺:在他死亡后,他的整个财产均转归他以前的主人(对完全获得解放的人来说,主人的继承权则受到较大的限制,如果被解放人有子女,主人则完全被排除在外)。促使人们采用非正式手段解放奴隶的首要理由可能是对主人的好处(可免交5%的解放奴隶税)。其次才是因为人们不愿意去办理正式解放的麻烦手续:诉请解放的手续要求人们承担很重的负担。另外,人们很难理解为什么尤尼亚拉丁人还被拒绝享有遗嘱权中的另一项权利,即根据遗嘱取得财物的权利。不过,在任何情况下,这种对权利的限制是可以被绕过的。

虽然尤尼亚拉丁人不是罗马市民,但并不被禁止设法获取市民籍。他的主人可以随时对他实行具有完整效力的解放,即采用上述三种得到正式承认的方式之一对他再次进行解放。我们前面谈到,奴隶还可以采取各种各样的方法通过自己的努力获得同样的解放结果。

随着基督教时代的来临,出现了一种新的非正式解放方式,也可以说它是在朋友面前解放的变相做法:主人在教会的集会中宣布自己的解放决定。然而,在优士丁尼时代,尤尼亚拉丁人已经变得罕见,因此,优士丁尼规定:所有解放奴隶的方式,无论是正式的还是非正式的,均将使被解放人获得市民籍。

## 第三节 解放奴隶的后果

对于被解放的人,拉丁文使用两个术语,一个是 libertinus(解放自由人),表示该人同外部社会的关系;另一个是 libertus(被解放的奴隶),表示该人同以前的主人[他的庇主(patronus)]的关系。

作为解放自由人,即 libertinus,他是自由的,并且属于罗马市民或者尤尼亚拉丁人。作为市民,他却不享有某些政治上的权利(主要是不能担任执法官和元老院议员),虽然在帝国早期,解放自由人曾经在皇帝的私人民事服务机构中任职,取得过广泛的权力,并且许多人以此方式或者在经商中发了大财。

作为被解放的奴隶,即 libertus,他的地位反映着他先前的从属关系,他对自己的庇主负有服从(obsequium)的义务。这在很大程度上是个社会问题,只产生一些次要的法律后果,尤其是他不能未经裁判官许可而针对自己的庇主提起诉讼。此外,在需要时,他们相互负有提供帮助的义务。人们通常在解放奴隶之前要求奴隶以宣誓的方式保证将提供一定的劳务(operae),这种劳务的范围和性质由法律加以确切规定。

庇主与解放自由人的这种关系必须在特定的环境中加以考察。在帝国建立之前,庇主可以对被他解放的奴隶行使生杀权,就像对待自己的儿子一样。此外,解放常常并未给被解放者的事实地位带来大的变化,被解放者继续生活在主人的家中,甚至仍然同做奴隶时一样履行过去的职责。庇主与解放自由人的关系只不过是一种更广泛关系的一个方面,这种更广泛的关系就是庇主与"门客"之间的关系,"门客"遍布于整个罗马社会,我们在尤文纳尔的讽刺作品中看到其生动画像:"一个人无论在罗马的官阶中爬得多高,都总会有人要求他予以效忠。事实上,除皇帝个人外,在罗马没有人不承认还有比他自己更伟大的人。"

解放自由人的子女是普通市民,不存在上述无权能问题。

## 第四节 对解放奴隶的公共限制

共和国时期法律的一个令人惊奇的特点是:尽管解放奴隶能使人获得高价值的市民特权(包括口粮配给的权利),却没有建立实际的公共控制机制(这里且不谈登记解放)。直到奥古斯都时代,人们才开始在这方面采取一些步骤。公元前2年的《富菲亚和卡尼尼亚法》(lex Fufia Caninia)对遗嘱解放(这是最容易出现不负责情况的解放方式)加以限制,根据遗嘱人所拥有奴隶的总数确定了固定的解放比例,如奴隶总数为10人,解放的数额则不得超过5人;总数为100人,解放的数额则不得超过25人,并且在任何情况下不得解放100名以上的奴隶。公元4世纪的《艾里亚和森迪亚法》(lex Aelia Sentia)规定:20岁以下的主人实行任何种类的解放或者对30岁以下的奴隶实行任何种类的解放,均必须得到一个专门委员会的批准。该法还规定:如果某个奴隶因受到过主人的严厉处罚而证明其性格恶劣,则只能变为"归降人"(dediticii),这种人不能成为罗马市民,并且被禁止生活在离罗马城100英里以内的地区。

优士丁尼废除了《富菲亚和卡尼尼亚法》,这一方面是基于"自由权优先"(favor libertatis)的原则,另一方面无疑是因为财富的衰减,尤其是对奴隶的所有权的衰减大大地消除了该法曾打算解决的那些问题。然而,他在进行了一些修改后仍然保留着《艾里亚和森迪亚法》中的限制性规定。

# 第三章 父权的设立和终结

## 第一节 父权的产生

父权,一般来说,当然是因罗马合法婚姻(*iustae nuptiae*)中的生育而创设的。我们下面将对此加以考察。然而,它也可以通过收养而人为地加以设立。收养有两种形式,它们都具有重大的历史意义,一种是自权人收养(*adrogatio*),其对象已经是自权人;另一种是严格意义上的收养(*adoptio*),其对象是处于他人父权下的人。收养的最初原因一定与无子女者希望确保家庭圣事(*sacra*)得以延续有关,尽管可能从很早时起它也被用作遗愿的简陋替代物。在宗教原因丧失其作用后,收养仍然同延续家庭的一般愿望有关,而且许多罗马家族之所以延续了若干世纪,也完全是由于收养才使之成为可能。

### 自权人收养

这种收养是通过库里亚民众会议的活动而实现的,在此之前,需要由祭司长[1]进行调查。之所以要采取上述立法形式并且需要进行调查是因为:自权人收养能使一个家庭及其"圣事"得以延续,但所付出的代价则是另一个家庭的消灭。祭司长必须了解是否具备宗教方面的理由,民众会议则关心的是两个有权势家庭的合并所产生的政治后果。在历史时期,正如我们谈到的,库里亚民众会议实质上

---

[1] 由祭司组成的僧侣团体的首领。

不再是一个立法机构,但祭司长的调查活动仍然保留,指导其行使裁量权的某些原则得到发展。具体地说,由于自权人收养的正当理由是希望使家庭得到延续,因而收养人必须是无子女(无论是亲生子女还是养子女)者;必须超过60岁,或者由于某些原因而没有生育子女的可能;被收养的人不得在年龄上大于收养人。

既然库里亚民众会议只在罗马开会,自权人收养也就只能在那里进行,直到后来(在戴克里先时代肯定如此,并且可能在此之前),通过皇帝的批复引进了一种新形式的自权人收养。这主要是形式上的变化,而没有改变实质,只不过是使官方的批准表现为另一种不那么严格的形式。从此,旧的形式消亡了。

### 收养

某人从一个父权之下转移到另一个父权之下,最初意味着脱离旧的父权,然后遵从新的父权。《十二表法》不承认任何脱离父权的方式,但有一项规定显然是想对父亲滥用出卖子女权的情况加以限制,这一规定的内容是:如果父亲将自己的儿子出卖三次,该儿子将获得自由。这一规定以一种特有的方式被祭司的解释转变为有利于脱离父权和收养的手段,这两种程序只是在最后阶段有所不同。为了进行收养,应当遵循以下程序:通常是当着5名证人和司秤的面,父亲以要式买卖的方式将打算送养的子女(*adoptandus*)卖给收养人,然后,后者以诉请的方式将该子女解放(当事各方均来到裁判官面前,父亲要求说被收养人是自由的,收养人对此表示沉默)。儿子获得解放,但又重新处于父亲的支配权下,随后进行第二次要式买卖和第二次解放,所产生的结果当然是同样的。父亲第三次以要式买卖的方式将儿子卖给收养人,根据《十二表法》的规则,被收养人随后脱离了父亲的支配权,而处于收养人的权力之下(*in mancipio*)。收养人将他卖还给父亲,最后的程序是再一次来到裁判官面前,收养人提出一项已串通好的要求：被收养人是他的儿子（拟诉弃权）。[2]

　　墨守这套富有特色的、经过精心设计但又不合逻辑的陈规，祭司法学家认为：由于《十二表法》只提到了儿子，因而，对女儿或者孙子，只需要一次要式买卖就可使之脱离父权。优士丁尼最终废除了整个这套累赘的程式，只保留下实质性东西——将在执法官面前的声明载入法庭记录。

　　收养和自权人收养的后果都是使被收养人在所有的法律意义上均取得收养人子女的地位，同处于收养人父权之下的亲生子女一样。被收养的儿子使用养父的名字，并且与他的养父建立起宗亲属关系。因而，他在新家庭中获得了死因继承权（根据市民法，这种继承取决于宗亲关系），并且丧失了他以前所享有的这类权利。此外，"收养仿照自然"，收养关系同自然亲属关系一样构成婚姻的障碍。自权人收养当然还产生另外的结果：被收养人的财产转归其养父，处于被收养人父权下的子女转归养父的父权之下。

　　收养可能导致某些不公正的情况，如被收养的儿子可能随后被他的养父解放，由于这种解放使所有现存的宗亲关系被毁，他将不仅丧失在其自然家庭中的继承权，而且也丧失在其收养家庭中的继承权。[3] 因此，优士丁尼对这方面的法则进行了彻底的改造。在一般情况下，收养只不过使被收养人获得在新家庭中的继承权["不完全收养"（adoptio minus plena）]。对于其他的目的（包括保留现有的继承权）来说，被收养人仍继续为其自然家庭的成员，他现在只是获得了两个家庭的继承权。只有当收养人是被收养人的自然尊亲属

---

[2] 在这套复杂的程序中，如果使用一个稻草人做替身，有关步骤的数量可减少一个。三次要式买卖和两次解放将不是发生在父亲和收养人之间，而是发生在父亲和稻草人之间。在第三次要式买卖之后，被收养人将处于稻草人的权力之下，收养人可采用拟诉弃权方式要求从稻草人那里获得被收养人。盖尤斯说：前一种方式比较合适，这可能是因为在那里表演者（dramatis personae）减少一人。

[3] 的确，裁判官可以使他恢复对于其生父的继承权，但是，可能会出现这样的麻烦：他的生父死亡在先，他脱离养父的父权在后。

（如是他的外祖父）时，收养才应当是完全的（*adoptio plena*），因此也不大可能沉陷于反复无常的解放之中。

罗马的收养观念传入了现代民法法系，但后者不再区分自权人收养和严格意义上的收养以及完全收养和不完全收养。普通法却没有这样一种制度。1926 年之后，英国以制定法的形式引进了收养制度，这种制度所创设的只不过是一种特殊的监护关系，它仅适用于 21 岁以下的子女；它不使被收养人获得继承权，并且不产生可能构成婚姻障碍的任何关系。在最后这两方面，英国法在 1949 年被改造得比较接近罗马法观念，但是，对成年人的收养这种在古罗马所常见的并且仍保留在德国实践中的形式，则一直不存在于英国。

## 第二节 父权的终止

正如我们所看到的，父权因收养或者自权人收养（被收养人曾是对其子女享有父权的家父）而终止，当然，还因死亡、丧失自由权或者丧失市民籍等其他次要的原因而终止。然而，使父权终止的、最重要的人为方式是脱离父权（也即对子女的解放）。我们前面已经介绍过，为此而采用的形式同收养非常相似。人们实行三次要式买卖和两次解放，从而使儿子摆脱父亲的支配权，但处于稻草人的权力之下。然后，该儿子可以简单地通过稻草人的解放而获得自由。[4]

脱离父权不仅使儿子摆脱了父权，而且也使他丧失了继承方面的所有权利。因此，我们不能认为它肯定对被解放者有好处；在较早的时期，它甚至可能是一种处罚，意味着将儿子赶到没有财产的外界，让其丧失从父亲那里继承任何财物的希望。但是，裁判官后来使

---

[4] 然而，这也有一个不利之处：被解放的儿子或者奴隶的继承权归解放者所有；如果该儿子是未适婚人（*impubes*），监护权也将归稻草人所有。因此，人们通常让稻草人以要式买卖的方式把儿子卖回给父亲，再由后者自己对该儿子实行解放。

脱离了父权的子女获得了无遗嘱继承的权利,而且在古典法中,脱离了父权的子女,同那些没有脱离父权的兄弟姐妹们一样,不能毫无道理地被排除在父亲的遗嘱之外。

# 第四章 婚 姻

## 第一节 主要特点

罗马法中的婚姻根本不同于其现代的对应制度,这种情况在罗马法制度中是少有的。从法律的观点看,对于我们来说,婚姻是一种状态,它的设立和终结严格地由法律调整,它不仅在当事人之间产生大量的权利与义务,而且还在一定程度上影响着有关当事人与其他人之间的关系。与此不同,罗马的婚姻却在很大程度上是一种社会事实,法律对它的设立与终结不大干预,而且这种婚姻几乎不影响当事人的法律地位。

在现代英国法中,只有在当事人具有结婚能力(也就是说,精神正常,无法律所禁止的亲属关系,并且不低于法定年龄)并且完成了一定的手续时,婚姻才是有效的。罗马法也规定了关于结婚能力的类似条件(罗马法还特别增加了两项条件,即享有"通婚权",并且,如果当事人任何一方处于父权之下,不问其年龄,均须获得父亲的同意)。但是,除这些条件外,一切合法婚姻均要求具备希望结婚的共同意愿表示。何为结婚的意愿,相对于单纯的共同生活意愿,这属于一个事实问题,体现为社会协议。同样,这种意愿必须以某种行为加以表示,然而,这种行为应当是怎样的,除了它不需要是圆满的以外,还需要作为一种事实问题加以处理。当然,存在一些在习惯上与婚姻相伴随的社会仪式,在一般情况下,这种社会仪式也毫无疑问地取决于意愿条件的存在,但是,任何这样的仪式都不是在法律上非进行不可的。离婚也同样是自由的：婚姻因任何一方所表示的不再愿意结婚的意愿而终结。有时候，人们无法断定某一结合是否属于结婚，这种不确定性可能让我们感到不可容忍，但在罗马人看来，这却不那么重要，我们下面将谈到：在古罗马，婚姻的法律后果是很少的。

在现代英国法中，虽然丈夫和妻子在法律上合二为一这一古老规则已经差不多完全被扫除，但婚姻仍然带来大量的法律后果，这尤其表现为共同生活的"配偶权"（conjugal rights）、丈夫的扶养义务、几乎完全相互享有的侵权诉讼豁免权，[1]以及在某些情况下丈夫为其妻子签署的契约所承担的责任。但是，罗马法对上述任何一项法律后果均不予承认。在承认不受限制的单方面离婚权的制度中，"配偶权"可能是毫无意义的。

值得注意的是：在盖尤斯的论述体系中，婚姻只是在谈到父权的来源时才获得一席之地。正如我们将介绍的，婚姻的有效或者无效首先涉及的是子女的地位，虽然也关系到其他一些问题。因此，如果某种结合不是结婚，来自女方的任何财产均不得按照有关嫁资（dos）的规则处理，反过来讲，夫妻间禁止赠与的规则也不得予以适用。婚姻的存在还关系到丈夫对妻子通奸行为的追诉权。但是，以上所做的列举只是用来强调罗马的婚姻观念与现代的婚姻观念之间的鸿沟。尤其不同于普通法的是：罗马法未规定丈夫对妻子财产享有权利（嫁资问题另说）以及对妻子人身享有权利。如果妻子是自权人，她将保持自身的独立和她的财产；如果她是他权人，她将继续处于其父亲的父权之下。根据市民法的宗亲原则，在上述两种情况下，妻子均不属于其丈夫的家庭，甚至也不与其子女的家庭发生关系。[2]

---

〔1〕 在本书最新版本中，"几乎完全相互享有的侵权诉讼豁免权"一语被删除。——译者注
〔2〕 这种结果体现在继承法中。

## 第二节 夫　　权

　　以上介绍的自由的合意结合反映着帝国时期的正常婚姻关系，但在共和国末期之前并且在随后不断萎缩的范围内，婚姻曾可能表现为一种截然不同的关系，人们认为妻子处于丈夫的权力（manus）之下。"夫权"非常类似于"父权"，妻子相对于自己的丈夫处于女儿的地位，因而，如果她的丈夫是他权人，妻子则是其丈夫的父亲的孙女。如果妻子是自权人，一般来说，夫权的设立产生与自权人收养相同的效果；如果妻子不是自权人，夫权的设立则产生类似于收养的效果。如果妻子拥有财产，这些财产归其丈夫或者丈夫的家父所有，并且她对于自己的丈夫拥有与其子女一样的继承权。

　　夫权采用三种方式设立。第一种方式，也是设立夫权最常用的方式，是买卖婚（coemptio）。这是一种将妇女卖给其丈夫的要式买卖形式。与一般的要式买卖不同，在这里，妇女被置于其丈夫的夫权之下，而不处于受役状态，这可能是在原始社会普遍存在的买卖婚姻的一种残余。第二种方式是祭祀婚（confarreatio）[3]，它是一种必要的宗教仪式，可能仅在某些僧侣团体的成员中进行。第三种方式，夫权也可能产生于时效婚（usus）。我们下面将谈到，如果对某一奴隶或者其他要式物在转让时没有实行要式买卖，受让人将不能获得所有权，对于这一所有权上的缺欠，可以通过连续 1 年（如果是土地，则为 2 年）的占有加以弥补。同样，如果与某一妇女结婚时没有实行买卖婚，在夫权上的缺欠也可以通过 1 年的同居生活加以弥补。实际上，"自由"婚姻的可能性只是在《十二表法》的以下条款中得到保留：妻子可以通过每年缺席 3 夜的方式避免夫权的设立。但是，在盖尤斯时期，这一制度已经过时。夫权只能通过买卖婚加以明确设立，

---

[3]　中文又译为"共食婚"。——译者注

而且这种情况甚至也已经非常罕见。

时效婚表明夫权具有这样一种性质:它是某种增加在婚姻之上的东西——妻子在归顺夫权之前已经结婚了1年。同样,至少在成熟的法中,婚姻关系可能因妻子的单方面离婚而破裂,但是,在她的丈夫将其解放之前,她仍然处于夫权之下,虽然她可以要求获得解放。

## 第三节 合法婚姻和非罗马婚姻

同整个古代世界一样,罗马的婚姻属于人法调整的范围,因此,只有当双方当事人均为罗马市民或者至少为享有通婚权的异邦人时,才可能成立罗马婚姻("合法婚姻")。某一结合是否属于合法婚姻这是非常重要的,因为这将决定子女的地位。这表现在两个方面。首先,正如我们已经谈到过的,在合法婚姻中出生的子女处于其父亲的支配权下(除非父亲是异邦人,在此情况下,虽然该人拥有通婚权,但仍不能享有父权)。其次,这些子女是否拥有罗马市民的地位将由市民法规范决定,而不是由万民法规范决定。根据前一种规范,子女的地位随父亲;而根据后一种规范,子女的地位随母亲。因而,如果子女的母亲是罗马市民,并且父亲是享有通婚权的异邦人,这些子女将成为享有通婚权的异邦人,并且受其父亲国度的人法的调整;相反,如果父亲不享有通婚权,根据万民法规则,这些子女将成为罗马市民。[4]

---

[4] 这是一种颇为荒谬的结果,它被《米尼其法》(lex Minicia)(制定时间不详)所纠正,该法规定:在上述情况下子女也是异邦人。调整无通婚权者之间婚姻关系的法律,尤其是这种婚姻关系与纯粹的偶然结合之间的区别,带来一些不便在此讨论的困难。

## 第四节 姘　　合

　　婚姻不同于纯粹偶然的或者秘密的私通,结婚的双方既希望稳定结合,又希望给予这种结合以婚姻的社会与法律的后果。然而,早在共和国时期就存在一种介于上述两者之间的结合方式,这种结合希望实现稳定的结合,却不希望有上面谈到的后果。例如,一个男人可以同被他解放的女奴稳定地结合在一起,但并不想使她得到妻子所享有的社会的和法律的承认。这样一种结合必然缺乏产生于婚姻的法律效果,虽然这种效果是很有限的;但是,它被作为一种社会事实加以接受,并且被称为姘合(concubinage)。(高地位的男子与低地位女子间的婚姻后来也出现在戒律森严的德国王室家庭,并且服务于类似的目的,但它在那里产生法律后果。)

　　姘合制度在帝国早期表现出较清晰的轮廓,禁止社会地位悬殊的人相互结婚(元老院议员家庭的成员与被解放的奴隶之间的婚姻,生来自由的罗马市民与有坏名声的女人之间的婚姻)的立法产生了这种意想不到的结果。在上述人员之间只能通过姘合实现稳定的结合,这种结合是为社会所接受的,不是非法的,但并未得到法律的承认。当在被禁止的婚姻中又增加了行省官员与本省妇女之间的婚姻时,并且当没有达到一定服役年限的士兵在某些情况下被禁止缔结真正的婚姻关系时,这种规避方式就变得越来越重要。然而,在其他情况下,具体地讲,在庇主与被他解放的女奴相互结合的情况下,姘合仍然只是一种由人们出于社会原因而加以自由选择的婚姻替代形式。姘合也不总是婚姻的替代形式,一个男人不可能有两个妻子,但没有法律依据说他不应当有一个妻子和一个或数个姘妇。[5]

在帝国后期,受基督教的影响,人们开始把姘合敌视为不正当的结合,并且倾向于把它改变为一种受正常婚姻规范约束的特殊婚姻。具体地说,它仅仅是一种替代婚姻关系的一夫一妻制形式,只能在同样的年龄限度和关系的范围内实行。

## 第五节  准　　正

随姘合制度发展起来的是在历史上具有过重要意义的制度——准正(legitimation)[6]。在君士坦丁统治时期之前,非婚生子女只能通过一种方式转入其父亲的支配权下并且取得其他方面的合法地位,这就是由父亲对他(她)进行自权人收养;如果父亲已经另有婚生子女,这种准正方式就将不可能适用。君士坦丁希望鼓励那些在姘合中生活的人们结婚,因而作出这样的规定:在这些人结婚后,所有已经出生的子女将能够取得婚生子地位(准正)。然而,这一规定只针对现存的姘合关系,只是在快进入优士丁尼时代时,因随后结婚而实现的准正才变为一种正规的制度。此外,它仍然只适用于在姘合关系中生育的子女,并且要求父母在妊娠期间均具有缔结合法婚姻的能力。

教会法采纳了这项来自帝国法律的制度,但由于它不承认姘合,因而将上述因随后结婚而实现准正的优待扩展适用于一切非婚生子,只要他们不是在通奸或者乱伦关系中出生的。这项制度通过教会法传入现代欧洲国家的立法,但英国除外。同收养制度一样,准正制度只是在1926年才通过制定法引进英国法之中。

---

[5]　在本书最新版本中,"姘合也不总是婚姻的替代形式,一个男人不可能有两个妻子,但没有法律根据说他不应当有一个妻子和一个或数个姘妇"。这句话被删除。——译者注

[6]　"legitimation"在中文里有时也译作"认领"。——译者注

如果由于某些原因(如母亲死亡)已不可能通过随后的婚姻实现准正,皇帝也可以采用批复的方式允许准正。这种特权也为中世纪的统治者和现代欧洲的早期统治者所使用,在某些大陆法系国家的制度中至今仍能见到它的踪迹。

## 第六节 离 婚

由于罗马婚姻的成立只要求双方当事人怀着结婚的意愿共同生活在一起,因而,这种婚姻同样可能根据双方或者其中一方的自由意愿而告终结。就像婚姻的开始不需要办任何手续一样,婚姻的终结也不需要办任何手续,唯一所需要的就是某些关于意愿的证据。我们确实听说人们在离婚时也使用一些习惯套语或者发送某种文书,就像我们也听说人们开始结婚时使用一些套语并且举行某种仪式一样,但这些东西在法律上都不是必不可少的(然而,奥古斯都则要求在某些情况下必须当着 7 名证人的面发表声明)。

直到共和国的最后几年,这种离婚的完全自由一直受到公共舆论的制约,另一个制约因素是罗马人的这一习惯:在作出任何重大决定之前,先征求家庭委员会的意见。此外,还存在监察官制裁的可能性。在公元前 307 年,一位元老院议员就因为在与其妻子离婚之前没有征询家庭委员会的意见而丧失了其身份。在公元前的最后一个世纪,离婚变成了一件自然而然的事情,至少是在上等阶层当中,对此我们也掌握一些证据材料。令人尊敬的西塞罗在结婚 30 年后抛弃了自己的妻子,娶了一位年轻而富有的新娘;乌蒂卡(Utica)的卡托(Cato)毫不在乎地与已同自己离婚的前妻复婚,他的这位妻子在其后来的丈夫去世后已成为富有的寡妇;奥古斯都自己也是在与其第一位妻子离婚之后才娶的李维娅(Livia)。当时的一段著名铭文(*Laudatio Turiae*)颂扬一位妻子在结婚 41 年之后去世,并且说这种保持到死未发生过离异的婚姻是罕见的。在 50 年后,塞尼加(Seneca)注意到：妇女在计算年代时，使用的不是执政官的名字，而是她们丈夫的名字。

这种不受限制的离婚自由曾经变得如此理所当然，以致连达成一项不离婚协议都是无效的，因为这种协议与罗马的婚姻观念是不相容的。在实践中对离婚起威慑作用的唯一规则是关于返还或者保留妻子嫁资的规定。一个对离婚不以为然的男人可能会担心失去妻子的嫁资；反过来说，如果存在子女，丈夫可以保留一部分嫁资的权利也会使妻子产生思想顾虑。但是，如果旁边已有了更为富有的竞争对手，这些顾虑就算不了什么了。

随着基督教变为帝国的官方信仰，其对离婚的态度本来能够发生根本的变化。实际上，与罗马婚姻一样，合意也是基督教婚姻的基础，但对于基督教婚姻来说，合意的效力完全体现在婚姻的设立问题上，并不接受罗马人的下述观念：通过协议设立的东西也可以通过相反的协议或者通过对协议的取消加以解除。基督教的教义就是这样的。罗马帝国表面上是个基督教国家，但在它的疆土内有着大量不同种族的居民，其中相当大的一部分并不信奉这种新教义（教会通常对再次结婚的离婚者处以刑罚）。就连最有势力的基督教皇帝也不敢贸然完全废除旧的法律，而是宁愿尽量限制其适用范围，对提出离婚要求的任何一方均科处日益严厉的刑罚，除非能够拿出立法者所承认的理由。然而，不正当的离婚，虽然受到惩罚，却仍然是有效的。[7] 在基督教社会中一直存在一种较为重要并且很令人惊奇的相互合意离婚制度，在公元542年以前，立法者都没有对该制度"下手"。公元542年，优士丁尼对它加以禁止，不过，旧方式显然不甘退出历史舞台。在废止后的5年内，上述禁令又被取消。

然而，在这方面，罗马法已经绝了后。西欧国家的婚姻法曾采纳了教会法，虽然这种教会法经常被人从罗马法的角度作出其他解释，

---

[7] 但是，优士丁尼规定：将有罪过的妻子终身幽禁在修道院中。对于这样的妻子，上述区分没有多大意义。

但它不可避免地会拒绝关于离婚的罗马观点。现代世俗法律制度中的离婚也不能完全与之相比拟。现代的离婚由法院决定,而不是像在罗马法中那样由当事人决定。

## 第七节 婚姻财产

婚姻,尤其是婚姻的终结,提出与配偶各方带入婚姻生活之财产有关的问题,解决这些问题的方案一般都与各共同体的习俗有着根深蒂固的联系。因此,在像德国,甚至法国(它们都是在相当晚的时间才实现法律统一的)这样的国家中,不同的习惯法解决办法,或者叫"婚姻财产制度",一直为未来的配偶或者其家庭保留着选择余地,并且使这方面的法律变得非常错综复杂。一方面,一种反复出现的现象是某种形式的共同所有制,而与之相伴随的是授予丈夫广泛的财产管理权。另一方面,古老的普通法规则是:丈夫和妻子合二为一,妻子的财产在很大程度上归丈夫所有。

所有上述原则均不符合古典罗马法的"自由婚姻"观念。[8] 从原则上讲,同在现今的英国法中一样,各方配偶均不受限制地拥有自己的财产,但这种完全分离的情况曾被嫁资制度明显改变,而且,在后期法中,还受到丈夫向妻子实行赠与[婚前赠与(*donatio ante nuptias*)]做法的影响。

在罗马法的历史进程中,嫁资制度经历了明显的变迁。在早期法中,丈夫获得对全部嫁资财产的所有权,在优士丁尼时代,虽然丈夫在理论上仍然是嫁资的所有主,但从实践意义上讲,丈夫只不过对在婚姻存续期间出现的嫁资收益拥有权利。嫁资制度的这种变化同不断提高的妇女自由相对应,并且更同明显增长的离婚率相对应。

在早期法中,嫁资只不过是女方为成家费用提供的一份赞助,并

---

[8] 在此我们不谈带来"夫权"的婚姻,我们假设丈夫和妻子均不处于"父权"之下。

且,在离婚还不常见的时代,认为这份赞助应当完全地和不可撤销地变为丈夫的财产,这也不是不可容忍的,特别是因为子女的继承权是针对其父亲的,而不是针对其母亲的。此外,妻子或者提供嫁资的其他人可以明确地约定在婚姻终结时对嫁资实行返还。随着离婚现象在共和国后期的增长,嫁资开始被用来为第二个目的服务,即在婚姻破裂情况下为妻子提供生活保障。与此目的相适应,"妻物之诉"(*actio rei uxoriae*)也发展起来,妻子可以在无须任何明确协议的情况下,通过这种诉讼要求返还嫁资,只要婚姻关系因离婚或者丈夫死亡而终结。就这样,丈夫虽然仍为嫁资的所有主,但被要求汇报对嫁资的管理情况,并且,反过来讲,他有权在一定情况下按照固定的比例保留嫁资。尤其当离婚是因妻子或者妻子父亲的过错而发生时,丈夫可以为每个子女保留六分之一的嫁资,受益的子女最多可为3人。然而,妻子所享有的只是一种对人的权利,也就是说,她只能要求丈夫在婚姻终结时按照嫁资的价值进行返还。同时,丈夫还可以有效地对嫁资中的财物进行转让,因而妻子可能面临丈夫丧失清偿能力的风险。但妻子在这个问题上的地位从两个方面得到了改善。奥古斯都禁止未经妻子同意而对属于嫁资组成部分的意大利土地实行转让,其宣布此种行为是无效的,并且禁止对上述土地实行抵押,即使得到妻子的同意。在丈夫无清偿能力的情况下,妻子相对于其他无担保债权人享有优先权。因此,在任何情况下,妻子均肯定能够获得对其意大利土地的返还,至于其他财产,则只是当其丈夫的财产不足以满足有担保债权人和她自己的要求时,才面临不能返还的风险。

也许是受希腊法的影响(该法规定:妻子对嫁资享有所有权),优士丁尼一直在不断削弱丈夫的权利。关于不可转让意大利土地的规则被扩展适用于位于任何地方的土地,甚至,即使获得妻子的同意,丈夫对土地的转让也不再被允许。丈夫保留部分嫁资的权利也被废除,因而,在任何情况下,包括在妻子死亡的情况下,他均应返还全部嫁资,除非丈夫出于对自己有利的理由而与妻子离婚,或者妻子无故与丈夫离婚,在这类情况下,嫁资可被没收。此外,妻子相对于有担保债权人享有优先权。优士丁尼允许她对丈夫的所有财产实行默示抵押,这种抵押虽然最初只是从婚姻缔结之日起享有优先权,后来却被允许优于在结婚前设立的担保。这使人认为:优士丁尼先是毁掉了已婚男子的信义,接着又开始毁掉未婚男子的信义。

在帝国后期的立法中,出现了婚前赠与制度,这种赠与是对嫁资的补充,但却起源于东部行省的实践。它是一种由丈夫在打算结婚时实行的赠与,其目的在于为妻子将来守寡时或者被无故休婚时提供生活保障。在优士丁尼时期,它变成了与嫁资相对称的馈赠:如果有嫁资,也必须有同等数量的赠与。而且这种赠与和嫁资都可以在结婚后设立或者追加,因此,前者被改称为婚姻赠与(*donatio propter nuptias*)。此外,赠与的财产由丈夫经管,因此通常不实行正式的交付,而只是由丈夫保证在婚姻终结时将进行这样的交付。妻子对上述赠与的权利,同她对返还嫁资所享有的权利一样,通过对丈夫财产实行默示抵押的方式受到保护,尽管不享受优先权。

嫁资或者婚姻赠与,应当是在结婚之后设立或者追加,将对夫妻间赠与无效这项规则构成主要变通,这后一项规则的基础同据以为英国法中的某种类似规则辩解的考虑相一致,即"免得他们为了钱而亲密或者翻脸"。在几乎所有的其他问题上,就法律关系而言,丈夫和妻子是完全相互独立的个人。

婚姻赠与在后来的历史发展中没有什么影响,但是,罗马法中由嫁资所体现的财产分离制度则一直保存在现代欧洲,虽然它不像各种习惯上的财产共有制那样普遍实行。

# 第五章 监 护

## 第一节 未成年人监护

子女通常使法律制度考虑两个问题:第一,必须防止他们在其无生活经验时期挥霍自己的财产;第二,如果他们的父母一方或者双方去世,必须为抚养他们以及管理他们的财产提供保障。在罗马法中,这两个问题只不过是同一个问题的两个方面,因为只有已经丧失了父亲(或者脱离了其父权)的子女,才能够拥有财产。

在古典法中,未成年人监护(*tutela impuberum*)基本上同英国的未成年人监护(guardianship of infants)相对应,但它最初的目的显然是不同的。现代的监护制度完全是为了受监护人的利益而创造的,而最初的监护则更多考虑的是监护人(*tutor*)的利益。监护制度的历史清楚地反映着从一种观念向另一种观念发展的进程,在这一进程中,特权被改变为义务。但是,这种转变没有完全实现,因而,对于监护制度的某些特点只能从原始观念的角度加以解释。

### 谁是监护人

最初的规则是:最亲近的男性宗亲属是监护人。在这里,原始的观念显而易见。因为,在受监护人死亡的情况下,最亲近的宗亲属将有权继承他的遗产,因此,该宗亲属关心这些财产的保存情况。这种由男性近宗亲属实行的监护叫作法定监护(*tutela legitima*),因为它产生于《十二表法》。但肯定在很早之前,它就已经为习惯法所确立,并且一直得到保留,直到优士丁尼对无遗嘱继承制度加以改造时为止。[1]

最初时的法律是这样的,但死因继承与监护之间的这种联系早在《十二表法》中就已经破裂了。因为父亲可以通过遗嘱指定监护人[遗嘱监护人(tutor testamentarius)],并且,事实上人们通常这样做。在后来,如果既没有遗嘱监护人,也没有法定监护人,执法官可以指派一位监护人[官选监护人(tutor dativus)]。然而,妇女包括母亲均不得成为监护人这一原始规则一直没有松弛过。[2] 这一规则起源于那种把监护视为父权的继续,因而必然不允许妇女涉足的观念,并且也产生于这样的事实:妇女本身就是终身监护的对象。相反,在现代英国法中,如果父母一方去世,仍活着的一方将有权成为监护人,他(她)可以单独地或者与由去世的一方指定的监护人一起履行监护职责,在这个问题上不区分父亲和母亲。类似的规则也存在于其他现代法律制度当中,虽然不一定都如此完全平等。

**受监护的时间**

在大多数的现代国家中,子女在21岁时成年,人们认为在达到此年龄时子女应当能够管理自己的事务。但在罗马法中,子女在达到适婚年龄时成年,这种年龄有时候被认为出现在男性的14岁和女性的12岁。造成这种差别的原因在于原始监护制度与现代监护制度有着不同的目的。子女在达到适婚年龄时能够生养自己的子女,并且他们的子女有权继承他们的财产,从而把近宗亲属排除在外。

---

[1] 受监护人未达到立遗嘱的年龄,因此,无遗嘱继承是唯一的选择。还有另外两种法定监护的情况也表明:在有权做监护人的人与有权实行死因继承的人之间存在同样的联系。一种情况是:如果某一奴隶在未成年时被解放,他的庇主既是他的监护人,也是他的继承人;在采取正确做法的情况下,父亲对于已经脱离了其父权的儿子也同样如此。

[2] 一直到公元390年,帝国立法才允许执法官在某些特定的情况下将母亲指定为监护人。

在此情况下,法定监护人的存在理由消失了,监护由此而终止。由于遗嘱监护人可能与继承无任何利害关系,由于后来人们越来越认为监护是一种为子女利益而承担的义务,因而,遗嘱监护人制度的引进和上述认识的发展就使一种不那么保守的制度将脱离监护的年龄提高。不过,罗马人也让旧规则继续存在,并且创造了一种与之并行的"未成年人保佐"(cura minorum)制度,从而使超过适婚年龄的年轻人不因自己缺乏判断能力而受到不利后果的影响。

### 监护人的责任

与现代的监护制度不同,罗马法中的监护人首先关注的是子女的财产,而且在后期法中,这变成了唯一的关注。对子女的看管和养育一般被托付给母亲或者其他的近亲属。人们可以在何种程度上要求监护人汇报自己的工作,从这一点上能够非常清楚地看出监护性质发生的变化。根据早期法,监护人只能对以欺诈方式侵吞财产的行为承担责任,但在共和国后期出现了一种新的救济手段[监护之诉(actio tutelae)],受监护人在达到适婚年龄时,可以据此要求监护人汇报他根据诚信原则经管财产的情况。围绕着这一救济手段,发展起来一整套调整监护人行为的规范,从而使监护变成了一种应为受监护人利益而自觉履行的义务,就像现代监护制度那样。监护从特权转变为义务,这一进程的明显标志是:人们精心地确定了一系列可据以要求豁免担任遗嘱监护人或者官选监护人职务的理由。法定监护人不能要求免除职务。

### 监护人的职责

我们现在应当比较充分地考察一下受监护人在怎样的范围内是无权能的,以及监护人以怎样的方式履行管理财产的职责。

监护人可以采取两种方式履行其职责:一种是直接的,即亲自管理财产;另一种是间接的,即对受监护人的行为予以准可。然而,如果他选择了前一种方式,他将受到罗马法中最明显的薄弱环节——

缺乏代理制度的拖累。代理人以被代理人（主当事人）的名义行事，可以为被代理人创设权利和义务，而他自己并不承担责任，这在现代制度中是常见的，但罗马法却从来不接受这一原则。因此，罗马法中的监护人既不能使受监护人承担义务，也不能使他获得权利，并且他必须面对这样的风险：受监护人可能在监护结束时拒绝接受他的行为。在古典法末期，因缺乏代理制度而出现的、最糟糕的不认账情况受到各种措施的限制，但是，受监护人可据以直接接受权利和义务的唯一方式仍然是由他自己实施行为。法律还要求某些行为必须获得监护人准可。对于这一要求，应当进一步加以考察。

　　子女的未适婚期分为两个阶段：当他不具有说理能力[严格地讲，叫作不具有说话能力(infans)]时，不能履行任何法律行为。此时期（幼儿期）的结束最初是根据具体事实确定的，但后来的法律将这一时期的终止时间规定在7岁。在幼儿期中，监护人必须亲自管理财产。在上述时期结束后，受监护人可以实施行为，但是，如果该行为使他的地位恶化，则必须获得监护人的口头准可(auctoritas)。换句话说，在没有获得这种准可的情况下，受监护人可以取得权利，但不能转让权利，也不能承担义务。比如，受监护人可以接受赠与，但他不能实行赠与；他可以缔结只使他获得权利的契约（如另一方承诺向他支付钱款的要式口约，但不能缔结由他自己作出支付承诺的要式口约）。然而，大多数交易都是相互设立权利与义务，这样的交易即便对受监护人比较有利（比如一项有利可图的买卖），也均要求获得准可。在没有获得上述准可的情况下，用评论学派的话说，只能产生"跛子交易"(negotium claudicans)，在这种交易中，受监护人是不受约束的，但另一方却仍受约束，尽管受监护人不能要求该方履行义务，除非该方自己准备照样履约。例如，如果某一受监护人在未获准可的情况下同意出卖物品，他将获得收取价款的权利，但不能行使该权利，除非他交付了上述物品；而交付物品本身是需要获得监护人准可的。同样，如果他已经在未获准可的情况下自己交付了物品，他可以要求收回它们。但买者却不能提出强制执行有关契约的要求。

## 第二节　未成年人保佐

在共和国后期,适婚年龄已经显然不是能够使年轻人自主地经管自己财产的年龄。具有特色的是:这一问题不是通过扩展监护期获得解决的,而是通过逐渐发展另一项制度来解决的。第一个步骤大约是在公元前 200 年采取的。《普莱多里法》(*lex Plaetoria*)规定,对任何以欺诈手段利用不满 25 岁者(*minor XXV*,以下称未成年人)的无经验而获取好处的人予以惩罚。然而,那些占未成年人便宜的交易,虽然遭受惩罚,却仍然保持其效力。这部法律授权裁判官对该法所确定的政策给予更充分的贯彻。裁判官采用两种方式实行干预。如果交易没有付诸执行并且另一方当事人提起诉讼,他将允许未成年人通过抗辩抵制该诉讼。另外,如果交易已经付诸执行,他将设法对该交易予以撤销,宣布恢复原状(*restitutio in integrum*)。是否宣布恢复原状,这由裁判官自由裁量决定,但出现了一些原则:不要求发生了欺诈情节,只要未成年人由于无经验而达成了不当的协议就足够了;甚至不要求有其他当事人介入交易,如未成年人不明智地接受了遗产,而这种遗产可能使他对死者的债务承担完全的责任,在这种情况下,裁判官将给予救济;另外,如果交易在当时是合理的,未成年人也不能提出异议说它后来变得对自己不利(如以公平的价格购买了一个健康的奴隶,该奴隶后来突然死亡)。

裁判官的这种干预显然导致这样的情况:一般人不愿意与未成年人打交道,害怕未成年人以后指控自己利用了他。为解决这个问题,出现了让某个独立的成年人批准交易的做法。这个人后来被称为保佐人(curator),他在很长的时间中没有得到法律的正式承认,只是根据各项交易的需要而被临时找来的人。然而,在公元 2 世纪,这已经变成一种正常的和稳定的辅佐未成年人的制度,裁判官根据未成年人的要求为其指定这样的保佐人。

在这一时期，未成年人的保佐人与未适婚人的监护人之间的相似性只不过是表面的。具体地讲，保佐人对交易的批准与监护人的准可在原则上起着很不同的作用。在我们前面所介绍的限度内，监护人的准可在法律上是必需的，同时在法律上也是充分的，也就是说，没有它，行为（甚至对受监护人有利的行为）将是无效的；而有了它，行为（甚至对受监护人完全不利的行为）将成为有效的（尽管监护人也许应当就自己的处置不当向受监护人作出说明）。保佐人的同意则既不是必需的，其本身也不是充分的。它仅仅是一种证明（尽管无疑是最好的一种证明），即证明有关交易对未成年人是有利的。因此，如果没有保佐人的同意，未成年人仍然应当使裁判官确信：有关交易应当予以搁置；反过来说，即使得到保佐人同意，这也不能最终驳回未成年人的要求，如未成年人可以提出证据说，保佐人的行为有疏忽或者诈欺。

在后期法中，监护人与保佐人之间的区别不断模糊。优士丁尼法的编纂者之所以没有完成这一进程，也许只能用他们一贯表现出的不愿搞彻底决裂的态度来解释。当然，被较多保留下来的是关于监护的规则，而不是关于保佐的规则，如在德国法中。此外，某些甚至在罗马时期就丧失了其合理性的东西现在已经消失。例如，完全行为能力的年龄不再是适婚年龄；现代的家子可以拥有财产，并且有关规则平等地适用于所有的未成年人，在这方面，父亲行使罗马监护人的职责。然而，这些规则本身显然来自罗马人。

## 第三节　其他形式的监护

我们前面谈到，在最初时，监护因受监护人达到适婚年龄而终止，这肯定是因为这时受监护人可以让自己的子女来继承其财产，这种情况将使近宗亲属丧失他们试图通过监护而获取的利益。但这只能解释对男性的监护。妇女的子女同她没有宗亲关系,因而没有权利继承该妇女的财产。这样,最近的宗亲属就享有终身的利益,为保护这种利益,妇女就受到终身的监护。随着历史的发展,对于达到适婚年龄的男性终止监护的做法已经丧失了合理性,同一发展进程也使对女性无限期延长监护的做法变得不再合理,但是,在这两种情况中占主导地位的都是保守主义态度,而不是逻辑。实际上,人们为对妇女的终身监护找到一个新的理由:妇女不能够照料自己的事务。盖尤斯宽厚地承认这是一个表面上的理由,事实上,在他那个时代,大部分的妇女监护已经变得有名无实。监护人的唯一职责只是给予准可,在许多情况下,这种准可甚至可能是被迫给予的。此外,还出现了一些能够帮助妇女比较容易地更换监护人的办法。由于奥古斯都热衷于提高出生率,其允许生3个子女的妇女(生4个子女的女解放自由人)完全摆脱监护。整个上述制度在优士丁尼时期之前就已经消失。

所有国家的法律制度都必须努力设法为精神病人的人身和财产提供保障。《十二表法》遵循在监护制度中体现的同样原则,作出以下规定:精神病人的保佐人应当是该人的近宗亲属或者族人,也就是说,是那些有权实行无遗嘱继承的人。如果没有享有这种权利的人,则由裁判官指定一名保佐人。

在同样起源于《十二表法》的浪费人保佐(*cura prodigi*)制度中,还包含对家庭财产的类似保障。对于挥霍自己财产的人,执法官可以通过令状禁止其经管财产,并且将其置于近宗亲属或者族人的监督之下。对浪费人的禁治产制度仍保留在许多现代民法法系国家之中,但对于英国法来说则很陌生。英国法允许精神正常的成年人完全随心所欲地消费他的财产,直到1939年之前,英国法仍允许这样的人完全取消其直系亲属的死因继承权。

# 第六章　人格减等

在罗马法中，人的地位涉及三方面的要素：自由权、市民籍、家庭权利。人的地位的变化也可以根据这三项要素加以分析。与此有关的罗马说法叫作人格减等（*capitis deminutio*）。最大人格减等（*capitis deminutio maxima*）意味着丧失所有上述三种权利，也就是说沦为奴隶；中人格减等（*capitis deminutio media*）意味着丧失市民籍和家庭权利，通常被用来作为刑罚；最小人格减等（*capitis deminutio minima*）是最常见的，它只因收养、自权人收养、归顺夫权的婚姻或者脱离父权而丧失有关的家庭权利。在我们看来，上述某些情形并不像是地位的恶化。例如，某一家庭的家子被另一家庭所收养，这并不导致地位的改变；一个脱离了父权的家子可能会获得更好的地位。但在每一种情形中，都发生宗亲关系的破裂和有关权利的丧失。被收养人不再是自己原来家庭的成员，他失去了对该家庭在市民法上的继承权，虽然他相应地获得在新家庭中的继承权。脱离了父权的儿子丧失了在原来家庭中的权利，并且没有取得其他权利，他在新家庭中坐上了第一把交椅；他现在成为一个新人，并且，除了后来自己所生的子女外，可以没有任何宗亲属。另外，儿子在其父亲死后变成自权人，他不经历人格减等，并且依然保留着宗亲属继承权。

新人格取代旧人格这一观念还产生其他一些后果，如终身性利益（用益权和使用权）终结，虽然优士丁尼限定这一后果只发生在最大人格减等和中人格减等的情况中，因为这两种情况比较明显地类似于死亡。先前订立的遗嘱不再有效。契约之债将被解除,除非这样做显然可能导致非正义和诈欺。罗马法为此设计出各种形式的救济手段。

# 第三编　财　物　法[*]

---

[*] 英文术语"law of property"在中文里通常译为"财产法"。实际上，在罗马法中没有这样的概念；在涉及财产问题的法律规范中，罗马法强调的是"res"的概念，从某种意义上讲，一些权利的对象是"物"，而不是"财产"。为突出"物"的概念，同时又尊重本书作者的英文用词，译者将"law of property"翻译为"财物法"。——译者注

# 引 言

在《法学阶梯》的分类中,第二部分法(并且是最大的一部分)涉及的是物(res)。"res"(物)是个很难理解的词,罗马法学家按照他们的习惯使该词的含义随着使用而演绎。从最简单的意义上讲,它仅指某一物质客体,如一张桌子、一所房子、一块土地。但在法学家看来,也存在抽象的物,也就是说,这种物只存在于心目中,如一项债务、一项通行权等。这两种类型的物有着共同的要素:它们都是具有经济价值的财产,盖尤斯和优士丁尼就是从这种广泛的意义上论述物法的。这部分法所调整的是经济财产(最广泛意义上的财物)的设立、转移和享用。用法权的语言讲,物法包括所有可用货币加以估算的权利。因此,它将产生于人法的权利排除在外,如父亲对子女的权利或者人本身的自由权,因为这些权利通常不可能以货币加以估算。从这个意义上讲,物法涵盖了相当大的一部分私法,因而必须对它做进一步的划分。盖尤斯提出的划分方式是三分法,即分为财物(或者叫狭义的物)法、继承法和债法。这种划分法为优士丁尼所保留,它仍然是民法法系最富有特色的体系之一,但是,它带来了许多困难,并且在现代法典中发生了各种各样的变化。其中有一个困难很突出。从表面上看,这种划分至少涉及一些不可相互比拟的东西。财物和债是两种类型的财产,而继承并不是第三种类型的财产(事实上,将物划分为财物和债已经足够了),而是取得上述两种物的方式,如某一继承人对死者的财产加以继承。无论这种批评是否完全正确,它都使我们有理由在这里抛弃《法学阶梯》中的论述次序,并且将对财物和债的论述放在继承问题之前。

# 第一章　基本区分

## 第一节　财物和债　对物之诉和对人之诉

一个人的财产既可以表现为财物,也可以表现为债。财物和债之间的区别是拥有和应当拥有之间的区别。因而,某人的财产可以是他所拥有的房屋和家具,然而,他的银行存款(一个人所说的"我存在银行中的钱")则是银行应支付的债务,是他对自己尚未花费的工资所享有的权利,是与债务相对的债权。当然,他的财产常常比这更为复杂,但是,这种财产都不会超出这两个范畴。例如,如果他是一个商店老板,我们可以假定他拥有自己的商店和库存货物;他可能已经向批发商定了新货,但还没有接受这些新货,按照罗马人的观点,这些新货仍然是批发商欠他的,只属于他应该得到的东西(如果他还没有付款,他也相应欠批发商价款);他可能已同顾客达成赊销货物的协议,这显然是他的债务。他可以从一位先前的竞争对手那里获得商业信誉,并且这又让他承担了债务,这种债务不像在前几种情况中那样表现为支付一笔钱款或者提供货物,而是承诺不争夺该竞争对手已有的客户。

拥有和应当拥有之间的区别被罗马法学家表述为对物(in rem)之诉和对人(in personam)之诉之间的区别。任何诉讼请求或者是针对物的,或者是针对人的,在这两种诉讼之间存在不可抹杀的界限。对物之诉维护的是人和物之间的关系,对人之诉维护的则是人与人之间的关系。典型的对物之诉是"要求返还所有物之诉"(rei *vindicatio*),在这种诉讼中原告主张某一物品归自己所有。最简单的对人之诉是"请求给付之诉"(*condictio*),在这种诉讼中原告主张被告应当向自己给付一笔钱款或者某一物品。罗马人是从诉讼的角度而不是权利的角度考虑问题,但实际上,一种诉讼是在主张针对某物的权利,另一种诉讼是在主张针对某人的权利。由此产生了物权和债权之间的划分。显然,争议不可能发生在人与物之间,因此,在对物之诉中也必须有被告,但是,被告的出现不是因为他被认为对原告负有义务,而是因为他正在采取某些行为否定原告所主张的权利。在要求返还所有物之诉中,被告通过对被要求返还之物的占有来否定原告的所有权。在我们前面所假设的例子中,商店老板为主张对库存货物的所有权而针对任何可能得到这些货物的人提起对物之诉。例如,如果该货物被盗,他可以要求窃贼或者任何从窃贼那里获得物品(无论是否出于善意)的人实行返还。另外,他有权得到已经订了货的物品,这属于对人的权利,他只能针对批发商主张这一权利。从这个意义上讲,对物的权利(物权)可以说是可要求一切人普遍尊重的权利,相反,对人的权利(债权)则只能要求特定的人予以尊重。[1] 对物的权利是财物法讨论的议题,对人的权利则属于债法

---

〔1〕 这当然不是罗马人的说法,而且这表明:一旦权利而不是诉讼变成了首要的观念,罗马人狭窄的两分法将难以维持下去。所有权是典型的对物的权利,它可以通过对物之诉(要求返还所有物之诉)加以维护,并且可以针对所有的人要求得到保护。但也可以说它能够通过对人之诉加以保护。如果我的书落到某人手中,该人又否认我的权利,我将通过对物之诉维护我的所有权。但是,如果某人因疏忽或者有意地毁坏了我的书,我则应当提起对人之诉,因为他实施了侵权行为,因而他有责任因该侵权行为而对我实行赔偿。罗马法学家没有超越这一原则,而现代法学家却将有关的探讨又推进了一步。现代法学家从权利与义务的角度看待法,因违约而产生的损害赔偿义务起源于履行有关契约的义务。因此,他们认为:肯定存在一种所有的人均应普遍遵守的、不损坏我的财物的义务以及相应的、我可以针对所有的人行使的权利。这种权利如果不是所有权的一种表现又是什么呢?由此看来,对人之诉也发挥着保护对物的权利的作用,罗马法中的两分法变得界限模糊了。同样,如果某人辱骂了我,我对他可以提起对人之诉。该人实施了侵权行为,并且有责任对我进行赔偿。但这种义务肯

所讨论的议题。

对物之诉与对人之诉之间的区分具有怎样的实践意义？首先应当强调指出：从形式上看，对物之诉并不是强迫被告返还原来的物。（正是在这个意义上，普通法使用"real action"一词。）由于古罗马的诉讼实质上表现为自愿请求仲裁，并且不存在国家强制执行判决的机制，因而，胜诉的结果（无论是对物的，还是对人的）都只表现为判决被告向原告支付一笔钱款；在需要时，原告通过扣押被告的人身或者财产的方式强制执行这一判决。在这样的制度中，人们并不命令对特定的物品实行返还或者履行特定行为。在说了这么多后，还应当补充：在大多数对物之诉中，事实上被告应当归还原告所要求的物品。诉讼的形式结果和实质结果间的矛盾可以通过一个简单的办法加以解决。诉讼的程式指示审判员：如果认为原告有理，就判决被告支付有关物品的价款，但这种支付只适用于被告不能向原告交还该物品时。[2] 从表面上看，这简直是允许被告进行选择，并未强迫他应当这样做而不应当那样做。但是，原告掌握着另一个武器：他可以对物品的价值作出自己的估价。的确，这种估价是通过宣誓作出的，但原告通常能够在不偏离乐观主义与伪誓罪之间的中线的情况下实现自己的目的；据我们所知，审判员在任何情况下也不会机警地划出这样一条中线。然而，这一特点不被用来使对物之诉区别于对人之诉，因为它是这两种诉讼所同样具有的，尽管在后一种诉讼中比较鲜见。

---

  定产生于对另一先存义务的违反，即不得辱骂他人，并且一切人肯定也都享有不受辱骂的权利，这也是一种可要求所有的人普遍尊重的权利。这种权利难道应被称为对物的权利吗？或者说应当把对物的权利描述为对人的权利的集合体吗？普通法国家的法律工作者由于在自己的国家中不存在任何对物之诉而敢于沿着这一思路前进。如果某一普通法的法律工作者希望维护对自己书的所有权，他必须主张说：被告非法地持有或者占据了这本书，简言之，被告实施了侵权行为。

[2]　要求返还所有物之诉的完整程式如下："如果查明有关物品根据市民法是属于原告的，除非被告按照审判员的要求归还了该物，审判员应判罚被告向原告支付该物的价款。如果查明不是这样，审判员应当开释被告。"

如果把两种能够适用于买卖问题的体系加以对照比较,也许可以很好地找到我们问题的答案。〔3〕 假如某甲与某乙商定:按照一定的价格将某乙的书卖给某甲,根据罗马法,某甲取得了直接的对人的权利(债权),有权要求交付这本书(某乙也同时享有取得价款的权利),但在该书被实际交付之前,某甲不享有任何对物的权利(物权)。然而,在其他一些法律制度中,只要买卖协议已经达成,某甲就既享有对人的权利,也享有对物的权利。〔4〕 这两种体系间的区别体现在对第三方的影响上,下面列举两种典型的情况:

其一,某乙一直拥有该书并且拒绝交付它,在这种情况下,如果撇开前面探讨的问题不谈,通常没有必要区分某甲应提起对物之诉还是对人之诉。无论在哪一种诉讼中,某甲均将按照物的价值获得钱款。但是,某乙可能不具有清偿能力,在这时,上述区别就至关重要了。因为,如果某甲提起的是对人之诉,他的请求就将同其他债权人针对资不抵债的某乙提出的清偿请求放在一起;而如果他提起的是对物之诉,他就能够不受某乙破产的影响而取得那本书,从而充分地满足自己的要求。因为他不是债权人,而是所有主。

其二,书从某乙手中转移到某丙手中,如某乙说服某甲提前支付了书的价款,然后他又把书卖给了某丙并且实行了交付(这是一种最常见的诈欺情况),或者某丙盗窃了这本书或者从某个窃贼那取得它。在这样的情况中,罗马法的体系只允许某甲针对某乙提起诉讼,而其他一些法律体系则允许某甲针对某乙或者某丙提起诉讼。当然,这种区别也只是在某乙无清偿能力或者已经失踪的情况下才

---

〔3〕 罗马法学家自己的第一个答案可能是这样的:区分对物之诉与对人之诉的实践意义体现在"中间令状"(mesne process)上,也就是说,体现在当被告不能为自己辩解时原告所采取的步骤上。在对物之诉中,原告将简单地被准许获取有关物品,因为他正是针对该物品而提起诉讼的;而在对人之诉中,原告则针对被告的人身或者财产进行诉讼。
〔4〕 英国法的情况原则上就是这样的,但还需要遵守一些特别的规则,从而致使有关的实践结果差不多与罗马法相同。

具有实践意义,而这两种情形都不是不可能发生的。某乙在违反与某甲达成的协议将书卖给某丙后,不会等待别人对他提起诉讼,而且,即使能够将其抓获,他也不一定是有清偿能力的。法律需要加以解决的是这一外在三角关系的法律问题。在两个无辜的当事人中,哪一个应当因不诚实的第三人的行为而忍受不幸呢?不可能找到既能在实践中应用又符合理想的公正观念的解决方法,法律必须选择一项最符合共同体利益的解决方案。

## 第二节 契约和转让

罗马法在对物的权利与对人的权利之间还设置了另外一条鸿沟。这些权利据以产生的方式是不同的:创设对人的权利的行为并不创设对物的权利,并且反之亦然。这一原则最重要的适用反映为契约与转让的区别。契约创设的是对人的权利,但不能创设或者转移对物的权利。对于物权的创设和转移来说,必须有转让,也就是说,转让是一种专为此目的而实施的法定行为。我们刚才谈到,在对书的买卖中,所有权并不因契约的订立而转移到买受人手中,而只是随着对该书的实际交付而转移,交付就是转让。如果被卖物不是书,而是要式物,如土地或者奴隶,就必须通过要式买卖或者拟诉弃权进行要式转让。对于创设或者转移除所有权以外的其他物权来说,转让同样是必需的。[5]

契约与转让的分离同下列虽然没有明确表述但却有根据的原则有着密切的联系,即由于对物的权利可能影响到每一个人,因而这些权利不应当被秘密地设立或者转移;而人们并不反对秘密地设立对人的权利。由此而论,罗马法中的转让实质上是一种可视的和公开

---

[5] 然而,这一原则在古典法中并非一直没有受到违反,并且在优士丁尼法中,由于要式转让已经消亡,它已在很大程度上被人遗忘。

的行为。拟诉弃权是在公开的法庭上进行的。要式买卖,虽然在形式上是一种私人间行为,但要求6名罗马市民与当事人一起参与,让这么多的人参与肯定主要是希望这一行为具有公开性,倒不一定是为了以后的举证,相反,只创设对人的权利的要式契约——要式口约却可以在没有任何证人参与的情况下成为有效的。同样,通过让渡进行的非正式转让,原则上也要求对标的物进行可视的转移。

转让行为的公开性对广大共同体是有利的,但个人则希望私下进行他们的事务,任何国家的法律制度都一定会面对这样的矛盾。在罗马法中,后一种考虑在大多数情况下是占优势的。在古典法中,拟诉弃权和要式买卖都已经难以有效确保转让行为的公开性了。拟诉弃权后来成为一种很空洞的形式,要式买卖中的6位参与人虽然其数量对于一个小共同体来说已相当可以了,但并不能阻止人们在像罗马帝国这样的广袤社会中进行秘密交易。就连不断取代上述要式转让行为的让渡也可以在没有实际交付标的物的情况下进行。因而,在后期罗马法中,转让常常就像契约那样,只不过表现为一份在当事人之间拟定的文书,类似于英国法发达时期的情形。

契约与转让之间区别的这一淡漠进程也许在一个管理精密的社会是不可避免的,现代制度通常采用其他方式确保物权创设和转移的公开性。唯一真正有效的方式是登记,即要求将所有创设和转移物权的情况均记载于公共登记簿上。这种方式日益为现代社会所采纳,但在实践中它显然只能适用于土地(或者一些特别需要识别的可动物,如船舶和机动车),并且在登记之前需要先进行审查,因而需要有一个精干的管理人员机构。这种方式对于罗马法来说是陌生的。[6] 对于可动物,不可能有简单的解决办法。正如我们介绍过的,罗马法原则上要求在所有权转移之前进行实际的交付。只要这一规则能够继续严格地维持下去,就可以说:在尚未转移占有的情况

---

[6] 对于在埃及的罗马土地实行过某些类似的做法,但准确地说,这种登记制度的效果人们并不清楚。

下,所有权是不能转移的。但不能说:在尚未转移所有权的情况下,占有是不能够转移的。人们可能会将此简单地理解为所有权与占有之间的区别被抹杀了,因而窃贼可能会拥有被窃物。本来可以采用一项不那么极端的规则将窃贼排除在外,即只把善意占有人(*bona fide* possessor)(如在无过错的情况下从窃贼手中买下被窃物的人)与所有主等同起来,但这样做又可能会对所有权的不可侵犯性造成重大损害。所有权与占有之间的区别以及所有权的不可侵犯性,对于罗马法学家来说,两者都具有基本的意义。

## 第三节 物的分类

罗马法,根据不同的目的,采用许多不同的方式,对物进行分类。但在这里,只需要对三种分类加以考察。

### 可动物与不可动物

几乎所有国家的法律都认为必须将土地、建筑物等区别于其他财物,这一方面是因为前者内在的重要性,另一方面也因为前一类物显然是不能移动的。罗马法也不例外。《十二表法》为对不可动物(*res immobiles*)的时效取得(*usucapio*)规定了 2 年的时间,而对可动物,即 res mobiles 的时效取得则有 1 年就够了。这一区分还同其他一些目的相关。这种区分在英国法中表现为"不动产"(real)和"动产"(personal)之间的区别,[7]并且在英国法中有着核心的地位,但在罗马法中却不具有那样的地位。

---

[7] 这种区分与可动物和不可动物之间的区分是不相同的,并且现在已不像以往那样至关重要。

**要式物和略式物**

在早期市民法中最为重要的区分是 res mancipi（要式物）与 res nec mancipi（略式物）的区分，这是罗马法所特有的区分。要式物包括奴隶、牲畜和驮畜（牛、马、驴和骡子）、意大利土地[8]和针对上述土地的乡村地役权（如通行权和用水权）；所有其他的物则是略式物。这种区分的实践意义在于：对于要式物，只能通过要式买卖（该名词由此而来）或者拟诉弃权的方式加以转让，简单的交付不足以使所有权的转移成立。这是市民法的规则，但在共和国后期，裁判官允许以让渡方式获得要式物的人["善意拥有人"（bonitary owner）]享受几乎所有的实质性权利。这种区分随后表现在使古典法变得错综复杂的残留规则中。它后来名存实亡，最终被优士丁尼所废除。

关于这一区分的起源，曾经有过许多探讨。为什么要把某些物挑出来，要求对它们必须实行要式的和公开的转让？如果就这样简单地提出这个问题，答案显然在于：这些物在早期的罗马肯定是最为重要的。但为什么具有这种特别重要性的会是以上列举的物，而不是其他的物？这个问题并不总是容易回答的。当然，最初要式物的范围可能是不同的，但不管怎么说，在共和国后期，它的范围已经成了封闭的和武断的。盖尤斯评论到：大象和骆驼虽然也是牲畜和驮畜，但不属于要式物，因为人们在确定要式物的名单时尚不了解它们。

**有形物和无形物**

我们在前面谈到，盖尤斯将法的调整对象划分为三部分：人、物、诉讼。在这种三分法中暗含着实体物（如桌子和房子）与抽象物（如

---

[8] 严格地讲，是能够成为罗马所有权对象的土地，因而最初仅为罗马土地。随着罗马市民籍的扩展，罗马所有权能够支配的土地范围也在扩展，直至包括整个意大利。后来，这种扩张停止了，对于某些拥有特权的共同体的土地，通过授予意大利权（ius italicium）的方式，将其视为意大利的。

债务和通行权)之间的区分。盖尤斯用有形物(res corporales)和无形物(res incorporales)这对术语表述这一区分。这种区分在实践中的重要性只体现在一点上：无形物不能被占有，因为占有的实质性条件是实际持有，所以无形物不能通过与取得或者转移占有有关的方式加以取得或者转移。简言之，无形物既不能通过时效取得来获取，也不能通过让渡来转让。

然而，这种区分首先是一种学术上的区分，并且古典法学家一般不使用它。[9] 但优士丁尼把它捡了起来，从此它成了欧洲法律语言的组成部分，普通法也在一定范围内使用它。这是一种恰当的区分，并且当然符合我们通常的说法。一个人愿意说：他买下一块土地，买下在第二块土地上的通行权，买下对第三块土地的选择权。但严格地讲，这是不符合逻辑的。它把所有权与所有权的标的物等同起来。与"我买下在一块土地上的通行权"这种说法相对应的不是"我买下一块土地"，而是"我买下一块土地的所有权"。在上述每一种情况中，我都取得一项权利，所有权只不过是比通行权更为广泛的权利。然而，罗马人宁愿从财产的角度，而不是权利的角度进行思考，并且把土地和通行权都同样看作财产。罗马人并不感到需要将所有权与所有权的标的物明确地区分开来，因为，对罗马人来说，只有有形物可以拥有，因而有形物根据具体的情况变化着其含义。当罗马人说只能对有形物实行占有时，他所指的是物本身；当讲有形物的取得时，指的则是所有权的取得。

## 第四节 所有权和占有

在财物法中最基本的区分是所有权与占有之间的区分。乌尔比

---

[9] 在本书最新版本中，"然而，这种区分首先是一种学术上的区分，并且古典法学家一般不使用它"这句话被删除。——译者注

安说:"所有权与占有毫无共同之处。"然而,从大部分情况看,占有是享有所有权的基础。因此,有形的略式物通过让渡,即对占有的转移来转让,通过时效取得获得的权利也同样依赖于占有。现在,我们必须考察一下这种表面上的矛盾。

# 第二章 占 有

在一般语言中,"拥有某一物品"与"有权拥有某一物品"这两种说法有着明显的区别。窃贼没有权利拥有他所窃取的物品,尽管如此,他仍然拥有它。反过来讲,把自己的物品质押给当铺的人仍然对该物品享有权利,而该物品的实际拥有者却是当铺老板。有权拥有某物与实际拥有某物之间的区别使罗马法对所有权和占有加以区别,而英国法对此则不那么强调。虽然如此,普通人与法学家在谈论占有时,仍可能是在指不同的东西。这里面存在三个主要原因。首先,普通的英国人往往在讲"possession"(占有)时,本意却是指"ownership"(所有权),这无疑是因为他通常对自己所占有的物品享有所有权,并且通常占有着自己对之享有所有权的东西。同样,他习惯于把归他所有的东西称为由他占有。但是,所有地方的法律工作者在使用这些术语时都会字斟句酌。其次,罗马在某些情况下禁止实际持有物品的人对该物实行占有,并且允许某些并不实际持有物品的人实行占有,这种情况在很有限的范围内也发生于英国法中。最后,人们很难在具体情况中确定哪些事实构成实际持有,这种困难在罗马法和英国法中都导致某些技术规范的出现。至少由于这后两个原因,人们不能简单地说:拥有某物的人也对该物实行着占有。在进一步论述这个问题之前,我们应当先考察一下法律上所讲的占有具有怎样的实际含义。

## 第一节　对占有的保护

在罗马法中,占有本身只具有最简单的法律后果,即它是受保护的。根据我们以下将介绍的规则,占有人可以获得救济手段限制其他人干扰自己的占有,并且据以要求恢复占有,排除他人对自己占有的侵犯。这些救济手段被称为占有令状。在早期法中,这些令状的程序是复杂的和古老的,但它们的实际适用却很简单。例如,如果某甲占据一块土地,某乙对他实行驱逐,他可以迫使某乙向他返还这块土地,只要具备以下两项条件:第一,他的占据必须相当于法律上的占有(我们下面将介绍它的定义);第二,这种占有不是采用暴力(*vi*)、欺瞒(*clam*)或者临时受让(*precario*)的方式从某乙处获得的。

这里有三点应当特别予以指出:(1)有关的救济手段只针对妨碍占有者行使。如果某乙随后又被某丙剥夺了占有,或者自愿将土地交付给某丙,某甲不享有针对某丙的救济手段,除非某甲也是所有主,[1]在此情况下,某甲有权提起要求返还之诉。(2)双方当事人是否对物享有权利均无关紧要。对占有造成侵犯的人甚至不能以自己是物的所有主作为辩解理由。占有令状所关心的是占有本身,而且,按照罗马法的观点,这个问题可以不同所有权发生关系。"所有权与占有毫无共同之处",这一罗马谚语表达的就是这样的含义。罗马人坚持所有权与占有严格分离的做法当然会导致对有关问题的迂回解决。如果某乙因为自己是土地的所有主而剥夺了某甲对该土地的占有,那么,某甲在申请占有令状时的胜诉将是短命的,因为某乙可以立即通过要求返还所有物之诉主张自己的所有权。但是,这

---

[1] 在古典法中,对可动物的占有不一定要求这样。对于可动物来说,只要某甲在前一年占有的时间比某丙长,即足矣。之所以这样规定大概是因为:可动物能够被比较容易地和经常地转让。但在优士丁尼时期,这一规则不再适用。

种迂回解决问题的方式似乎比把基本概念变得含混不清要更为可取,而且它在实践中也能收到减少自我救助行为的积极效果。(3)所涉及的占有必须不是采用暴力、欺瞒或者临时受让的方式从另一方那里取得的。这不属于权利问题,一方面,我们已经谈到,人们并不关心"以有瑕疵的方式"获得占有的人是不是所有主;另一方面,"瑕疵"本身也只是相对的(占有对于某个人来说是具有瑕疵的,但对于其他人来说则不具有瑕疵)。[2] 因此,如果占有者在从某人那里获得占有时存在瑕疵,而后者又不是对占有造成侵犯的那个人,那么,这种瑕疵就是无关紧要的。用前面举的例子说,如果某乙后又被某丙剥夺了占有,某乙可以针对某丙要求获得占有令状,并且某丙不能提出异议说某乙的占有是以暴力手段从某甲处取得的。这种异议只能由某甲针对某乙提出。

## 第二节　占有的重要性

在有关占有的诉讼中最突出的优点是举证简单。由于占有的特点在于它是一种事实,因而它比较容易证明,而对所有权的证明则相对困难。因而,当某甲的占有受到某乙的剥夺并且某甲认为自己是所有主时,如果他聪明的话,他应当要求获得占有令状,而最好不提起要求返还所有物之诉,从而让某乙在随后的要求返还所有物之诉中承担证明其所有权的负担。正如盖尤斯所说,关于占有的令状是用来确定哪一方当事人将在要求返还所有物之诉中成为被告的。

占有本身只具有这样一种法律后果:占有者可以在申请令状的诉讼中主张或者要求恢复他的占有;但是,当占有与其他因素结合在一起时,就会出现更加广泛的后果。正如我们前面所提到的,占有同

---

[2] "有瑕疵的占有对于外人却通常是有效的。"（Adversus extraneos etiam vitiosa possessio prodesse solet.）

两种最普通的取得所有权的方式相联系,即让渡和时效取得。[3]因此,它在财物法中占据着中心地位。

## 第三节 谁 能 占 有

我们说过,由于两个原因,对这一问题的回答不能简单地归结为:拥有物的人就是在对该物实行占有。事实上,在这个问题中暗含着两个问题,对这两个问题必须分别考察。

**什么样的持有人原则上可以实行占有**

在英国法中,对这一问题的回答很简单,持有人原则上是占有者,除非他是佣人或者为某一临时的和有限的目的而持有物品的人(如铁路搬运工)。在罗马法中,则是另一种情形,除少数例外情形外,凡是根据与所有主达成的契约而持有物的人均不能实行占有,而且任何人因行使除所有权以外的物权(用现代术语讲,叫作"他物权")而持有物,如用益权人,也不能实行占有,那些实际上只能在生命期内或者更短的时间内拥有某物的人,同样不能实行占有。在这些限制中,前一种限制尤为重要,它不仅将借用人(*commodatarius*)和受寄托人(*depositarius*)排除在占有人的范围之外,而且也将租用人和土地承租人排除在外。因而,这样的持有人不能针对侵犯他对物的持有的第三方获得救济手段。他们以所有主的名义持有物,所有主通过他们实现占有。例如,在租赁的情况下,出租人可以通过要求返还所有物之诉或者占有令状提起诉讼,以排除第三方对承租人使用土地的妨碍,而承租人只能针对出租人提出关于契约的债法诉讼。如果出租人不在或者采用拖延的做法,则很可能出现麻烦。对他物权的受益人的排除在实践中不那么重要,因为这些人已经可以

---

[3] 还有其他一些后果,如善意占有人对孳息的权利以及通过先占而取得的权利。

通过有关的对物之诉主张自己的权利,而且,在任何情况下,这些人都可能被允许以扩用(*utilis*)的方式提起占有诉讼,从而在这方面实现有实无名的占有。然而,这仍然是重要的结论:他物权既不能以让渡的方式转让,也不能通过时效取得制度获得。

列举这些在法律上不能对物实行占有的持有人是很重要的,我们可以据此抛弃以下这种想当然的推定:"占有"(*possessio*)一词在拉丁文和英文中、在罗马法和英国法中都具有同样的含义。罗马人并不把占有理解为对物简单的持有,而是理解为像所有主那样的持有,一种对物的排他性持有。因此,借用人或者承租人不能实行占有,对于罗马人来说,其无须像对我们那样作出说明。这一结论当然产生于该词的含义。[4] 借用人并不是像所有主那样持有物,他在对物实行持有时承认出借人拥有更高层次的权利。反过来讲,如果在违约情况下他不再承认这种权利并且试图违背出借人的意愿继续持有物品,那么他将取得占有者的地位。不正当的占有人虽然知道自己不是所有主,但仍打算能够像所有主那样实际地占有物。

用益权受益人,虽然在一定时间内享受所有主的全部待遇,也同样承认实际所有主拥有更高层次的权利。对于所谓他物权来说,否定占有的理由比较简单:他物权是无形物,因此它们不可能被占有。对于像通行权这类较多地受到限制的权利来说,理解这一点是相当容易的。一个对通行权实行"占有"(也就是说,事实上享有)的人,显然不能说他占有着正在通过的土地,并且,从罗马法的观点看,这里不存在任何可以由他占有的东西。然而,对于用益权受益人来说,则存在较多的困难,他在一定时间内对所享用的土地(或者其他物)实行着排他性的控制。为什么他不能因此而对土地本身(而不是用

---

[4] 我们前面已经暗示,这个词的词源证明了这一点。"pos – sessio"(占有)一词的后一部分来源于动词"sit"(坐,占据),因此与德文词"Besitz"和英文早期词"seisin"相对应,这后两个词的字面含义是"占据"某物。该词前一部分"pos – "的来源尚不能确定;但如果说它与"posse"和"potestas"(权力)有关的话,"possesio"的字面含义就可能是"sitting in power"(占据权力)。

益权)实行占有呢?对于否认在此种情况中的占有,罗马人自己显然并不感到心安理得,正如已经介绍过的,有时候他们也允许以扩用的方式给予令状保护。

就算人们承认罗马的"占有",即 possessio 含有这种比英国的"占有"(possession)更加深刻、更加受限制的意思,也仍然还有一些特殊的占有情况需要从历史的角度或者根据便利的理由加以解释。[5]

罗马人没有一个合适的词用以表示与法律上的占有不同的持有,但现代法律工作者则通常使用"detention"(持有)一词。因此,罗马的佃户是持有人,他的主人则是占有人。人们应当记住:"持有",与法律工作者通常使用的术语不同,不表示存在法律后果,只要记住这一点,使用这一术语还是可行的。说承租人是持有人,只是为了强调他在法律上同土地没有任何关系,尽管他实际上占据着土地。

**占有要求何种程度的实际控制**

我们对前一个问题所给予的回答不是罗马人的回答。罗马人没有为占有下任何定义。他们当然地认为:承租人、借用人等不实行占有。他们所关心的不是占有的抽象定义,而是它如何取得和丧失这一实际问题。这个问题为罗马法学家根据大量的假设情况推进原则的发展确定了特定范围,他们热衷于并且擅长假设大量的情况。罗马法学家的分析和术语不仅已为其民法继承人所采纳,而且也为普通法系的法学家所接受。

按照罗马人的分析,对占有的取得表现为两个方面:精神上的和

---

[5] 质押债权人(把某物作为债务担保交付给他人的人)和扣押人(sequester,即接受对某物的寄存,以等待对涉及该物的争端作出裁断结论的人)均实行占有,他们也都根据契约而持有物。有关解释可以简单地归结为便利的需要:如果他们不占有物,他们的持有目的将会被架空。如何解释临时受让人(precario)以及公共土地占有人的占有,这也许需要追溯这些制度的发展历史。然而这个问题太大了,不适宜在这里讨论。

物质上的。保罗说:"一个人通过精神的活动和身体的活动[ animo et corpore(心素和体素)]取得占有;精神的活动必须是自己的,但身体的活动可以由其他人补充。"现代法学家更喜欢抽象思维,他们将自己的分析从对占有的取得转向占有本身,并且把占有的"心素"和"体素"看作占有的"要件",但这只是方法上的区别,而不是实质上的区别。[6]

在这里我们只能对罗马人的分析做一些粗线条的考察。按照现代的说法,占有的"体素"(corpus)要求具备实际控制能力,但这种实际控制能力是什么样的,则应当取决于被占有物的性质。为取得对一本书的占有,需要具备比占有一堆薪柴程度更高的实际控制;对占有一匹马所要求的实际控制程度又要比占有一小块土地所要求的控制程度更高。实际上,我们所举的土地例子表明:将"体素"和"心素"完全分离开来是不可能的。如果我希望占有一块农田,除了进入该土地的某一部分,并且想着对整个土地加以控制外,我难道还能有其他什么办法吗? 在这里,对体素的要求实际上被降到很低的程度,但是,罗马法仍然坚持这一最低限度的要求。我不能仅仅通过思想活动(animo solo)而实现对占有的取得。当经先前占有人同意而取得占有(如通过让渡)时,上述最低限度的要求可以为据;但如果有人针对占有提出对立的要求,情况就改变了,如我在你的土地上占据了一块,或者我和你都试图占有一块一直无人占据的土地。

---

[6] 萨维尼(Savigny),在其关于占有的著名著作(1803 年)中,使用这种分析为我们前面讨论的罗马法的占有含义问题提供了一个回答。他发现了从"心素"(animus)角度对占有和持有加以区分的要素,并将其定义为"主人心素"(animus domini),即充当所有主的意愿。关于质押债权人、扣押人、临时受让人和公共土地占有人的情况,解释同前注中所作的一样。耶林(Jhering)(1889 年)拒绝这种对"心素"的注重,并且声称"体素"是实质性的,其认为:任何有意识的持有原则上均为占有,并且上述持有情况由于特殊原因而属于例外。他针对萨维尼提出的主要异议是:没有证据表明罗马人是从"心素"和"体素"的角度区分占有和持有的;而且,对于耶林来说,萨维尼关于上述持有人不实行占有的解释是很牵强的。

"心素"条件是指行使实际控制的意愿。当然,在这里也不能简单地将上述两个要件相互分开,不情愿的控制在一般情况下是一种自相矛盾的说法;但是,一个疯子可以实行很有效的控制,而这不能够构成一种意愿。这里还存在一些困难的问题:意愿涉及认识,但我的认识必须如何加以体现呢?如果我从你那买了一本书,然后我要求你把它放进我的抽屉并且我实际上看到你这样做了,显然,我在此时取得了占有;同样,如果我既没有要求你将此书放进我的抽屉,而且也不知道你已经这样做了,我就不能实行占有。但是,如果我已经要求你将书放进我的抽屉,而我不知道你放书的准确时间,这该怎么算呢?这种提前出现的"心素"是否足矣?(如果在我知道书在我抽屉里之前该书被从我抽屉里拿走,这个问题将是至关重要的。如果我具备足够的心素,我将不仅可以提起占有诉讼,而且可以提起关于所有权的诉讼,甚至可以提起盗窃之诉。)一个与此有关的问题在英国法律工作者中争论激烈:对于埋在我的土地下的物品或者藏在我房间里的物品,在我不知道的情况下,我是否在实行占有?回答是否定的,因为我不具备必要的"心素"。

出于便利的考虑,法律对保持占有的要求并不像对取得占有那样严格。我不会仅仅因为短时间地外出而丧失对我的房子以及其中的物品的占有,我也不会因为把一本书放进了碗柜并且忘在了那里而丧失对这本书的占有。甚至在所谓的"纯意愿占有"的情况下,也可以进行这样的占有推定。经常提到的例子是只在冬季或者夏季使用的草场;现代人比较爱举的例子是海滨别墅。在一年的大部分时间中,海滨别墅是空着的,此时,占有的"体素"完全告缺,但出于便利的考虑,我可以保持对它的占有,这种情况被解释为"纯意愿占有"。但是,如果在我不知道的情况下有人闯了进去并且将其完全占据,这该算什么?这些占据者既具备必要的"心素",又具备必要的"体素",实行占有的应当是他们,而不是我。但罗马人可能更愿意接受一种表面上正确的论据:那些因"心素"而保留的东西,只能因"心素"而丧失,因此,在我知道占据者闯入我的海滨别墅并且未向他们提出索还要求之前,我将不丧失占有。

## 第四节 作为事实的占有

罗马人经常说:占有是一种事实。这种说法在现代法学家中引起了一些争论,现代法学家通常更愿意把占有看作一种权利。不过,如果一个人不先搞清楚罗马人所说的、作为事实的占有是什么意思,就可能为一些字眼所迷惑。我们也许应当先从罗马人并不想承认的情况开始。我们在前面指出:如果一个人把占有理解为不受法律调整的情况,那么,占有就不是一种事实。例如,我占有一块农田,我是否占据了这块土地,这是个事实问题;但是,这样一种占据(假设它已经实现)是否相当于实行占有,这则是一个依据法律规则解决的问题。罗马人之所以把占有理解为事实,是因为他们认为占有是与所有权相对而言的,从这种意义上讲,所有权不是事实,而是权利。所有权的存在不依是否存在实际的表现为转移,而占有的成立与否却取决于是否存在这样的表现。如果我的手帕被从我的口袋里掏走,我将不再占有它(我在体素上丧失了对它的占有),但是,我仍然享有对它的所有权。换句话说,占有可能因某一非法行为而终止,而对于所有权来说,这却是不可能的(除非某一非法行为将物品毁灭)。如果与占有有关的事实不再存在,无论是否出于非法原因,占有均将终止。

正是在这个意义上,罗马人说占有是一种事实,但是,他们又希望照顾对占有的保持,我们前面谈到,这种愿望致使罗马人对占有的事实特点加以实质上的变通。即使6个强壮的男人占据了我的海滨别墅,我也仍然保留着对该别墅的占有,在此情况下,占有不再是一种事实。在我与占据者之间,没必要对占有做牵强附会的解释,即使这些占据者实行着占有,这种占有对于我来说也是"有瑕疵的",因此我可以在令状诉讼中取胜。但是,在这些占据者与第三人之间

（如他们自己又被人赶出），对占有的认定则是至关重要的。上述占据者不享有救济手段，其根本原因就在于：他们的占据相对于我来说是有瑕疵的，或者换句话说，我比他们享有更有效的权利。但这是对以下基本原则的否定：权利对于占有是无关紧要的。简言之，罗马人曾倾向于把占有作为一种权利对待，在这时，他们也在使占有与所有权之间的界限变得模糊，但在其他问题上，他们却严格维护这一界限。

# 第三章　取得有形物的方式

盖尤斯和优士丁尼都把他们的主要注意力放在取得有形物的方式问题上，即可以采用怎样的方式使某物成为我的。他们按照我们前面所解释的含义，将这些方式划分为市民法方式和自然法方式，比如，让渡就是取得的自然法方式，而要式口约和拟诉弃权则是罗马法所特有的方式，因而属于市民法方式。然而，在一些单个情况中，这种分类则很难得到正确的解释，后来的评论学派经常采取另一种分类法，具体地说，就是把取得的方式分为原始取得方式和传来取得方式。一个人可以通过传来取得方式从先前的所有主那里实现取得，因此，一个人可以通过证明前所有主的权利来对自己的权利加以证明，至少在理论上这是可以的。采用原始取得的方式，人们可以取得与任何先前的权利无关的权利。在这后一种情况下，某物从来没有被任何人拥有过[对某一野兽的先占(*occupatio*)]，或者对新所有权的证明无须参考对先前所有权的证明。例如，一个皮匠为我的鞋配皮子，我对他所使用的皮子的权利不依赖于该皮匠的权利（这块皮子可能是他偷来的），这块皮子被我的鞋子所吸收[添附(*accessio*)]。[1] 我通过证明这种吸收来证明我的权利。

---

[1] 原始取得方式与传来取得方式之间的区别有时候还有不同的表现。在采用原始取得方式取得财物时，不需要考虑该财物在前所有主手中时所牵涉的任何"负担"。从这个观点上讲，时效取得是传来取得，因为实行时效取得的人必须维持所有现存的役权。但是，甚至这样一种划分也很难操作。先占显然是原始取得方式，而且从占主导地位的观点看，对被遗弃物的取得均属于先占；而被遗弃的土地的"先占者"也应维持在该土地上设立的役权。

我们将首先考察传来取得方式,接着再考察原始取得方式。在对后一种方式进行考察时,为便利起见,我们将时效取得(它是市民法方式)同其他自然法方式区分开来。

# 第四章 传来取得方式:转让

## 第一节 要式买卖和拟诉弃权

我们在前面已经考察过这两种市民法转让方式。这两种方式都已经从优士丁尼法中消失，尽管它们从来没有被正式废除。在实践中，拟诉弃权仅仅适用于无形物的转让，由于这一原因，它大概在优士丁尼时代之前早就停止使用了。当优士丁尼取消了要式物和略式物的划分时，[1]要式买卖也在财物法中失去了可能的功能，但这只不过是对现存实践的承认。采用铜块和秤进行的要式行为在何种程度上保留于古典法中，这也是个由人猜测的问题。大量来自这一时期的文献采用相同的词句作出如下记录：某一要式物的受赠人或者买受人"以要式买卖的方式接受它"，但我们可以提出这样的疑问：当事人是否经常满足于让上述记录代替有关行为。在西罗马发生的情况一定是这样的，在那里，优士丁尼时期之后的文献甚至还提及要式买卖，但所采用的形式却表明人们甚至连这个词的含义都已经忘掉了。转让者只简单地宣称他对有关物品"实行要式买卖"；而在一个或者两个世纪之前，盖尤斯的《摘要》（它部分地保存在《西哥特罗马法》中）解释说：要式买卖是一种交付。在讲希腊语

---

[1] 他还废除了脱离父权和收养的旧形式，由此，采用铜块和秤（per aes et libram）进行的要式行为也彻底消失。另外，人们允许拟诉弃权继续在对奴隶的诉请解放中以变相的形式加以保留。

的帝国东部,要式买卖大概在优士丁尼时期之前早就消失得无影无踪了。

## 第二节 让　　渡

唯一在优士丁尼法中仍然保留的转让方式是简单的让渡,或者说是以转移所有权的有效原因或正当理由(iusta causa)为根据的交付。交付在法律上是一种透明无色的行为,它根据行为实施时的具体情况得到法律上的颜色。如果我根据一项买卖协议向你交付我的戒指,我给你的是所有权;如果我向你交付戒指是为了担保(pignus)一项债务,我给你的是占有;如果我是为了租用向你交付,给你的只是持有。在技术语言上,让渡的效力取决于它的"原因",并且这种情况中的"原因"是指当事人在进行让渡时所约定的目的。如果我是在出卖我的戒指,让渡的"原因"就是完成买卖。转让所有权的其他"原因"还有:清偿债务,实行消费借贷(如贷款,在这种消费借贷中,人们不要求归还特定物),实行赠与等。这里所要求的是就有关目的而达成协议,而不是协议的履行,因而,如果所约定的目的是完成某一买卖行为,让渡对于所有权的转移是有效的,即使有关买卖在法律上是无效的并且因此而不能完成(如因某一错误)。如果当事人只有转移所有权的共同意愿,但没有就这样做的"原因"达成一致意见,这仍然是不够的。例如,如果我向你交付一笔钱款,打算实行消费借贷,但你接过钱时以为是在实行赠与,在这种情况下,我们两人实际上都愿意使所有权转移,然而,我们没有就转移所有权的原因达成协议,因此让渡只能使占有转移。这看起来像是古典法的学说,但围绕这个问题的争论很多。当然,优士丁尼法的情况又是另一样。最后提到的规则已经被推翻,转移所有权的共同意愿已经变为充分的,"原因"只是从一个方面证明存在这种意愿。用评论学派的话来说,让渡不再是因某一原因而发生的,而是一种抽象的转让。它的有效性不取决于任何与之有关的外在"原因",而仅仅取决于它是一种希望转移所有权的交付。要式买卖和拟诉弃权也在同样的意义上是抽象的:履行了有关的要式行为即足矣;履行此行为的原因无关紧要。

让渡原则上要求受让人在心素和体素上均取得对物的占有,并且上述两个要素中的后一个使让渡区别于基于单纯合意的转让,因此它保留着转让与契约之间的基本区别。古典法学家由此而坚持认为:必须具备起码的实际转移行为。为了确定这种最低限度,他们挑出一些典型的情况,在这些情况中,尽管体素标准被降低,但仍是充分的。这些法学家及其继承人为上述典型情况取的名字已经变成民法法系法律工作者的通用术语,甚至连普通法系国家的法律工作者也在一定程度上使用这些术语。

### 长手让渡(*traditio longa manu*)

对于不动产或者庞大的动产,实行任何字面意义上的实物转移显然是不可能的。如果我想让你占有一堆薪柴,我只要向你指明它们就行了;如果非要让你触及它们,那也有点太较真儿了。但是,我不能只是简单地告诉你它们堆在哪里:在你实际看到它们之前,你不可能实现占有。"长手让渡"的传统例子是:为了让你获得对土地的占有,我带你登上附近的楼塔,并且把土地指给你看。

一种变相的做法是评论学派所说的"象征性让渡"(*symbolic traditio*)。如果我想让你占有我仓库里的货物,我可以将仓库的钥匙交给你。在古典法学家看来,这并不是完全象征性的,因为他们认为仓库的钥匙必须在仓库边交递,这是在尽可能地实际交付仓库中的货物。但在优士丁尼法中,钥匙的交付似乎可以在任何地点进行,并且,一旦实行了这种让与,钥匙就变为被转让物的象征。

### 短手让渡(*traditio brevi manu*)

我借给你一本书,然后同意把这本书卖给你。我难道必须将此书从你那取回，然后再交付给你吗？显然不必，但是，这种情况与根据合意实行的交付之间有着细微的界限。有些法学家简单地认为这是一种纯意愿交付，但最好把这理解为"心素"与"体素"相互分离的情况。实际交付在意愿出现之前已经进行了。[2]

### 占有协议（*constitutum possessorium*）

这是短手让渡的相反情况。我卖给你一本书，但我们商定我将以借用的名义继续保留它。在这种情况下，人们也承认占有和所有权发生了转移。[3] 但在这里要划的界限更加细微，因为实际转移根本没有发生过。但是，以下论点是不可辩驳的：如果我买下你的土地，并且某甲是该土地的佃农，我在取得对这块土地的占有时可以与某甲达成协议，允许他作为我的佃农继续使用此土地。假如你和某甲是同一个人，这可能没什么问题，在这种情况下，如果你使用着你自己的土地，我将同意你作为我的佃农继续使用该土地。这种情况由于以下条件区别于因合意而实行的交付：必须有某些确定的交易，如租赁、借贷、让与用益权等，从而使你在相关交易框架下以我的名义继续使用土地。如果我们只是简单地约定你继续留下，这是不够的。实际上，这里有一个很细微的差别。如果我把我的书卖给你，并且我们简单地约定：在你需要用这本书之前我继续保留它，这等于我们什么也没干成。但是，如果我们约定：我将以借用的名义继续保留这本书，那么，占有和所有权将发生转移。通过这种做法可以因合意而实行交付，帝国后期的实际工作者显然渴望此做法。买卖文书仍然保存，在那里，卖者为自己保留着短期的用益权。实际上，戴克里先不赞成所有权只能通过交付，而不能通过简单的协议加以转移的说法。君士坦丁要求公开通知邻居，但全无效果。现在，转让的实质

---

[2] 类似于英国古法中的出租（lease）和放弃出租物（release）。
[3] 在上述所有情况中，严格地讲，人们所讨论的是占有转移问题。所有权是否也发生转移，这涉及正当原因（*iusta causa*）问题（且不论是否属于要式物）。

要件是协议,由于协议通常以文书的形式表现出来,转让就应当用该文书来甄别,就像在现代英国法中那样。要式买卖和让渡在这里不期而遇,并且在单独的书面转让中合为一体。

# 第五章　市民法原始取得方式:时效取得

## 第一节　时限和时效

在现代法律制度中,一个人的法律地位可能受时间流逝的影响,这主要表现在两个方面,英国的法律术语有时将其区分为时限(limitation)和时效(prescription),虽然对这些术语的使用并不固定。时限适用于诉讼,时效适用于权利。按照有关时限的制度,如果我能够提起诉讼,但没有在一定的时间内提起该诉讼,我将从此再不能提起该诉讼。但这只使诉讼受到障碍,作为诉讼依据的权利依然存在。这种权利成了不可强制执行的,或者说是"不完善的",但不是无效的。这种区分在实践中的结果在各国有着具体的差别,但基本结果是两个。第一个结果是:如果权利是对物的,在针对某人的诉讼超过时限后,我可以通过针对另一个人提起诉讼的方式主张自己的权利。例如,如果你未经我的同意而占有了我的书,我可以要求你返还;如果我在法定时限内未提出此要求,我的请求将遇到障碍,但我的所有权仍然保留,因此,如果这本书从你的手中转移到某丙手中,将开始计算新的时限时间,在新的时限经过之前,我可以要求某丙返还该书。第二个结果是:根据有关权利实施的行为是有效的。我们举一个债权(right *in personam*)的例子,如果你欠我钱,并且我没能在法定时限内提出诉讼要求,尽管如此,你随后还是向我实行了清偿,但是,你不能以不应支付为由要求归还已经偿还给我的钱款,因为因时间流逝而消灭的不是我要求清偿的权利,而是我要求法院强制执行的诉权。

相反,在时效制度中,受影响的是权利本身。时效也可以被进一步划分为两种形式,它们可分别叫作消灭时效和取得时效。消灭时效只是使有关的权利消灭,并且不使任何其他人获得相应的权利;而取得时效的作用则在于创造一种新的权利。[1] 前一种形式的时效显然意味着它只能适用于对人的权利,即债权(在我们刚刚举的、你对我负有债务的例子中,说你取得了我的请求清偿权,这毫无意义);但所有权却能够成为上述两种形式时效的调整对象。然而,在任何一种具体的制度中,立法者将不难作出选择。在像罗马法这样的制度中,除有关占有的救济手段和有关所有权的救济手段之外,不存在介于这二者之间的第三种权利(*tertium quid*)。也就是说,一个人如果想要获得某物,就必须证明被告剥夺了自己对该物的占有,或者证明自己是该物的所有主。因而在这种制度中,消灭时效的制度是不适宜的和不可操作的。否则,所有权可能会实际上差不多(*pro tanto*)被废除。因为在时效结束时所有主将会丧失自己的权利,占有者则只拥有占有而已。例如,如果某甲从所有主那里窃取了物品,后来某乙又从某甲那里窃取了该物,所有主不能要求某乙返还被窃物。另外,在英国法制度中,却不存在与要求返还所有物之诉相对应的诉讼,这种制度原则上允许任何在未经其同意而被剥夺了占有的人提起诉讼,不仅可以针对侵犯其占有的人,还可以针对任何不拥有更正当权利的第三人,因此,消灭时效是完全必要的。[2] 就拿我们刚才举的例子来说,占有者不仅能够起诉某乙,而且可以起诉任何随后的持有者;既然比占有者权利高级的权利已假设(*ex hypothesi*)消

---

[1] 也就是说,对新权利的证明不依赖于旧的权利。从这个意义上讲,时效取得应属于原始取得方式。
[2] 这是现行的英国法制度。选择实际上不是针对时效制度,而是针对保护所有权的方式。如果采用罗马的方式,则必定实行时效取得;如果采用英国的方式,则必定实行消灭时效。还有一些随之而产生的区分,我们在此不得不予以忽略。必须强调的是:术语是多种多样的,这里所说的"时限"经常也被称为消灭时效。

灭，从一切实践的意义上讲，占有者就是所有主。

市民法拥有时效取得制度，其期限很短，但原则上它没有真正的时限制度。某些裁判官法的诉讼在1年后将遇到障碍，但它们都是对人的诉讼，并且大部分是罚金之诉，我们无须在此讨论它们。因而，在不适用时效取得制度的情况下，所有主可以不受时间限制地主张自己的所有权，无论他和他的前任所有主失去占有的时间有多长。整个古典法时期的情况都是这样。公元424年，狄奥多西皇帝为大多数诉讼规定了30年的期限，直到此时，时效才成为一般制度。这在英国法律工作者看来太长了，英国法律工作者一般习惯于6年期限（土地为12年）；但这已经为欧洲的共同法所接受，并且一般可在现代法典中找到。上述时限则以期限较短的取得时效作为补充。我们下面将谈到，这种时限制度甚至不像初看时那么重要。

## 第二节　时　效　取　得

《十二表法》为时效取得土地规定了2年的时间，为时效取得可动物规定的时间是1年。这些短暂的期限可能会让人感到惊奇，因为罗马法在其他方面却否认时间的流逝具有效力，并且为既得权利提供无可置疑的保护。但除时间流逝外，时效取得还要求许多其他的条件，而且它的适用范围是很有限的。事实上，时效取得服务于两个主要的目的：第一，弥补在物的转让方式方面出现的缺陷（如对要式物实行让渡）[3]；第二，弥补转让人在权利方面的缺陷（如出卖人不是所有主）。为达到这些目的，必须具备5项条件：(1)要求时效取得的人必须在规定的期限内没有中断过占有；(2)占有必须是根

---

[3] 有时候，占有是根据裁判官的命令而实行的，并且在达到了必需的占有期限后，占有将转化为所有权，这尤其发生在裁判官允许"裁判官法继承人"实行遗产占有（*bonorum possessio*）的情况下。上述情形可以归入此类情况。

据正当原因(*ex iusta causa*)实现的;(3)占有的取得也必须基于善意;(4)有关物必须能够成为所有权的标的(如对被误认为是奴隶的自由人不能实行占有);(5)在任何时候,物都不是被窃取的或者以武力夺取的。

"正当原因"[也被称为"正当名义"(*iustus titulus*)]和善意这两项条件是相互联系的。这里的"正当原因"类似于,但不等同于让渡中的"正当原因",对它可粗略地如下定义:正当原因系指这样一些行为,假如没有以上列举的一项或者数项缺陷,占有者本可根据这些行为成为所有主。例如,如果你把你的奴隶卖给我并且交付给我,"原因"是买卖;如果你给我一枚戒指,并且你和我都不知道这枚戒指是属于某丙的,"原因"是赠与。在这两种情况中,假如不存在缺陷,我本来都可以成为所有主;在第一种情况中,缺少的是要式买卖;在第二种情况中,你缺少权利。弥补这些缺陷就是时效取得的功能。买卖和赠与是最常见的"原因",但还有许多其他的原因,如遗赠、嫁资或者以要式口约作出的承诺。这里所说的"原因",与让渡问题上的原因不同,必须是与物有关的。如果我以为实行的是买卖或者赠与,但事实上并不存在,这是不够的。如果假想的"原因"就够了,那就很难将正当原因这一条件区别于善意这一条件。善意不容易下定义,并且这不是偶遇的情况。在从非所有主手中取得物品的情况下,它通常相当于认为该人已经是所有主,也就是说,认为自己根据正当原因取得占有,因而获得了充分的权利。在通过让渡取得要式物的情况下,善意很难有实际的意义,因为他肯定知道自己不是所有主。在上述两种情况中,都不要求提供有关善意的证据,也不可能提供这样的证据。对时效取得提出异议的人应当证明存在恶意。他不应当只简单地证明占有者在诉讼时具有恶意,而应当证明该人在取得占有时具有恶意。因为后来产生的恶意并不对时效取得构成障碍。如果我从你那里买下一枚戒指,并且我和你谁也不知道这枚戒指是某丙的,但在我实现了占有之后我立即发现了真相,尽管如此,我仍然可以实行时效取得。

最为严格的条件是最后一项。如果物曾是被窃取或者被以武力夺取的,则再不可能实行时效取得,[4]除非它又返回到所有主手中,或者所有主在知道它的下落后没有提出返还要求。盗窃的含义在罗马法中要比在英国法中广泛,事实上,它包括一切以不诚实的方式处置他人可动物的情况。在上面列举的赠与或者买卖戒指的例子中,之所以要求赠与人和出卖人必须不知晓某丙的权利,并不是因为赠与人或者出卖人被要求具有善意,而只是因为:如果赠与人或者出卖人具有恶意,有关行为将相当于盗窃。即使赠与人或者出卖人自己具有善意,如果戒指的所有主在未经同意的情况下(假定本来应当获得其同意)失去了对它的控制,有时候也几乎可以确定发生了盗窃。假设所有主丢失了它,拾获者肯定会被认为是窃贼,因为人们很难说他以为自己拾获的是被遗弃的戒指。假设所有主把它借出,借用人又将它出卖,除非借用人错误地以为这枚戒指是他自己的或者所有主授权借用人出卖它,否则借用人也将被视为窃贼。因此,盖尤斯评论说:善意占有人很少能够对可动物实现时效取得。[5] 的确,如果涉及的是土地,则是另一回事,因为土地是不能盗窃的。例如,如果我占据了一块暂时无人控制的土地,然后将它卖给你,你可以对该土地实现时效取得,只要你具有善意;我是否具有恶意,这无关紧要。但是,虽然这块土地不可能是被窃取的,但对它可以采用武力加以占据,并且这种强行占据将构成对该土地时效取得的障碍,除非该土地的所有主后来索回了土地或者对土地的丧失表示沉默。

我们可以得出这样的结论:时效取得的作用在于帮助那些以让

---

[4] 当然,这不适用于"善意拥有"的情况(通过让渡的方式接受要式物的善意拥有人),因为善意拥有人以为自己是从所有主那里取得物,并且不可能想到发生过盗窃。
[5] 他在解释时认为在两种情况下善意占有人可以实现时效取得。一种情况是:我借给你某件东西,在你死亡时你的继承人发现了它,以为它是你的,并且将它出卖。另一种情况是:我使用的一名女奴生了个孩子;在不了解有关的法律规定的情况下,我以为这个孩子归我所有(实际上他应当归该女奴的所有主所有),因而我将其出卖。在这两种情况中买受人可以实现时效取得。

渡的方式取得要式物的人以及其他类似的持有人弥补其权利方面的缺陷，除此而外，时效取得的规则通常不是为人们提供取得所有权的有效方式，而是为人们提供推卸举证责任的方法。如果一个人根据正当原因取得了占有，并且在规定的期限内保持着这种占有，他就可以要求侵犯其权利的人来证明他在占有时的恶意，或者要求该人证明物是被窃取或者以武力占据的。事实上，这是在两种态度之间的一种妥协：一方面，罗马人不喜欢妨碍既定的权利；另一方面，在实践中又需要对已经固定下来的事实给予一定的承认。这种妥协是通过摈弃在财产权问题上的绝对确定态度来实现的，它比严格的时效取得规则要好。

## 第三节 善意拥有人和善意占有人

时效取得的规则实际上使两类占有者成为潜在的所有主：一类是其权利只在形式上具有瑕疵的占有者，如通过让渡的方式获取要式物的人；另一类是其权利在实质上具有瑕疵的占有者，也就是说，对物的占有是从非所有主那里取得的。前一类人被称为"bonitary owner"（善意拥有人），后一类人被称为"*bona fide possessor*"（善意占有人）。但是，根据市民法制度，他们的权利都只不过是潜在的，在实现时效取得之前，他们仅仅受到令状的保护，而这种令状是任何占有者均可利用的；正如我们前面谈过的，这些令状只能针对直接剥夺其占有的人发布。大概在共和国后期，裁判官开始干预这一法律问题，他对两种情况分别采取不同的政策。对善意拥有人，保护他不受任何其他人（包括所有主）的干扰；对于善意占有人，保护他不受除所有主以外的其他人的干扰。如果考察一下可能出现的情况，这种政策和为实现该政策所采用的方法将能得到清楚的解释。有关的情况主要有以下两种。

第一，正在实行时效取得的人仍然占有着物，但有人要求他返还该物。这一要求只能表现为要求返还所有物之诉，因此，只有所有主才有希望获得成功。显然，所有主肯定能针对善意占有人获得胜诉，而在其他情况下裁判官实际上则会允许时效取得，即使没有达到市民法所要求的短暂期限。另外，如果允许所有主针对善意拥有人胜诉，就等于允许他依靠技术上的理由否定他以前自愿实行的交付。裁判官的一贯政策是免除不必要的手续。因此，被告被允许在要求返还所有物之诉中进行辩护[提出"出卖和让渡物抗辩"(exceptio rei venditae et traditae)]，要求审判员在查明原告已经将物出卖或者让渡给他的情况下将他开释。这种辩护显然只会由善意拥有人成功地进行，因而，裁判官的目的达到了。

第二，正在实行时效取得的人丧失了对物的占有，但希望从现在的占有者那里获得返还。例如，某甲正在实行时效取得，这时某乙从某甲那里获取了物并且将该物给了某丙。（如果物仍然由某乙占有着，某甲将能得到一般的法律保护，因为他将以某乙使物脱离了自己的占有为由获得占有令状。）在这里，裁判官将根据以下两个条件采取不同的政策：其一，某甲是善意拥有人还是善意占有人；其二，某丙是不是物的所有主。如果某丙是物的所有主，将采纳在前一种情况中的考虑，也就是说，如果某甲是善意拥有人，他肯定胜诉；如果某甲是善意占有人，他将败诉。如果某丙不是所有主，在上述两种情形中某甲都肯定会胜诉，因为他的要求至少优先于某丙的要求。但是，对这一政策的贯彻并不像说的那么简单。因为我们是在假定裁判官知道原告权利的性质是怎样的，并且知道被告是不是所有主，而这些问题可能恰恰是需要在诉讼中加以解决的。这种诉讼必须采用正确的程式提出，以保障无论在听审中查明存在上述情形中的哪一种，均能得到相应的结果。这种诉讼典型地体现着裁判官法的方式，因而值得进行比较细致的考察。

有关的诉讼叫作"布布里其安诉讼"(actio Publiciana)，[6]这一

---

[6] 中文也译为"善意占有之诉"。——译者注

名称来自第一次允许提起此诉讼的裁判官的名字。它实质上是一种要求返还所有物之诉,在此种诉讼中,人们以虚拟的方式推定已经经过必要的时间。在有关程式开始时,原告主张说:如果他在连续 1 年或者 2 年的时间中占有某物,他就会成为所有主。["对于已经出卖或者让渡给原告的物,原告在持有 1 年(或者 2 年)的情况下是否会成为该物的所有主"]除时间外,无须进行其他任何推定。原告必须尽可能地证明具备时效取得的其他条件。对于我们现在考察的两种情况,他均可以这样做。然后,被告提出"正当所有权之抗辩"(*exceptio iusti dominii*),辩护说自己是真正的所有主("除非被告是所有主")。假如被告能够使自己的辩护成立,原告将败诉。如果原告只是善意占有人,上述败诉结果将可能发生;如果原告是善意拥有人,则不会发生这样的结果。因此,在作出最终的判罚或者开释裁决之前,有关程式允许原告做进一步的答辩["被出卖和被让渡物答辩"(*replicatio rei venditae et traditae*)],如其在上述第 1 项列举的情况中主张说:被告已经将物出卖并且让渡给他("如果被告已经将物出卖并且让渡给原告,审判员将判罚……"就像在一般的要求返还所有物之诉中那样)。这能够使善意拥有人最终占据优势,但对善意占有人则无济于事。[7]

裁判官虽然只是形式上在告示中增加了一种诉讼,但实质上却实现了很大的发展。他废除了对要式买卖的需要,并且改造了罗马法的所有权。由此,通过让渡方式接受要式物的人,在几乎所有的实际意义上处于所有主的地位。市民法上的所有主(*dominus ex iure Quiritium*)几乎成为空有其名的东西,但这一名称仍然保留着,因为罗马人不能让自己称善意拥有人为所有主。他们宁愿使用迂回婉转的说法:他拥有物(*in bonis*)。后来,拜占庭法学家据此造就了"bon-

---

[7] 同其他诉讼所使用的程式一样,这种程式在语法结构上表现为连续使用条件式,以此来决定审判员是判罚还是开释。因此,人们的实质性主张均表现为条件式。

itary"（善意拥有）一词。一方面，人们不愿意抛弃旧的思维方式和旧的说法。另一方面，人们也不愿意在转让的实践中借助裁判官法的改造成果抛弃要式买卖的习惯。

然而，对所有权的改造要比这广泛得多。市民法上的所有权（*dominium ex iure Quiritium*）是单一的和不可分的。一个人或者是所有主，或者不是所有主。所有主的权利必须针对整个世界都是有效的，而不仅仅针对一个人有效。因此，在与市民法有关的范围内，善意拥有人和善意占有人并不比单纯的占有人拥有更多的权利。但是，"布布里其安诉讼"的作用就是创造了另外两种所有权形式，它们可以被称为裁判官法所有权。实际上，善意拥有人的权利只在技术上不同于所有权。如果罗马人打算在理论上承认对要式物的让渡也使所有权转移这一事实，它本来可以与所有权的单一性相调合的。我们在前面谈到，优士丁尼事实上这样做了。[8] 善意拥有人的权利已经从《民法大全》中消失。但是，善意占有的本质是它的相对性，也就是说，它相对于除所有主以外的其他人是有效的。[9] 罗马人从来没有调整过"所有权"概念，以容让这种相对的所有权，他们宁愿对这种权利的存在置若罔闻，简单地拒绝称它为所有权。[10]

---

[8] 他废除了要式物与略式物之间的区分。
[9] 这里所使用的"*bona fide possessor*"（善意占有人）一词得到习惯的承认，但可能会产生误导作用。它是下列拉丁文短语的省略形式："*bonae fidei possessor in via usucapiendi*"（正在实行时效取得的善意占有人），显然，并不是每个"善意占有人"都正在实行时效取得。
[10] 盖尤斯承认所有权是可分的，但他似乎在这方面很孤单。*dominium*（所有权）的术语和概念仍然没有受到触动。

## 第四节　长期取得时效和优士丁尼的改革[11]

时效取得,作为一种市民法的取得方式,只适用于能够成为罗马所有权对象的物品,因而不适用于行省的土地,并且只能由罗马市民加以运用。这里出现的空白由"长期取得时效"(longi temporis praescriptio)制度填补。关于此制度的记载,我们最先是在公元199年的一项皇帝谕令中见到的。它最初不是时效,而只是时限。在优士丁尼时期,它同时效取得一样,变成了一种通过时效实现取得的方式,但所要求的时间要长得多:如果有关当事人在同一管区,时间是10年;如果不在同一管区,则为20年。

我们前面提到,狄奥多西曾规定过一种为期30年的一般时限,并且优士丁尼进行过其他一些修改。在优士丁尼登上帝位时,意大利正落入蛮人之手,因此,在实践中,时效取得仅适用于可动物和享受"意大利权"(ius italicum)的土地。与此相对应,由于市民籍已经被普遍授予,因而长期取得时效在实践中只适用于土地。优士丁尼把时效取得这一称呼用于对可动物的取得,但将时间延长到3年;将长期取得时效这一称呼用于对土地的取得,其时间与以前一样。他还创造了一种新的取得时效。任何以善意取得某物的人,即使不具备正当原因,在持有该物满30年后,将变成所有主。评论家称此为"特长取得时效"(longissimi temporis praescriptio)。甚至在物曾被人窃取的情况下,也适用此时效。在30年后,某人对可动物的所有权就将成为确定无疑的,这是以前没有的事情。

---

[11] 在本书最新版本中,本节标题是"优士丁尼的改革",原来标题中的"长期取得时效和"表述被删除。——译者注

## 第五节　现代法和所有权不可侵犯性

时效是对所有权不可侵犯性的冲击，从原则上讲，一个人不应当在未得到自己同意的情况下丧失所有权。但时效以我们前面介绍的公共利益作为自己存在的理由，这种公共利益要求对物的权利应当总是明确的。因此，时效在各具体制度中的重要性将取决于两方面的因素，一方面是该制度对所有权的不可侵犯性的重视程度，另一方面是该制度在怎样的范围内对所有权不可侵犯性进行其他形式的变通。古典法在坚持所有权不可侵犯原则方面比现代法表现得更加极端。除时效取得和长期取得时效以外，它不允许对该原则做其他的变通，而且，正如我们介绍过的，它对时效取得和长期取得时效都规定了有限的适用范围。在优士丁尼法中，"特长取得时效"对上述原则作出进一步的、更加实质性的变通，但要求经过的时间很长。此外再没有其他的变通。罗马法赞同体现所有权不可侵犯原则的以下规则：一个人不能转让自己不享有的权利。[12] 现代民法法系则迥然不同。它更多的是打算为满足确定性的要求而牺牲所有权不可侵犯原则，但它在这样做时主要采取的是两种比时效更加激进的做法，因而时效相对来说并不重要。我们在前面已经简要介绍过这些做法。如在德国，就土地而言，权利登记对于善意占有人来说是一种有利的定论。例如，属于某甲的土地被错误地登记为属于某乙，并且某乙将该土地卖给某丙，后者并不知晓上述错误，在此情况下，某丙获得权利。至于可动物，大部分的现代制度已朝着将善意占有与所有权等量齐观的方向走得很远。《法国民法典》甚至宣布："对于可动物，占有是一种有效的权利。"如果从字面意义上理解，这一规定将使所有权完

---

[12]　拉丁文是：*Nemo plus iuris transferre potest quam ipse habet*；更为简短，但不那么准确的英国式表述是：Nemo dat quod non habet。

全丧失通常的含义。这一原则的实际影响是很有限的,但它意味着:如果你把你的书借给我,我将它出卖并且交付给某丙,某丙作为善意购买人将取得权利,因而你只能针对我提起诉讼。人们为这种对所有权的激进限制辩解说:现代商业社会的生存依赖于物品的迅速流动,同确保所有主享有其绝对的权利相比,更重要的保障是,购买人应当不必调查他所购买的物品的权利归属问题。这再一次涉及在两个无辜的当事人中哪个应当受屈的问题。现代制度认为:适当的平衡点应当设定在让所有主吃亏上。罗马法所想的则不同。英国法与罗马法一样,有着珍惜所有主权利的传统,现在它采取一种折中的立场。它逐渐引入了土地登记制度,同时,在可动物问题上,则允许对所有权不可侵犯原则进行大量颇为任意的变通,但走得不像现代民法法系那样远。

# 第六章　原始取得的自然方式

除让渡外,所有自然的取得方式都是原始的。这些原始取得的自然方式构成罗马法和一切起源于罗马法的法律制度的一大特色,虽然《民法大全》以及《法国民法典》赋予它们的显赫地位很难同其实践意义相对称。此外,尽管优士丁尼在《法学阶梯》中对它们进行了长篇的论述,并且《学说汇纂》中的法学家在探讨有关问题时倾注了纯真的热情,但对不同的取得方式加以区分和辨别的专业词汇仍然不多,而且似乎还缺乏系统的分类。因而,现代学者所采用的分类和术语大部分不是罗马人的,虽然其中一些已经被普遍接受,但不同的学者可能作出不同的抉择,甚至让学生感到糊涂。

## 第一节　先　　占

作为原始取得的原型,这种方式表现为通过对无主物(res nullius)实行占有而取得对该物的所有权。因而,它所涉及的问题是占有。

无主物可能根本就没有所有主,也可能是被其所有主抛弃的。我们在平常生活中所遇到的唯一无主物是野生动物,并且在先占问题上人们讨论较多的也是野生动物。此外,野生动物是唯一使所有权和占有具有同样外延的物。如果一个新的岛屿出现在海洋中,我可以通过占有而获得对它的所有权,并且我将不因失去占有而丧失所有权。但是,如果我抓住一只椋鸟,后来它又跑了,我将在它逃跑时丧失所有权,无论我曾经拥有它多长时间,无论它曾经变得多么"驯服",均对此无补。在法律上不存在"驯服的"椋鸟这样的物。野生性所涉及的不是单个动物的特性,而是该动物所属种类的特性。因此,反过来讲,如果我家里喂的鹅跑了并且"变野了",我仍然拥有它,尽管我已经失去了对它的占有,因为对家禽所适用的规则与适用于其他可动物(movable property)的规则相同。

当失去对野生动物的占有时所有权也随之丧失,这一严格的规则在下列情况中可以放宽:有些动物"具有离去又返回的习性",比如驯养的鸽子。或者更正确地说,上述规则的严格性因占有观念的扩展而被弱化。适用于这些动物的规则与适用于其他野生动物的规则相同,但对原则做这样的补充:所有主为占有它们而必须实行的实际控制通过"返回的习性"(animus revertendi)加以维持。因此,如果驯养的鸽子丧失了"返回的习性",它将在此时变成无主物。显然,"返回的习性"在实践中必须是明显的习性。

英国法赋予土地的先占者以"竞争"权利,因而,如果我未经你同意而在你的土地上射中一只山鹑,它立即归你所有。然而,罗马法却没有这样的规则;根据先占的一般原则,只要我占有着山鹑,它就归我所有(除非山鹑饲养在围栏中,因而可以说它处于你的占有之下,并且归你所有)。我在进入你的土地时可能会犯侵辱罪(iniuria)[1],但这并不影响我对山鹑的权利。但在其他方面,英国法关于野生动物所有权的规则与罗马法规则相同,而且似乎起源于罗马法。

罗马法的先占理论被现代国际法的奠基人所采纳,把它作为国家取得无主地域的根据(这种地域被认为也包括由"野蛮"部落占有的领土)。

---

[1] 参见本书第四编第二章第三节。

## 第二节 河流造成的扩张

因河水的流动或者在其流程中的变化而产生的许多问题可以放在一起探讨。如果说其中的某些问题在英国读者看来颇为牵强的话，原因（至少是部分原因）在于：地中海世界的河流不像我们所通常看到的那样平静和有序流动。

### 淤积地（*alluvio*）

随着时间的流逝，河边的土地可能不知不觉地被由河水带下来的泥土大大扩展。这些附加的土地不是无主物，而是归河岸土地所有主所有。如果这种扩展不是在不知不觉中发生的，而是河水冲下了一块土地[评论学派称此情况为"冲刷地"（avulsio）]，在这块土地与河岸稳定地结合在一起（文献中的说法是：树木在这块土地上扎根）之前，土地的所有权不发生变化。

### 滩涂（*insula nata*）

对于因河水的流动而出现的滩涂，所有权的归属问题争论颇多，这种滩涂既不同于经河水分割、圈围而形成的土地（该土地的所有权保持不变），也不同于因水平面下降而凸露出来的土地（这种土地被视为河床的组成部分）。虽然如此，有关规则仍不甚明了。如果滩涂完全位于河的一侧，它归该侧河岸土地所有主所有。如果河岸土地所有主不止一人，用从每块土地边界画向滩涂的垂直线对该滩涂进行划分。如果滩涂不完全位于河的一侧，将通过在河中央画出的中线对滩涂进行相应的划分。这是现代罗马法所采纳的解释，但数学家提出异议说：除非河岸是平行的，否则不可能画出中线。这一问题尚有待解答。

**被遗弃的河床(alveus derelictus)**

如果河流改变了自己的路线,被遗弃的河床成为河岸土地所有主的财产,就像对滩涂的取得一样,并且新的河床成为公共财产。如果河流再次改变路线,从逻辑上讲,第二个河床不返归先前的土地所有主所有,而是像前一次那样进行划分。由于这个河床的前土地所有主拥有两岸的土地,这一般不会出现什么问题,但在个别情况下可能会显得不公平。例如,如果我的一块土地比较小,它可能完全被新的河床占据,因此,当河流离它而去时,它不再归我所有,而是归我两边的邻居所有。《学说汇纂》中的一段论述提到了这一点,但优士丁尼的编纂者补充说:"该规则将很难适用。"

## 第三节 合 并

当属于某人的物品同属于另一人的物品相结合或者相混合时,可能会出现一些问题。例如,我把你的油倒进装有我的油桶里,或者我在你的油画布上使用我的颜料绘了一幅画,或者我把你的银手柄焊在了我的银杯子上。如果这种结合或者混合是在我们达成协议后进行的,这里不会有什么难题:我们可以约定对由此而产生的整个物共同享有权利;或者在未达成此协议的情况下,法律将推定我们打算按照各自供与的份额共同享有所有权。如果结合是可分解的,认为受到损害的所有主可以要求实行分解。例如,如果我的珍珠被串在了你的项链上,并且你占有整个项链,我可以要求将我的珍珠拆下来。如果我的车轮被安装在你的汽车上,我也可以提出同样的要求。但是,如果结合或者混合不是根据我们之间的协议实行的(也就是说,是由我们当中的一方在未经另一方同意的情况下进行的,或者是由第三方在未经我们同意的情况下进行的),而且结合或者混合是不可分解的,就会出现较多的问题。这些问题涉及所有权和补偿(物权和债权),但所有权问题是首要的。对此,可以有两种解决办法:或者整个物都只归我们中的某一方所有,或者它归我们双方共同所有。只有在采取第一种解决办法时,才出现补偿问题。

所采用的基本标准涉及物的属性(identity)。如果某一物(从属物)的属性被合并而且丧失在另一物的属性中(主物),主物的所有主拥有整个物。在我们前面举的手柄和杯子的例子中,带手柄的杯子归杯子的所有主所有。这被称为添附。[2] 如果不发生属性的合并,并且整个物的属性与各组成部分的属性相同,所有权就是共同的。这一般只发生在液体或者金属相互融合的情况中(比如,我的油与你的油相互混合,或者你的金锭与我的金锭被熔合为一块较大的金锭),因此,大多数评论家把这种情况称为混合(confusio)。

显然,所有这些情况均有赖于对"属性"的理解,正如哲学家所发现的,这是一个很难解释的概念。具体地说,主物如何区别于从属物呢?在实践中,这种区分通常是容易划定的(如杯子和杯子的手柄),但确定一种标准则较为困难。在某个文献中提出的、唯一比较简单的标准是依据物的价值,然而这个标准也不太合适。虽然一般说来,价值相对低的物添附于价值相对高的物,但这不可一概而论:如果我在你的纸上写了字,文字将添附于纸张,即使是金字。所有其

---

[2] 这个术语被某些评论家(随后也被《法国民法典》)从更广的意义上加以使用,泛指所有使我的权利出现增添的情况,也就是说,所有使我的所有权标的物发生增加的情况。因此,一头牲畜的所有主将因添附而取得对出生的小牲畜的所有权,尽管从物理的角度讲,所发生的不是添附,而是分离。从这个意义上说,添附包含了除先占和取得埋藏物(thesauri inventio)以外的一切自然的原始取得方式。还有其他一些折中的解释。既然"添附"作为一个抽象名词不是古罗马的,并且在有关文献中也没有见到明确的分类,那么,哪一种解释或者分类都不能说是"正确的";但是,《法国民法典》所采纳的那种解释已经宽泛到几乎没有意义的地步。有理由认为:某些"因河流造成的扩张"的情况甚至也属于狭义的添附。alluvio(淤积地)和 avulsio(冲刷地)可以显而易见地划入此范畴(只是在个别情况下应当说是向河床的添附,而不是向河岸的添附,并且河床被认为是公共的)。但对于 insula nata(滩涂)和被遗弃的 alveus derelictus(河床),则只能通过比较勉强的解释将其囊括进来。看来比较简单的方法是:对于所有这些情况均采用单纯的描述性分类。

他的标准都只不过是用某些同样难以解释的说法取代"属性"这一概念。对于我在你的画布上绘画这种情况,无论哪种标准都解释不了我们刚才所作出的回答。因为这种回答实际上认为画布添附于图画。很难确定一项能对此作出解释的原则,因为画布添附的对象是某种在先前并不存在的东西,并且这种东西不可能脱离画布而存在。[3] 盖尤斯作了许多解释,显然,这位法学家不愿意说:艺术作品是一块画布的从属物。

我们现在所考察的还只是可动物对可动物的添附问题。可动物也可以向土地添附。如果你的种子播撒在我的土地上,它将归我所有。如果你的树被栽种在我的土地上,在它扎根后,将变成我的。最重要的情况涉及的是建筑(*inaedificatio*),如某甲在自己的土地上,使用某乙的材料建造一所房子,或者某甲在某乙的土地上,使用自己的(或者某丙的)材料建造一所房子,建筑物添附于土地。这种结合在原则上是可分解的。但是,根据一项最初的公共政策规则,材料的所有主不得要求返还材料,这项规则起源于《十二表法》,它规定:不得强迫任何人拆除建筑物。因而,材料的所有主只能等待房屋倒塌或者房屋所有主自愿将其推倒,然后他可以提出要求返还所有物之诉。然而,如果某甲在自己的土地上使用某乙的材料建房,某乙根据《十二表法》也享有一项针对某甲的诉权[添附材料之诉(*actio de tigno iuncto*)],要求某甲因其非法将某乙的材料并入自己的土地或者建筑物而支付两倍于材料价值的罚金(与对盗窃的罚金相同)。

这向我们提出对人权利的问题。如果结合是不可分解的,从属物的所有主将因此丧失所有权,在此情况下他可以要求获得补偿吗?在以下两种情形中有明确的法则可依。第一种情况是:结合是由主物的所有主恶意进行的,如某甲明知手柄是某乙的而将其安在了自

---

[3] 不能把这说成是画布添附于颜料,而只能说是添附于图画,为了理解这一点,人们可以试想这样一种情况:某甲在某乙的画布上使用某丙的颜料进行绘画。如果把这个问题作为一种"加工"(*specificatio*)的情况来分析,可能会更好些。结果可能是同样的。

己的杯子上；在此种情况下，某甲的行为构成盗窃，某乙不仅可以要求获得补偿，而且还可以要求处以罚金。第二种情况是：某乙原来是手柄的所有主，现在他占有着整个杯子；在此种情况下，整个物归某甲所有，因而某甲可以针对该物提出要求返还所有物之诉，但某乙可以提出抗辩["诈欺抗辩"(exceptio doli)]说，虽然某甲的行为是善意的，他也应当为自己所取得的东西支付补偿；换句话说，如果某甲不支付补偿，他将在要求返还所有物之诉中败诉。但是，如果某甲是善意的，并且某乙不占有物，应当适用怎样的规则呢？在古典法中，某乙似乎不享有任何救济手段。他可以据以提出要求的唯一理由是：某甲的获利是以他（某乙）的付出为代价的，因而是不正当的；正如我们后面将介绍的，古典法只允许在几种有限的情况中提出这样的要求，而我们这里所列举的情况不在其中。这可能显得有些不公平，而且有时候确实如此，但不应一概而论。在怎样的情况下某甲可以善意地将某乙的手柄安在自己的杯子上呢？比较可能的情况是：他从第三人那里获得此手柄，假如在此情况下他为此支付了价款，很难说他获了利。我们又一次面对两个无辜当事人谁应当受屈的问题。此外，我们提到过，很少出现这样的情况：除发生盗窃外，某人会在未经其同意的情况下丧失对可动物的占有，因而某甲一般至少可以针对窃贼行使诉权。简言之，唯一显得不公平的情况（它很少见）就是：某甲占有了手柄，却没有为其支付价款。在处理这种情况时只能去冒险扩展不当得利理论的适用范围，这样做将使该理论变得难以驾驭。古典法学家宁愿接受偶然的不公平，也不愿意去冒上述风险。事实上，令人惊奇的不是他们拒绝给予某乙以诉权，而是他们允许某乙通过为自己辩护来要求支付补偿，因此这使得关于两个人中谁应当遭受损失这一问题的解决取决于谁恰巧在实行占有。对此人们大概会解释说：这样做可以既允许针对要求返还所有物之诉提出抗辩，又不为随意提出不当得利之诉打开方便之门，并且法学家们更愿意作出这种选择。但是，有关区分仍然带有任意性。

## 第四节　加　工

　　还有另一个也涉及属性的问题。因两个物的结合而产生的物可能与最初的物均不相同。而且,单一物也可能在经过加工(*specificatio*)后改变自己的属性。简言之,由此而产生的是一种新物(*nova species*)。比如,某甲用自己的葡萄酒和某乙的蜂蜜配制成蜂蜜酒,或者用自己的金子和某乙的银子熔炼成合金;或者某甲用某乙的铜铸造铜像。与前面的情况相同,如果是根据协议而这样做的,将不会有什么麻烦,协议将会决定所有权问题,或者在未作出此决定的情况下,新物将由某甲和某乙共同所有。但是,如果某甲是在未征得某乙同意的情况下采取行动的,那该怎样处理呢?

　　在古典法中,各学派在此问题上存在争议。萨宾学派认为:所有权应当归属于材料的所有主;在配制蜂蜜酒的情况下,如果所有主不止一人,则按照贡献的比例,由有关的所有主共同所有。普罗库勒派认为:所有权应当归属于制造者,他通过加工,即通过制作新物的行为,实现取得。还有一种理论,这种理论得到优士丁尼的赞同,并且被称为折中论(*media sententia*),它认为:只有当材料不能还原到先前的状态时,新物才归制作者所有。因此,蜂蜜酒归某甲所有,但是,铜像却归某乙所有;相反,如果塑像是用大理石加工制作的,则归某甲所有。实际上,蜂蜜酒之所以归某甲所有是因为另一个原因。优士丁尼制定了另一项规则:如果制作者贡献出一部分材料,新物应当归他所有,其理由是,他的要求既可以获得普罗库勒学派理论的支持,也可得到萨宾学派理论的支持,因为他不仅制作了物,而且他还贡献出一部分材料。因此,如果某甲在制作塑像时使用了某乙的一部分铜,又使用了自己的一部分铜,铜像将归某甲所有。同在添附中一样,在上述所有情况中,制作者具有的是善意还是恶意对其权利无关紧要。

加工中的补偿问题也同在添附中一样处理,我们在前面介绍的规则也同样在此适用。

人们在批评优士丁尼的折中论时指出:这种理论没有考虑到材料和制作者技艺(资本和劳作)的相对重要性;这种理论已经被大多数的现代制度所抛弃。《法国民法典》规定:新物归材料的所有主所有,除非劳作的价值远远超出材料的价值。《德国民法典》则实现了另一种平衡,规定:新物归制作者所有,除非劳作的价值远远低于材料的价值。

什么是新物?什么时候物的变化可以使它成为新物?普罗库勒派学者与萨宾派学者间的争论可能反映着哲学理论的分歧。普罗库勒派追随亚里士多德的学说,强调形式(form)或本质(essence);萨宾派则宁愿接受斯多噶的学说,首先注意的是属性。这样的区分现在并不流行,"形式"或者"本质"不比"属性"更容易准确界定;但在实践中仍然还有困难。要求返还所有物之诉中的原告必须在词语上确定他所主张的物。"大理石"就是大理石像的合适称谓吗?被告可否抗辩说他所占有的物不是原告请求中提到的物?总之,"是否有新物?"这个问题可以采用以下形式重新表述:"普通人是否会用不同于以前物的称谓来称呼现在这个物?"[4]这也许比较符合通常的思维方式,但它只是要求普通人来判断在何时物的改变足以导致使用另一个名称,而且这只不过是个涉及形式、本质或者属性的问题。

## 第五节　孳息的取得

物的孳息或者产出既包括土地的收获(*perceptio*)和牲畜自然繁

---

[4] 同样的标准当然也适用于添附:"对现在这个物是否可以仅仅使用组合物中某一物的称谓?"

殖,也包括地租或类似的收益。按照现代术语,它们被区分为自然孳息(fructus naturales)和民事孳息(fructus civiles)。

对民事孳息的权利不是由财物法调整,而是由契约法调整。如果某人出租了一块土地,他对地租的权利依赖于有关契约的效力,而不依赖于他对土地的权利。实际上,他不需要拥有任何权利:只要他让承租人继续享用该土地,他就有权获得地租。

我们在此讨论的是自然孳息。初看起来,它们归属于本物(我们假设它是土地)的所有主,但在某些情况下,其他一些人也可以对它们享有权利。显然,佃户一般有权获得孳息,然而,由于他对土地的权利只属于对人的权利,因而他对孳息的权利也具有同样的性质。他可以根据土地主的授权通过收获的方式成为孳息的所有主。经土地主同意而收获孳息被视为土地主的"短手让渡",实际后果是:如果土地主在佃户进行收获之前撤回同意,佃户则不享有任何权利,虽然他可以针对撕毁租赁契约的行为提起诉讼。

同样明显的是:用益权人,因其权利的本质,也对孳息享有权利,并且也通过收获而取得孳息。但是,由于他拥有对物的权利,因而他的取得不可能依赖于所有主的同意,并且这里不存在"让渡"问题。

面对善意占有人,法律遇到比较棘手的政策问题。一方面,存在所有权不可侵犯原则。(英国法毫不妥协地适用这一原则,甚至要求善意占有人为他在无过错情况下消费掉的孳息向所有主提供补偿。)另一方面,对善意占有人的合理要求应当加以考虑,他可能已为耕作花费了不少物力和人力。因此人们认为:善意占有人有权按照耕作的需要获得孳息[这种"劳作孳息"(fructus industriales)不同于狭义的"自然孳息"]。但占主导地位的观点显然考虑的是更深刻的论据:善意占有人在自我行事时都以为自己是所有主,如果他正在时效取得的过程中,他就拥有所谓的相对所有权,即只要他是善意的,他就被等同于所有主。他取得所有从本物上分离(separatio)下来的孳息,只要在此期间他一直是善意的。优士丁尼则要严格得多:如果所有主提出权利主张,优士丁尼要求善意占有人交出孳息或者作出有关的汇报,除非他已将某些孳息善意地消费掉。[5]

如果孳息被其他什么人收获,善意占有人通过分离实现的取得与用益权人或者租用人通过收获实现的取得之间的区别将是至关重要的。用益权人(或者租用人)不能通过要求返还所有物之诉针对孳息提出要求,因为他们不是收获孳息的人(它们归所有主所有),而善意占有人却可以提出此要求。之所以要对用益权人的权利加以限制,其理由可能在于:他对土地既不占有,也不拥有所有权,只是拥有使用权和收益权,因此,在实际取得孳息之前,他们不能对孳息享有权利。

女奴的子女不属于孳息,因此归所有主所有。这体现着对奴隶的一种仁慈,但比较带有讽刺意味的现代观点是:子女的价值太昂贵了,以致不能把这份财产让给(女奴的)用益权人。

---

[5] 优士丁尼法的编纂者通过添加的方式进行了上述革新,这是体现这些编纂者工作方式的一个小例子。一份文献(《学说汇纂》41,1,40)认为善意占有人"变为被消费掉的孳息的所有主"。严格地讲,这是废话,采用比较慷慨的解释可以把此话理解为:在他消费孳息时变为已收获孳息的所有主;而且这也发生在孳息不再能够为其所拥有之时。显然,"被消费掉"一词是添加的。这份文献原来只是简单地认为善意占有人享有所有权,现在通过这么简单的一改,实际上变成了对这种认识的否定,并且使善意占有人仅仅面对关于补偿的要求受到保护(至少在古典法中,他都不需要这种保护,因为这种要求只能以不当得利为理由提出,并且有关理论后来也没有发展得很泛)。另一份文献(《学说汇纂》41,1,48 pr.)认为善意占有人在一定的时间中取得所有权。这里的"在一定时间中"是添加上去的。在古典法学家看来,临时所有权是一种矛盾的提法。在《法学阶梯》2,1,35 中,有关段落在开始时(显然是一位古典法学家的话)说善意占有人取得权利;然后接着说"如果后来所有主提起诉讼,要求返还土地,他不能针对已经消费掉的孳息提出要求"。但是,如果善意占有人已经取得了权利,随后应当说:所有主甚至不能针对未消费掉的孳息提出要求。其他文献也被做类似的处理。我们没有被告知什么样的情况属于消费,是否包括买卖,善意占有人是否应当汇报买卖价格。也许他不需要这样做,因为否则还必须确定价款是否已被消费,并且将会带来难以忍受的难题。

## 第六节　取得埋藏物

　　埋藏物(*thesaurus*)是指被长时间隐藏,以致再不能够发现其所有主的有价值物品,它所涵盖的范围是不确定的。一份文献谈到"货币",显然这太狭窄了。另一份文献简单地提到 *mobilia*(可动物),但这似乎也太宽泛了,这肯定是誊写员在抄写 *monilia*(贵重物)一词时发生的笔误,该词曾出现在第三份文献中。没有证据表明埋藏物只以金银为限,虽然在英国法中有此种限制。哈德良规定:如果某人在他自己的土地上发现埋藏物,将对它享有全部的权利;如果是在他人的土地上发现埋藏物,每一方享有一半的权利,只要是偶然发现的。从公元474年的一份谕令中我们得知:如果发现不是偶然的,土地所有主有权获得全部物。

　　在封建制的欧洲,被发现的埋藏物归王室所有,因为王室是全部土地的最终所有主;这种特权一直残存于英国。在欧洲大陆,这种做法基本上被罗马法规则所取代,对于有意探找的物品也不例外。

# 第七章 役 权

## 第一节 引言:他物权

我们现在必须再回过头来谈谈除所有权以外的对物权利。在简单情况下,所有主自己拥有可对物行使的一切权利,但有时候,尤其是在土地问题上,其他人可能也对物拥有权利,这后一种权利在不同程度上限制着所有主对物的享用。如果我拥有一块土地,乍看起来,我可以按照一般的法则对它随心所欲,但我的某一邻居也有权在该土地上通行,我的另一邻居有权在上面放牛;银行可以对它享有抵押权,并且在一定的情况下依据此权利对它实行拍卖;我也可能现在根本不享用它,因为其他人对它享有用益权。这样的权利一般被用隐喻的语言称为由除所有主以外的其他人享有的部分所有权,或者被称为由所有权或者所有物承受的负担。评论学派称这些权利为"他物权",[1]即附加在他人财产上的物权。

主要的他物权被优士丁尼称为"役权",这一范畴包括两种权利,即地役权和人役权。这两种权利的特点和功能有着很大的差别,因此最好分别加以考察,然后再解释优士丁尼的分类。

---

[1] "*right in rem*"(对物的权利)是英文的表述,虽然它来源于罗马法的"*actio in rem*"(对物之诉)。大陆法系的对应词是"*ius in re*"(物权),"他物权"一词由此而产生。

## 第二节 地 役 权

一个人如果离开需要在邻居土地上行使的某些权利,可能常常不能最有效地利用自己的土地或者建筑物。我们可以举几个例子。例如,我的土地缺水,而在我的邻居的土地上却水源充足,因此我将希望有权使用这一水源,并且希望能够通过邻居的土地把水引过来。又如,从我的土地上抵达公路的最便利途径是穿过我的邻居的土地。再如,如果我在自己的土地边缘建造一所房子,我可能希望得到这样的保障:我的邻居在他的土地上建房时不要遮挡我房子窗户的采光。当然,我可以通过与邻居缔结契约的方式实现我的目的,但这只产生对人的权利,并且这可能造成双重的不适。首先,如果我的邻居卖掉了他的土地,我对买受人不享有任何权利,我将不得不同他缔结新的协议,并且他将能够左右有关条款。在这种情况下,如果我的权利受到第三方干预,我唯一能够得到的保护方式是对我原来的邻居提起诉讼,告他违反契约。其次,如果我出卖土地,我将不能把我的权利转移给买受人,我获得的价款将相应地降低。换句话说,重要的不仅是应当让有关权利针对相邻土地的以后所有主继续有效,而且还应当让我的土地的以后所有主继续有效地享有此权利。用英国法律的话讲就是:不仅必须要让负担继续在邻居的土地上有效,而且还必须要让便利继续在我的土地上保留。这就是地役权(或者叫"物"役权)的本质。这是针对某一特定的土地或者建筑物行使的并且与另一块土地或者建筑物相联系的物权(也就是说,在一定的时间内将此权利授予该土地或者建筑物的所有主)。作为上述权利对象的土地或者建筑物被称为"供役"(servient)物,与之相联系的土地或者建筑物被称为"需役"(dominant)物。这些术语,同"役权"一词一样,体现着这样一种观念:所有权也接受某种支配或者负担。

但是,存在使所有权承受繁多负担的危险,这样的危险包括:其一,供役地的买受人不知晓该土地所承受的负担(或者说,由于难以发现这类负担的存在,可能大大增加土地转让的复杂性和费用)。这只从一个方面提出了这样一个一般问题:应当确保物权的设立和转移具有公开性。为提供这种保障,某些现代法律制度不仅要求对土地所有权进行登记,而且还要求对附加于土地上的一切负担进行登记。当然,罗马法没有这样的制度,因此有关问题很难得到解决。役权的设立在原则上是需要转让的,但是,正如我们已经说过的,这种转让在确保公开性方面所具有的效用,也许在古典法之前就已经消失。

其二,如果不对这些负担的数量和范围加以限制,它们可能妨碍对供役地的有效使用,严重地降低它的价值,并且最终将对公共利益造成损害。针对这一危险,罗马法采取了有效的步骤。我们说过,罗马人不习惯于提出法律应加以解决的问题;法律规则的目的是让这些问题从规则的实际运用中浮现出来。但调整地役权的规范却具有必要的限制作用。这些规范中最重要的一条被评论派学者表述为下列格言:"役权不得表现为要求作为。"(*Servitus in faciendo consistere nequit.*)人们不得要求供役地的所有主实施某一行为,只能要求他避免实施某一行为(例如,建房时不遮挡需役地上建筑物的采光,或者不使自己的建筑物或所种植的树木遮挡从需役地上的观瞻),或者要求他允许需役地的所有主在供役地上实施某一行为(例如,在供役地上通行,从供役地上取水、沙子或者石灰)。[2] 这一原则使某些类似于封建劳役的东西的发展受到抑制。在法国(大革命之前)和欧洲其他国家(甚至在法国革命之后),这种封建劳役制度可以要求供役地的所有主提供一定的个人劳作,或者提供一定种类或者数量的、来自供役地的产品。

---

[2] 也存在着例外,"支柱役权"(*oneris ferendi*)使需役地的所有主有权靠着供役地上的建筑物盖房(准确的文字表述是:让供役地建筑物承受来自需役地的负担),供役地的所有主不仅有义务不拆除自己的建筑物,而且还应当积极地对它加以维护。

另一项规则要求:役权应当能使需役地受益,并且它的使用应当仅仅以此为目的。例如,采石役权只能为满足在需役地盖房的需要而行使,所采的石料不得出卖或者在其他地方使用;同样,汲水役权只能为满足需役地对水的需要而使用。不允许为工业的目的滥用役权。有时候人们认为:需役地和供役地还必须是相互毗邻的,但这似乎只是同一规则的一个方面。如果我在甲地拥有一块土地,很难想象我的土地需要借助距离20英里以外的乙地上的通行权(连接两条道路之间的捷径)。也许以下情况也对我产生效益:我想休闲时在乙地上散步,但在这方面我和其他根本不拥有土地的人没有什么差别。我在乙地上散步的权利只能通过契约获得。

地役权有两种:乡村地役权(rustic servtudes)和城市地役权(urban servitudes)。乡村地役权的例子是通行权和用水权;城市地役权的例子是采光权和建筑物支柱权。虽然这种区分只具有某些实践上的意义,但最值得注意的是:乡村地役权属于要式物,它所依据的原则是相当不确定的。至少它的名字容易使人产生误解,因为上述区分不是出现在城市和乡村之间(否则,采光权如果发生在城市,就应当属于城市役权;如果发生在乡村,就应当是乡村役权),而是出现在没有建筑物的需役地和带有建筑物的需役地之间。但是,这样一种简单的区分会使人产生这样的理解:如果在需役地上盖起一所房子,从一块地通过另一块地的通行权就会变为城市役权。原则也许是:如果役权主要是为了农业而使用的,就是乡村地役权;如果不是这样,则为城市役权。

## 第三节 人 役 权

在优士丁尼法中存在着四种人役权(*personal servitudes*)。用益权是使用他人财物(可动物或者不可动物)并且获取其孳息和利润的权利,在使用中不得对物的特性造成根本的改变。[3] 使用权,顾名思义,是用益权的一部分,它使受益人有权使用他人财物,但不能获取其孳息。居住权(*habitatio*)和劳作使用权(*operae servorum*)只不过是使用权的变换形式,它们分别适用于房屋和奴隶的劳作。可能只是优士丁尼将它们区别于使用权,其主要的不同点在于:这后两种权利的受益人还有权出租他们所使用的房屋或者奴隶的劳作。对于上述四种人役权适用同样的原则。由于用益权是最古老的权利,并且最为重要,我们先将其他三种权利放在一边。

在古典法中,"役权"只被称为地役权。拜占庭法将役权的范畴加以扩大,涵盖至用益权和其他三种由此派生的权利,并且将之区分为两种类型:人役权和地役权。这两种类型权利的共同之处在于:它们都是附加于所有权之上的负担,限制着所有主对自己权利的享用。它们都是由所有主以外的其他人享有的部分所有权,是与供役物"相关"的物权,并且可以相对于整个外界获得承认。共同之处还在于:它们均不能要求供役物所有主实施某一行为,并且在很大程度上是以相同的方式创设和终结的。但在它们之间存在着明显的区别。首先,人役权授予某个人,而不管他对某物是否拥有所有权。人役权归某一个人享有,并且是不可转让的。因而只有供役物,但没有需役物。其次,供役物既可以是可动物,也可以是不动物;用益权的对象可以是一名奴隶、一群牛或者一块农田。地役权虽然也遵循我们前面介绍的限制性规则,但它们在数量上不受限制,并且原则上是永久的;而人役权在数量上则只有四种,并且有持续期方面的限制,一般为有生之年,或者更短的期限。最后,这两种类型的役权具有完全不同的功能。地役权的作用在于:由某一所有权承受负担,使另一所有权的内容获得长期的增加。而用益权的作用则在于:勉强地对单一所有权实现时间上的分割,但很难对其内容加以分割。这同遗产信托和后期法中的永佃权(*emphyteusis*)的情况极为相似:罗马法总是

――――――――

[3] 拉丁文表述是"*ius alienis rebus utendi fruendi salva rerum substantia*"。

试图创造接续的和同时并存的所有权。对于用益权的这一特点,需要做进一步的考察。

用益权的最常见目的显然在于进行家庭"安置",因此,虽然它可以采用多种方式设立,但人们在《学说汇纂》中不断看到的例子是通过遗赠设立的用益权。如果某个遗嘱人希望让其妻子终身享有财产并且在其妻子死后把财产传给儿子,他可以这样做:把财产传给儿子,但条件是让妻子享有对该财产的用益权。这同连续所有权(successive ownerships)很相似,但如果与英国法相比较,这种相似性则显得很不完全。英国的土地法和有关理论(根据这一理论,被拥有的不是土地,而是土地上的财产)认为所有权完全可以是接续的和同时并存的。如果某人想让他的妻子终身享有一块土地,然后再把该土地传给他的儿子,他可以让妻子终身享有收益,而让其儿子只拥有单纯的产权(也就是说,最终的所有权)。他的妻子享有现实的权益,他的儿子则有权在未来享有权益,但这两种权利都是可直接交易的财产。他的妻子可以转让她的权益,受让人将取得在转让人生存期间产生于该土地的权益;他的儿子也同样可以转让他的权益。这两种权益的现实内容是不同的,并且可能有不同的期限,但它们可以平等地和同时地在市场上交易。更常见的是:现代英国法甚至允许妻子转让"非限嗣继承地产"(fee simple),将儿子的权益也转移到买卖的收益之中,并且对之实行信托。因此,可以将资本"捆在一起",同时又不妨碍对作为资本最初组成部分的具体物品的处置。当这些物品不便经管或者可能发生价值降损时,这种做法显然是很有意义的。罗马法考虑的只是有形物的所有权,认为实现这种灵活性要困难得多。对土地的所有权可以进行这样的分割(在英国法中当然也可以这样做):某甲拥有一半,某乙拥有一半;或者某甲和某乙共同拥有所有权,各自对整个所有权拥有一半的份额。但是,所有权不能够在时间上加以分割,不能使某甲和某乙都得到连续的并且可以同时在市场上交易的物权。用益权只能实现一半的目的。用益权人和所有主都拥有可针对第三人主张的物权,但只有所有主能够转让此权利。只有所有主的权益是可在市场上交易的。用益权人可以将对用益权的享用加以出租或者出卖,但他在以下两个方面转让不了用益权:第一,他只能使买受人获得对人的权利(债权);第二,如果买受人实施任何滥用权利的行为,仍由该用益权人对所有主承担责任。如果说用益权人不能够转让自己的权益,他就更不能转让物本身,以使所有主的权利也转化到买卖收益之中(就像在现代英国所有主所能够做的那样)。相对于那种把资本看作资金而不是特定物品的观点,最为近似的罗马法制度表现为准用益权(*quasi - usufruct*)。这种制度是为解决以下困难而出现的:由于用益权人必须向所有主返还原来的物,因而,如果用益权的对象是可消耗物,尤其是钱款,用益权人将不可能履行该义务。因此,如果某一通过遗嘱设立的用益权涉及这样的物,将允许用益权人成为这些物的所有主,并且他只有义务返还同等数量和质量的物品。但是,所有权的不可分割性和不可侵犯性阻碍着这种观念的扩展。

我们已经讨论过用益权人对孳息所享有的权利的性质,但最高产的财物往往是奴隶;且不论女奴生养的孩子被排除在外,产生于奴隶劳作的利润也不属于孳息的范畴。我们前面介绍过,一般的规则是:奴隶所取得的一切均归主人所有,但是,简单地适用这一规则可能会大大降低最精干奴隶的用益权价值。如果所有的赢利均归所有主所有,奴隶是否精明强干,这对于用益权人来说就关系不大。用来平衡所有主利益与用益权人利益的规则是:与用益权人的财物或者事务相联系而取得的权益[因事(*ex re*)的取得]以及根据奴隶为出租其劳务所缔结的契约而得到的报酬[因承揽(*ex operis*)的取得]归用益权人所有,而在其他情况下取得的权益则归所有主所有。因事的取得是最为重要的,它可包括一切使用用益权人提供的特有产进行的交易、一切与用益权人的事务相联系的契约,事实上包括一切在奴隶为用益权人工作期间取得的权益。另外,向奴隶实行的赠与和遗赠应当归所有主所有。因承揽的取得则要比该术语所表达的含义范围狭窄得多,它并不涵盖所有通过奴隶劳作实现的取得,仅仅指在奴隶自己与租用人缔结契约的情况下因该奴隶劳务获得报酬的权利。(如果缔结契约的不是奴隶,而是用益权人,后者享有同样的权利,但在此情况下获得支付的权利并不是"通过"奴隶而取得的,就像不能说房屋的租金是"通过"房屋而取得的一样;应当说,它是通过用益权人所缔结的契约而取得的。)因此,如果用益权人所使用的奴隶被出租(或者他自己将自己出租)从事农业劳作,并且当他挖掘归租用人所有的一块田地时发现了埋藏物,应由发现者取得的那一半财物归奴隶的所有主所有。在此情况下用益权人不享有任何权利,因为,虽然埋藏物是通过奴隶的劳作发现的,但它既不属于因承揽的取得,也显然不属于因事的取得。

类似的权益冲突也可能发生在奴隶的所有主和善意占有人之间,并且可能发生在被善意地误认为是奴隶的自由人与有关的善意占有人之间(例如,某甲善意地从某丙那里购买了某乙的奴隶;或者某甲购买了某乙,而后者是自由人并且尚不知晓自己的自由人身份)。这些冲突采用同样的方式解决。某甲有权获得因事的取得或者因承揽的取得,某乙在其他情况下享有权利。

## 第四节　罗马法中的役权和现代法

关于役权的罗马法规范对现代民法法系产生了很明显的影响。现代法在一些基本的方面体现着罗马法,德国法和以德国法为渊源的法律制度通常体现得尤为具体。甚至英国法在这方面也暴露出明显的缺欠,它的关于地役权的规范或许是英国法中最大部分的罗马法内容。在18世纪以前,这方面的规范很不发展,就连这不大发展的规范也是由布莱克顿(Bracton)在13世纪时从罗马法中借鉴来的。当工业革命要求制定更多的这方面规范时,法庭,尤其是这方面主要论著的作者求助于罗马法。

用益权(以及与其相关的所有权观念)体现着民法法系的基本

特点。它实际上能够被用来作为该法系的识别标志,而财产理论则是普通法系的标志。然而,用益权并不是总被归为人役权。这不是因为涉及什么原则(尽管正如我们谈到的,不乏有关的原则),而只是因为《法国民法典》回避使用那些可能使人联想起不受限制的封建劳役的术语,这些被大革命废除了的封建劳役,对承担劳役的人来说,曾涉及另一种意义上的人役权。因此,"役权"这个词仅限使用于地役权,就像在古典法中那样,但在那里是出于不同的原因。但是,并非所有效仿法国模式的法典在此方面都采取同样的模式。

# 第八章　其他他物权

## 第一节　永佃权和地上权

这两种制度在现代民法法系中是引人注目的,它们起源于罗马帝国时期的公法,并且直到拜占庭时期才真正在私法中落足。这也许是因为这两种制度没有被划归役权,实际上,它们同用益权一样完全可以要求被称为役权。永佃权起源于这样的实践:长期地或者永久地出让国家的或者城市的土地[赋税田(ager vectigalis)],其回报是支付年租金。这种出让不同于一般的出租,也不同于对可继承并且可转让物的用益权。受让人对他所占有的土地有"物权"关系,而一般的承租人却无此关系。在帝国后期,这种对赋税田的占据被等同为"永佃权",后者是一种与希腊法有亲缘关系的制度。在优士丁尼时期,这种做法也被私人土地所有主采纳。在这一时期,永佃权人(emphyteuta)不仅实行占有,而且,同所有主和用益权人一样,也拥有提起对物之诉的权利。因而,当永佃权永久存在时,永佃权人在一切实践的意义上都相当于所有主,只是在他死亡并且没有继承人的情况下才使他的占有终止,这种终止还可以因欠缴租金或者造成不可弥补的损害而发生。罗马法中永佃权的最终形式非常类似于英国法中的地产租借权(leasehold estate),实际上这后一种权利不可能是永久的,但一般的土地所有主不可能很注重在999年和永久之间的差别。永佃权一直保存在现代民法法系当中,尤其是那些起源于法国的制度。但是,由于它几乎从所有权中抽走了所有的内容,尤其是在永久地授予这种权利的情况下，它与罗马法关于所有权统一的观念相冲突，因此法国法将它的最长持续期限制在100年。

地上权是一种与此很相似的制度，它同现代英国的租地建筑权（building lease）相对应，并且在现代民法中一直服务于类似的目的。它的潜在形式表现为一种对建筑物的物权，这种权利是可继承的和可转让的，可以永久地或者长期地持续。它是一种对建筑物的权利，但不涉及建筑物下面的土地，因而是对下列原则的限定：建筑物添附于土地。的确，土地的所有主仍然拥有着建筑物，就像通过永佃权出让土地的人仍然保留着土地所有权那样，但是，同永佃权人的权利一样，地上权人的权利是很广泛的，以致只要地上权仍然有效，也就实际并存着两个所有权。

## 第二节 物的担保

如果某人（债务人）从另一人（债权人）那里借钱，或者对后者承担了其他的契约之债，债权人通常希望除对债务人提起关于债的诉讼外，能有其他办法获得对债务的清偿。换句话说，当债务人被要求清偿债务时，他有可能失踪或者丧失支付能力，面对这种可能性，债权人希望获得保护。用法律术语说，他希望得到对债务的担保。这种担保既可以表现为物，也可以表现为人。物的担保表现为由债务人或者其他准备以此方式为债务人承担责任的人提供所有权、对物的占有或者某一他物权。这使债权人至少能够留住或者索回有关的财物，并且通常是将财物拍卖以清偿债务。在现代英国，这物的担保的最常见形式是抵押（mortgage）和通过寄存（一般是向银行）契据或者股票凭证的方式提供"保证"（charge）。另外，人的担保只不过是追加新的债务人（保证人）。债权人寻求的是人数上的保障：如果债务人不能支付，他可以针对保证人采取措施，他相信，债务人和保证人不会都同时失踪或者同时丧失支付能力。因此，人的担保纯粹是一种契约关系，并且我们将从契约的角度对其加以考察。物的担保既涉及契约问题，也涉及财物问题。说它涉及契约问题是因为它关系到当事人间的权利（债权人有义务保管好有关财物实行，有义务向债务人返还产生于拍卖的余款等）。说它涉及财物问题是因为它关系到债权人对物的权利。在此，我们将大致地对这后一个问题进行探讨，由于上述两个问题不可能截然分开，因而也将在一定程度上牵扯到前一个问题。

以上对物的担保的概括描述，对于现代社会来说，可能会使人在侧重点上产生误解。它给人的印象是：物的担保的首要目的是保障债务的清偿，而现代社会的抵押通常是一种投资。换句话说，抵押人（借用人）关心的是能够在一定的期限内使用资本，抵押权人（出借人）关心的则是获得适当的和稳定的钱款返还。他们大概都不急于债务的早日清偿，并且都把维护抵押权人的财产安全看作一种遥远的需要。但对古罗马来说，侧重点却在于权利，那种把物的担保用作投资的做法似乎不大发展。如果某人想在土地上投资，他似乎宁愿以购买土地的方式进行直接投资，而不愿意通过抵押的方式进行间接投资。还有另一个明显不同于现代实践的区别，在现代生活中，人的担保是少见的；而在罗马社会，这却是很常见的，比物的担保要常见得多。人的担保一般与关于债的重要交易相伴随，从一些偶然保存下来的文献中可以看出这一点。一位小亚细亚的水手把一个奴隶儿童卖给了一位官员，另一位水手为价款充当保证人；一位边境（位于现在的罗马尼亚地区）上的士兵买了一个奴隶，并且也出现了一位保证人。在对这两个迥然不同于当今实践的做法进行解释时，当然不能只注意当时物的担保法则的缺点，而应看到，这些做法肯定也发挥着自己的作用，我们下面将予以论述。

罗马法中最早的物的担保形式，与中世纪英国的抵押一样，表现为一种实物交付，其条件是在债务清偿后予以返还。债务人通过要式买卖或者拟诉弃权的方式（但不能采用让渡的方式）将所有权给予债权人，并且达成下列协议或者叫信托协议：如果债务得到清偿，债权人将退还该所有权。这种信托一般还就债权人变卖有关财产的权利和处理因变卖财产而产生的剩余钱财等问题作出规定。这种类型的担保不大值得向债务人推荐。的确,债权人可能会将物品退给债务人由其临时占有(*precario*),但仍然存在另外两个不利的情况:第一,债务人将承担所有的风险,因为他不保留物权,因而,如果债权人违反其义务而将有关物品出卖,他只能针对该债权人提起信托之诉(*actio fiduciae*)。第二,不能进行接续的担保。即使被抵押物的价值远远超过了整个债务的价值,也不能用它来为其他的债务担保。尽管如此,信托制度仍然存在于整个古典法时期,但在它旁边发展起来一种非要式的和比较灵活的制度——质押(*pignus*)。

质押不涉及对所有权的转移,只涉及转移对物的占有。因此,债务人能够得到比在信托中更好的保护,但对债权人的保护则差些,至少是在开始时。为弥补这一缺陷,逐渐发展起来另一种变相的质押,它既不使债权人获得所有权,也不使他获得占有,而只给予单纯的他物权。

这种做法似乎是从以下实践中发展起来的:佃农将自己的某些财物,如农业工具,抵押给土地主,以作为未来租金的担保。如果土地主真地去占有佃农的这些财物,这样一种安排可能就不会实现其目的,因而,这种抵押在法律上只不过是一种协议,其本身并不强制执行,只是当租金不能交付时,土地主才有权对物实行占有。这种安排得到裁判官的承认,他允许土地主申请一种令状["萨尔维令状"(*interdictum Salvianum*)],土地主可以据此要求实行占有。但是,这只能针对佃农适用。后来人们采取了一项重要的步骤,实际上创造了一种他物权,并且将契约与转让之间的界限置之度外,这就是裁判官允许提起的一种对物之诉:塞尔维诉讼(*actio Serviana*),土地主据此可以针对任何人提出他的主张。这种诉讼后来被扩展适用于一切抵押情形,无论是否实行了占有。有关术语在《学说汇纂》中使用得有些混乱,但根据某些文献,"*pignus*"(质押)一词只应适用于实行了占有的情况,而希腊词"*hypotheca*"(抵押)则适用于没有实行占有的单纯"保证"的情况。只要人们不认为这是两种不同的制度，上述术语的使用就是可接受的。

"hypotheca"（抵押）作为一种单纯的"保证"，它现在也能产生以下好处——使接续的抵押成为可能，先设的抵押权优于后设的抵押权。[1] 例如，某甲拥有一块价值5000英镑的土地，他可以为1000英镑的债务将其抵押给某乙，随后，可以因分别欠某丙、某丁和某戊的同等数额的债务而将该土地再抵押给后三者。只要该土地的价值不降到4000英镑以下，所有这些债权人就都能够获得适当的担保，即使某甲丧失了清偿能力。如果该土地的价值降低到3500英镑，某乙、某丙和某丁仍然可以获得全额的担保，但某戊则只能获得500英镑。抵押只是一种单纯的"保证"，这一特点也暴露出可能使物权受到困扰的危险（这种情况我们在前面已经不止一次地遇到）：如果有关权利不是采用必要的公开方式设立的，将会使人一不小心就落入陷阱。某物的买受人也许未能发现先前的所有主已经对该物实行了抵押；接受该物作为抵押物的债权人可能不知道该物已经按照其价值被抵押给了别人。在这里，同在其他类似情况中一样，现代制度要求实行登记。罗马法只是到了公元472年之后才试图建立登记制度，并且只让在公共机关面前实行的抵押享有优先地位。就连这一有限的步骤也肯定会因以下规定而大大丧失其价值，即当着3位证人面设立的抵押具有与在公共机关面前实行抵押相同的效力。此外，任何一种登记制度也不能保护债权人不受随后增加的"默示"抵押（那些不是通过协议而是通过法律运作设立的抵押）的损害。例如，国库有权为确保自己的债务得到清偿而实行默示抵押；受监护人也有权对监护人的财产实行默示抵押。因此，如果债权人不了解债务人生活的一切细节，可能就获得不了保障。在后期法中，甚至这也不足以使债权人受到保护，当时大量的默示抵押成了"有特权的"，

---

[1] 英国法的格言"qui prior est tempore potior est iure"（先出现的权利在法律上优先），也同样表述着上述罗马法原则。

甚至可以优先于先存的明示抵押。最重要的是国库对税收所享有的抵押权以及妻子为获得嫁资返还而享有的抵押权。因此，在上面举的例子中，如果某甲的土地实际价值5000英镑，并且某乙事先查明：某甲没有结婚，而且在设立抵押时没有其他债务，那么，某乙的债权看起来就获得了充分的保障。但是，如果某甲后来娶了一位带着5000英镑嫁资的女人，并且在把这笔嫁资挥霍掉后死亡，某乙所获得的担保就毫无意义了，因为这时某甲已资不抵债。

# 第九章　所有权

我们一直在按照罗马法的模式进行探讨,直到现在都还没有为我们最基本的概念——所有权下定义。实际上,人们既可以说所有权这个概念是很简单的,以致不需要对它加以解释,也可以说这一概念是难以定义的。用最简单的说法,所有权就是在我的和你的之间划出界限;用最复杂的说法,所有权是最终的权利,是在其他一切权利背后的权利。人们常说:古罗马的所有权具有明显的、在某些批评家看来是过分的[1]"绝对性"。如果人们试图准确地理解这一有些误导性的说法,将能对所有权概念难以界定的特点深有体会。

所有权的"绝对性"最明显地反映在对它的享用上。虽然罗马人没有为所有权下过任何定义,但不乏罗马法学者的定义,并且这些定义通常着眼于对所有权的享用方面。因此,评论学派对用益权的定义做了些调整,在使用权和收益权外又增加了利用权(*ius utendi fruendi abutendi*)。既然"利用"(abuse)还应该包括转让,这种调整就有些勉强;在强调所有权所赋予的享用权的充实性时,它也会使人产生误解。任何享用权都不可能是绝对的,也就是说不可能摆脱一切限制。至少,某一所有主在对自己的财物进行使用、收益和利用时应当不影响其他所有主对自己财物同等的使用、收益和利用。从简单的意义上讲,这是法律的功能之一。除了最简陋的制度外,所有的法律制度都为所有主对自己权利的享用规定了其他的限制,而且这

---

[1] 在本书最新版本中,"在某些批评家看来是过分的"一语被删除。——译者注

些限制的适用范围在很大程度上取决于当时的政治和经济观念。在现代英国法中,所有主对自己财物的享用权远不像在罗马法中那样绝对,但是,所有权内容上的差别不是产生于所有权的法律技术特点方面的差别,而是取决于公法为维护普遍利益对所有主的私权给予多大程度的限制。由于这个原因,虽然《法国民法典》宣布所有权是"以最绝对的方式享用和处分财物的权利",但它仍补充规定:这样的享用不得违反一般法律。

即使进行了这样的补充,仅从享用的角度来定义所有权仍会使人产生误解。我们已经说过,他物权的设立有时候会使所有主享受不到现实的权利。对于那些受用益权支配的物品或者受永佃权或者地上权(*superficies*)支配的土地,所有主只不过拥有最终的享用权。因此,所有权曾经被定义为最终剩下的物权,这种权利在所有其他权利都失效后继续存在。

从另一个意义上也可以说所有权是绝对的,这个意义涉及权利本身。在这个意义上,所有主的权利不能被简单地说成是相对的,不能被简单地认为比其他并存的权利更好,而应当说是一种最好的权利,或者更准确地说,是唯一最好的权利。从表面上看,在罗马法中至少是这样的。在所有权和占有"事实"之间不存在任何中介物。如果某甲对某物实行着占有,但不拥有所有权,后来某乙从某甲那里拿走了该物,某甲可以依据其占有事实针对某乙进行诉讼。但如果某丙从某乙那里把该物拿走,某甲不能对某丙提起诉讼,尽管从道德上讲某甲拥有的权利比某丙的权利高级。因为,原告不能以占有为依据要求返还,他必须证明自己拥有所有权。换句话说,罗马法允许为维护所有权或者为维护占有而提起诉讼,但不允许仅仅为维护对占有的权利(right to possession)而提起诉讼。英国有关动产的法律则是另外一种表现,它允许为维护占有而提起诉讼,也允许为维护对占有的权利而提起诉讼,但没有规定可以为维护所有权而提起诉讼。在英国,所有主只有在对物也享有直接的占有权(实际上他通常是享有此权利的)时,才能为维护所有权而提起诉讼。就拿前面举的例子来说,在英国,针对某乙和某丙,某甲均可以提起诉讼。但是,如果某甲对物的占有得到了物的所有主的允许,并且有一定的期限(如6个月),该所有主在此期间则完全不能提起诉讼,因为,在6个月的期限届满之前,所有主对物不享有直接的占有权。就我们现在所谈论的问题而言,较为重要的结论是:在罗马法中,主张对物的权利的人必须证明他是所有主;而在英国法中,他只需要证明自己拥有直接的占有权(并且他也许还应准备证明他的权利比其对手所能证明的权利更加有效)。此外,他在证明自己的占有权时,可以只简单地证明:自己先前已经实行了占有并且是在未经自己同意的情况下被剥夺了占有。这里存在明显的冲突,至少是在表面上。罗马法中的原告必须证明自己拥有绝对的权利,而英国法中的原告则仅仅证明拥有占有权。但是,罗马法中的原告如何证明自己的绝对权利呢?这就是评论家们所说的"魔怪证明"(*probatio diabolica*):只有魔怪才会要求对所有权加以证明,在这种情况下,原告一般必须先证明他是从 X 那里合法地取得该物的,然后证明 X 是从 Y 那里合法地取得该物的,并且一直将他的权利追溯到原始的取得。如果只是临时考察一下某人所"拥有"的物,很难成功地进行这样的证明。有时候人们说:使原告摆脱困境的办法是短期的时效取得。但是,对时效取得的证明并不比证明所有权本身更容易。的确,在必要期限中的占有是容易证明的,而且在提出相反证据之前也可以推定占有是善意的,但还需要具备"正当原因"的条件,并且没有发生过对有关物的窃取或者暴力获取。实际上,"正当原因"有时候是可证明的,尤其是在涉及土地或者具有明显价值的可动物时,但是,只有平时很仔细的人才能证明他声称有权拥有的一切物品是如何获得的。即使他能够证明(比如说)某物是许多年前从某甲那里买来的,并且他从来没有间断过对该物的占有,但他仍不能提供下列否定性证明:该物从来没有被窃取过,或者有关的土地从来没有被以暴力占据过。[2] 罗马人自己一直对证据问题缺乏兴趣,从来不讨论这个问题,但人们可以得出这样的结论:虽然要求返还之诉使用着专门的词句,但对于古罗马原告提出的要求很难超过对英国原告提出的要求,即要求他证明产生于占有本身的占有权,并且做好准备在必要时证明这种占有权比被告所要求的权利更加有效。事实上,《法国民法典》和《德国民法典》都正式确认了关于占有人是所有主的推定。实际上,这明显反映着这样一种观点:除原始取得外,在实行权利登记制度的情况下,或者在时效制度只要求占有和时间经过这两项条件的情况下,对所有权只从正面加以证明。正如我们前面谈到的,权利登记制度在实践中只适用于土地或者很特别的可动物;上述时效制度则几乎是将占有与所有权等量齐观,因而,只有不从一般意义上去理解所有权,才有可能对这种所有权加以证明。

因此,从以下意义上讲,罗马法中的所有权不是绝对的:原告在要求返还之诉中必须证明他拥有最好的和唯一的权利。罗马法中绝对权利的观念具有这样一种意义:在所有权和占有之间,不存在需要通过诉讼手段加以维护的"第三种权利"(tertium quid),即那种不能自称属于所有权的占有权(right to possession)。一个人或者是所有主,或者不是所有主,二者必居其一。我们曾经提到所有权具有唯一性或不可分割性,但这一特点也只是字面上的真理。罗马人肯定赞成关于所有权,即 dominium 具有唯一性和不可分割性的原则,但他们这样做时只能对善意拥有人和善意占有人要求被视为所有主的请求避而不谈。这两种情况显然所有权不可分割原则的例外,每一种情况都是介于所有权和占有之间的"第三种权利"。善意拥有人,除在细微的技术问题上外,在其他方面与所有主完全相同;善意占有人则实际上是相对所有主,也就是说,他相对于除所有主以外的其他一

---

[2] 在优士丁尼法中,占有人在实行了 30 年占有后可以说:特长取得时效可以洗刷掉可能发生过的盗窃"瑕疵"。

切人均可称为所有主。在这方面,罗马法学家一直没有很好地发挥他们的创造性。

我们还谈到,用益权也可能对所有权的不可分割性构成威胁,但是,由于法律工作者坚持认为用益权是不可转让的,并且没有领悟准用益权观念所带来的好处,因而这种威胁被排除在外。另外,永佃权和地上权是可以自由转让的,它们是对所有权不可分割性的重大变通,但它们被私法采纳得太晚了,以致这种变通的理论价值没有得到充分考虑。帝国后期的法学家满足于将它们简单地看作特殊制度。

罗马所有权的绝对性还可以从所谓的所有权不可侵犯原则中得到较明显的体现,根据这一原则,一个人不能在未经其同意的情况下被剥夺所有权,与此相联系,一个人转让的权利在其内容上不能超过他所拥有的权利。我们在前面谈到,对于所有权不可侵犯原则来说,唯一的例外是时效取得制度;与现代民法的实践相对比,甚至连这一例外也是很有限的。在这方面,罗马法的个人主义特点是非常明显的,但由于英国法也在很大程度上保持着同样的特点,因而,相对于民法法系国家的学者,英国学者也许更不大注意这一点。

# 第四编　债　　法

# 引　言

我们现在来谈谈物法的第二个部分,它涉及的是债。我们已经看到,"物"是人的经济财产,用权利的语言讲,这些财产或者指某人所拥有的物品,或者指某人应获得的物品;它们或者表现为对物的权利,或者体现为对人的权利。对物的权利属于财物法调整的领域,对人的权利则属于债法调整的领域。

因此,作为一种物,债是一种权利,但"权利"一词只反映了拉丁文"*obligatio*"(债)这一术语所涵盖的关系的一个方面。与每项对人的权利相对的,显然应当是相应的义务:如果某甲有权要求某乙给他一本书,某乙则肯定负有义务给某甲这本书。术语"*obligatio*",有时表示权利,有时(像英文"obligation"一样)表示义务,但比较准确地说,它表示的是整个这样的关系。从词源学上讲,它的意思是彼此间的约束,即把债权人和债务人联系在一起的纽带。正是由于存在这样的纽带,一方当事人才有义务履行某些行为或者表示容忍,而另一方当事人则有权接受这些行为或者容忍,第三方至少在原则上是不受影响的。

盖尤斯将债划分为两大范畴。债或者产生于契约(*ex contractu*),或者产生于私犯(*ex delicto*)。我们可以暂且将契约定义为可强制执行的协议,将私犯定义为一种不属于或者不完全属于违约的非法行为。因此,如果某甲与某乙商定买某乙的书,债就产生于契约:某乙有义务向某甲给付该书,某甲有义务向某乙支付约定的价款。我们看到,每项义务都有与其相对应的权利。如果某丙偷窃了某丁的书,债则产生于私犯:某丙有义务向某丁支付罚金,某丁有权利要求支付罚金。大多数的债都产生于盖尤斯这两大范畴之一,但是,也有些债并不如此。针对这后一些债,优士丁尼的《法学阶梯》又增加了两个范畴:根据与前两大范畴的相似程度,它们被认为产生于准契约(*quasi ex contractu*),或者产生于准私犯(*quasi ex delicto*)。我们随后将考察对这些范畴的解释。

# 第一章　契　约

## 第一节　历　史　发　展

**债**[1]**的概念**

　　我们暂且将契约定义为可强制执行的协议，后期的古典法学家可能不会反对这种定义。但是，如果我们以为契约的概念同协议一样是一直存在的，我们将会对罗马法的历史产生误解。契约是个逐渐出现的概念，就像在英国法中一样。早期法可能只不过有一种不加区分的债的概念，即某人欠另一人一定的物或者钱款。某人侵害了他人、损坏或者偷窃了他人的财产，某人完成了一项创设债关系的要式行为，某人向他人交付一笔后者无权拥有或者不再有权拥有的钱款或者物品（比如借贷钱款），这些情形都可能使债产生。这三种债可能是不同的（第一种产生于私犯，另外两种产生于契约或者准契约），但是，在早期法中，所有这三种相似的情况都只表现为一种债。是否存在协议，这不是重要的因素。

　　实际上，罗马法在这方面成熟得较早，早在《十二表法》中就有了一种要式行为，它明显地表现为协议的外部要件，这就是要式口约，即以程式化的词句相互提出问题和作出回答。在这种最早的程

---

〔1〕 作者在这里使用的是英文"debt"（债务），但在罗马法中是不使用"债务"一词来表达"债"的概念的。为保持罗马法概念的准确性，译者一般将英文作者使用的 debt 一词译为"债"。——译者注

式中,未来的债权人问:"你答应(向我支付500元,或者,给我你的马)吗?"[*Spondesne* …?] 未来的债务人回答说:"我答应。"(*Spondeo*)然而,要式口约的效力,同其他要式行为一样,产生于它的形式,而不是产生于该形式所无疑体现的协议。协议既不是必需的,也不是充足的。协议不是必需的,因而,债务人不能抗辩说:他出了差错,他想的与做的不一样。协议不是充足的,因而,如果形式出现缺陷[如债务人说"我承诺"(*promitto*),而不是说"我答应"(*spondeo*)],债权人不能抗辩说:尽管如此,已存在实质性协议。

同样,如果我们把借钱而未归还作为第三种债的例子,后期的古典法学家认为这里存在协议。借款人同意偿还借款,不偿还就构成对协议的违反,并且成为出借人提出诉求的根据。但在早期法中这也算是一种债:出借人提出诉求的根据是他已经向借款人给付了一笔钱款,出借人现在应当获得返还。如果再举一个例子,这两种看法之间的差别就可以清楚。如果某甲向某乙支付了一笔错误地认为归某乙所有的钱款,他可以要求某乙归还此款。在后期的古典学者以及现代法学家看来,这不属于契约,因为这里不存在协议。按照优士丁尼的分类,这种债产生于"准契约"。但是,在早期法看来,这种情况与钱款借贷之间没有实质性区别,在这两种情况中,债均产生于对一笔接受人无权拥有的钱款的支付。

### 允诺债和"实物"债

契约的起源或许存在于两种债中,一种产生于要式行为,另一种则产生于非要式的给付或转让。但是,它们的范围是有限的。后者显然只以关于特定物品或者钱款的债为限,而且,要式口约可能也仅限于承诺给付特定物品或者钱款。[2] 尽管如此,它们之间也存在重要的区别。产生于要式口约的债是允诺债,而另一种债则是"实物"

---

[2] 其他重要的要式行为是"债务口约"(*nexum*),即一种"称铜式"(*per aes et libram*)行为(其详细做法不大清楚,而且很早就被弃置不用了)以及文字契约。

（real）债。也就是说，它仅限于返还某些已经从债权人那里接受的物品。对允诺债的清偿是对原有状态（status quo）的改变，而对"实物"债的清偿则只是为了恢复原有状态。

允诺债的概念对贸易的发展具有重要的意义。看一下基本的贸易买卖契约就可以理解这一结论。简单的现金买卖，也就是说一手交钱一手交物（因而没有允诺的成分），在早期法中不造成多少麻烦。在进行交换之前，没有任何事情需要从法律上加以承认；在进行交换之后，也没有多少事情或者没有任何事情需要在法律上强制执行。[3] 然而，如果超出了最初级的贸易的范围，现金买卖交易就不够用了；所需要的是允诺买卖和信用买卖，也就是说，无论是支付价款还是转让物品，都应当在以后的时间进行。无论是出卖人还是买受人，都必须能够约束对方履行允诺。

对于出卖人和买受人所作的交付物品或者支付价款的基本允诺来说，要式口约曾是足够的，虽然它的适用范围有限；但是，其他商业交易所要求的手续则超过了交付物品或者支付价款的允诺。许多涉及提供服务的交易就是如此，例如：建造房子或者运输货物。对于这些交易，就像在承担因买卖而产生的附带义务（如被卖物不带有瑕疵）问题上一样，需要某些比较灵活的做法。最初的办法看来是调整要式口约的内容，而在形式上不扩展其适用范围：允诺者保证如果未能履行有关服务将支付一笔罚金。那些实质上属于提供服务的允诺是按照允诺支付钱款的方式进行的。当要式口约的适用范围被扩展到任何种类的允诺（这出现在公元前1世纪）之后，这种程式在习

---

[3] 被卖物可能是有瑕疵的，但是，买受人应当在买前发现它[caveat emptor（买受人谨慎）]。可能发生这样的情况：出卖人并不是物的所有主，结果真正的所有主向买受人索还该物。在这种情况中，早期法为要式物规定了一项补救措施[actio auctoritatis（合法性之诉）]，借以向买受人实行追讨。但是，所要求得到的是两倍价款的罚金，而且所依据的概念很难说是契约或者允诺。

惯中保持了很长时间。[4]

### 合意契约

与此同时，另一种债发展了起来，出现这样的原则：在某些类型化的交易中（我们称之为合意契约，如买卖和租赁），当事人可以受无确定形式的协议的约束。接受这一原则，对于使法律适应广袤帝国的贸易需要来说，是最重要的因素之一。在这方面，就像要式口约的早期发展情形一样，罗马法成熟得较早。在17世纪之前，英国法律一直没有承认纯粹的待执行协议（任何一方尚未履行该方义务的协议），希腊法律也从未这样做过。罗马法接受这一原则的时间有多早，人们说不上来。合意契约肯定是在公元前1世纪建立起来的制度，但是，我们对公元前2世纪（它对于这项制度和其他许多方面肯定是伟大的形成时期）法制史发展进程的了解太肤浅了，不足以让我们作出任何推测。

### 单务契约和双务契约

要式口约和实物债有着另一个不同于合意契约的特点。用现代术语来讲，前两者是单务契约，后者则是双务契约。所谓单务契约是指只为一方设立权利并且只为另一方规定义务的契约；双务契约则是产生相互债的契约，每一方都既享有权利又承担义务。[5] 比如说，在钱款借贷中，出借人有权要求偿还借贷，而借款人负有偿还的义务，但是，借款人不享有权利，出借人不承担义务。同样，在要式口约中，一方是允诺人，另一方是接受允诺的人。当然，双务契约也可

---

[4] 这种程式曾有其优点。在针对要式口约提出的诉讼中，接受允诺的人用不着承担证明自己遭受了怎样的损失这一可能很困难的任务，并且他可以通过程序手段[*sponsio et restipulatio tertiae partis*（第三方的誓约和复要式口约）]不仅获得被允诺的钱款，而且还获得三分之一的附加罚金。

[5] 有时候，英国法律工作者也在不同意义上使用这些术语：双务契约只是待执行的契约；单务契约是一方已经履行，另一方尚未履行的契约。

以表现为两个要式口约,如在一个要式口约中买受人允诺支付价款,而在另一个要式口约中出卖人允诺交付物品;但在法律上这仍然是两个单务契约,因而,买受人可以要求得到物,即使他并未支付价款,出卖人则有权在单独的诉讼中要求得到价款,并且面临买受人证明自己无偿付能力的风险。[6] 在双务契约中,双方当事人完全是在相互承担义务。

**严法诉讼和诚信诉讼**

合意契约不仅对于单纯的待执行契约的发展是重要的,而且对于它们所依据的"诚信"[7]观念也是重要的。"诚信"影响着这些契约的各个方面,但是,它从形式和起源上讲是个诉讼程式问题,这些契约依靠这种诉讼得以强制执行。

单务契约通过严法(*stricti iuris*)诉讼强制执行,双务契约则通过诚信诉讼强制执行。[8] 区别既是程序上的,又是实质上的,但是,它简单地说产生于在诚信诉讼程式中的三个附加词。

我们已经谈到,在古典诉讼制度中,请求的提出是严格的,人们只能向审判员主张在正常诉讼程式中提出的或者通过抗辩、答辩等形式增加的要求。对于上述两种诉讼来说也同样如此。不过,在严法诉讼中审查的问题是:被告在法律上是否负有责任;而在诚信诉讼中则增加三个词:审判员的任务是根据诚信的要求(*ex fide bona*)来审查被告是否负有责任。这意味着,在诚信诉讼中可以向审判员提出任何涉及诚信的请求,而不必采用抗辩等方式。在古典法中,这只不过是一个请求程序的问题(在什么时间各方当事人必须确定自己的主张),当然,由于诚信诉讼允许推迟提出请求,显然会出现一些

---

[6] 过去曾允许提出诈欺抗辩,在上述情形下,出卖人可以拒绝买受人的要求。但在这一时期已存在合意契约。
[7] 拉丁文"*bona fides*"有时也译为"善意"。——译者注
[8] 某些准契约诉讼[如关于无因管理(*negotiorum gestio*)和监护(*tutela*)的诉讼]也是诚信诉讼。"严法"一词不是来自古典学说。

策略上的便利。但是,在诚信诉讼出现的初期,[9]这就是一个基本的实质问题。因为,在公元 1 世纪中叶之前,在严法诉讼中还不允许提及失信问题,只是到了后来才允许根据告示进行以诈欺和失信为理由的辩护(诈欺抗辩)。例如,在此之前,被告在针对要式口约进行的诉讼中不能辩解说他的允诺是因受到原告诈欺而作出的;他严格地受有关允诺的约束。

一旦被允许提出诈欺抗辩,上述实质性区别就变得不那么基本了,但它仍然很重要。诚信的概念通过学说解释或者其他途径在诚信契约中渗透得比在严法诉讼中更深。例如,正如我们谈到的,人们可以采用合意契约(买卖契约)或者两个单独的要式口约达成一项买卖契约,但是,这些契约所产生的权利义务则是不同的。如果出卖人知道物品有瑕疵,而买受人不知,或者出卖人知道被卖物与买受人所想象的物品之间存在重大差别,这足以使买卖契约中的买受人获得一项诉因,即使出卖人没有做任何致使买受人发生错误的事情。然而,如果有关契约采取的是两项要式口约的形式,买受人就没有救济手段,他已经就具体的物缔结了要式口约并且出卖人已经交付了该物;出卖人已经逐字地履行了自己的承诺,因而买受人再没有任何理由提出抱怨。

毫无疑问,与单务契约相比,诚信的概念更容易同双务契约相适应。因为在双务契约中,一方当事人的义务是另一方当事人义务的对应物。审判员在作出裁决时必须进行平衡,而且在这样做时他自然而然地能够考虑到诚信问题。然而,在单务契约中,被告的义务没

---

[9] 诚信诉讼可能是在公元前 2 世纪产生的,并且可能起源于外事裁判官(Peregrine Praetor)的告示。在古典法中,它们以及依靠它们强制执行的契约被认为属于市民法制度,而不属于裁判官法制度。但最初,它们可能是由裁判官创设的,在严法诉讼和诚信诉讼之间存在冲突:前者所强制执行的是产生于法律(如传统的市民法)的义务,后者所强制执行的义务并不完全产生于法律,而可能产生于诚信的道德观念。后来,这种道德观念在应用中表现得更加鲜明,并且被接受作为一般法律的组成部分。

有原告的义务作对应物，因而，审判员没有什么可值得平衡的。

### 盖尤斯和优士丁尼的分类

在盖尤斯的《法学阶梯》中，我们前面所考察的历史发展结构反映在对契约之债（obligations *ex contractu*）的四分法分类上。盖尤斯说：这些债或者产生于物（通过物的转移，这是契约范畴中最初的实物债），或者产生于话语（*verbis*）（像在要式口约中那样使用程式用语），或者产生于文字（*literis*）（采用文书的形式），或者产生于合意（*consensu*）（我们前面介绍的合意契约）。优士丁尼在他的《法学阶梯》中，除扩大了实物债的范围外，继续遵循盖尤斯的分类，并且根据习惯，将契约分为实物契约、口头契约、文字契约和合意契约。盖尤斯和优士丁尼就是按照这种次序来论述契约的。不过，这个次序不大值得推荐。[10] 既然口头契约和文字契约属于要式契约，而实物契约和合意契约属于非要式契约，看来比较恰当的是对它们的次序做相应的调整。但是，我们必须首先考察罗马法的主要特点：它是关于契约的法，但不是统一的契约法。

### 契约规则的不同表现形式

把契约定义为可强制执行的协议是会产生误导作用的，不仅对发展时期是这样，而且对于成熟的法来说，也会以不同的方式产生误导。这使人联想到一个超过契约原有范围的范畴。现代制度的契约概念是统一的；罗马法曾有过许多种契约。在现代法中，人们可以很随便地说：任何严格意义上的协议都是契约，无论它的内容是怎样的。在罗马法中，非正式协议不是契约，除非它具备了这种或者那种法定契约的条件。例如，关于买卖的合意契约要求当事人必须就应买卖的特定物和固定的买卖价格达成协议。如果协议不具备这些条件之一或者全部（如商定按照某一合理价格卖出物品），就不是买卖

---

[10] 它可能来自不很合理的告示次序。

契约。

这种不一概而论的做法在实践中导致三个结果：

第一个结果是法律工作者可以具体地演绎出每一种契约的"附带权利义务"。契约的当事人很少能有先见之明把他们在各种可能发生的情况中的权利和义务都确定下来，法律必须补充他们所遗漏的东西。罗马法制度把富有特色的生活交往划入少量的类别中，它能够赋予每个类别以从贸易和其他角度看是最为恰当的法律后果。一旦确定某一交易归属于特定的契约类别，那种契约的法定规则就可加以运用。同样，当事人在达成协议时能够知道在那些他们保持沉默的地方可能出现怎样的后果。甚至连现代法也不顾在理论上的一般化倾向，在实践中求助于各类契约的调整规则。

第二个结果是技术上的，涉及诉讼法，由于这个原因，它同古典法学家有很大的关系。我们已经谈到，古典法是关于诉权的法（法学家提出的问题不是一个人是否享有权利，而是他是否享有救济手段）。我们还谈到，对于每一个诉因，原则上都有一种诉讼形式，而且，某人在选择诉讼形式问题上出现错误，将导致该人败诉。原告只向审判员证明他已缔结了契约还不够。他必须证明他缔结的是诉讼程式中明确列举的那种类型的契约。例如，如果他提起的是买卖之诉，出示租赁契约将对他毫无帮助，即使在有些问题上这两种契约所涉及的权利义务是相同的。

第三个结果是最为显而易见的，即在法律中留出空白的可能性。一项协议，即使是很认真地达成的，也可能不符合任何法定的契约类型，因而不具有任何法律效力。这样的例子我们在谈到关于按照合理价格卖出物品时已经列举。然而，这个缺点可能因在法定契约类型中存在要式口约而得到一定程度的弥补，要式口约体现着另一种原则。

### 缔结契约的方式和契约的类型

正如我们已经谈到的，要式口约是一种要式契约。但是，赋予要式口约以重要意义的并不是这一点(其他要式契约都无关紧要),而在于它与其说是一种契约类型,不如说是一种缔结契约的方式。任何协议都可能通过采用要式口约的形式而在法律上获得效力,如按照合理价格卖出物品的协议,如果采用了这一简单步骤,就可以变成一项契约。正如我们说过的,一项符合某一非要式契约的条件的协议(如按照固定价格出卖物品的协议),同样可以采用要式口约的形式出现。简言之,要式口约补充了在罗马的特定契约制度中所缺乏的普遍性成分。[11] 我们下面将谈到,要式口约可以在罗马的特定契约制度中要求获得中心地位。

## 第二节 非要式契约

### 实物契约

**单个契约**

在优士丁尼的分类中有四种实物契约:消费借贷、使用借贷(*commodatum*)、寄托(*depositum*)、质押。它们的共同特点简单地说就是:债不是产生于协议本身(虽然协议是重要的条件),而是产生于对有形物的交付。[12]

消费借贷是最早的实物债形式,借贷的目的是消费,而不仅仅是使用,也就是说,借贷的物品是货币、食品、饮料等通常只能采用消费

---

[11] 无名契约则以另一种方式补充了罗马法契约制度中普遍性成分。
[12] 然而,我们说过:交付与单纯协议之间的区分是不容易贯穿始终的。

的方式加以使用的东西。[13] 这相应涉及所有权的转移问题,并且要求借用人不是归还原来的物,而是归还在数量和质量上与原物同等的物。正如我们谈到的,这是一种单务契约,人们可以采用"请求给付之诉"(一种严法诉讼)要求返还。产生于消费借贷的义务只是返还,不要求支付可能产生于消费借贷本身的利息。任何关于利息的协议都应当以单独要式口约的形式订立。

使用借贷就是只为了使用而借贷。

寄托是指为了保全并且不是为了使用而交付某物。这两种契约在某些方面很相似。借用人和受寄托人所接受的都既不是所有权,也不是占有权,而是对物的持有。这两种契约都是无偿的。如果借用人要为借贷而支付报酬,或者寄托人要为寄托而支付报酬,这种交易就属于租赁或者某种可以被称为无名契约的行为。

质押,正如我们谈到的,是通过转移占有而提供实物担保。

**盖尤斯的实物债**

在盖尤斯看来,以实物缔结的债是个较为狭窄的范畴,事实上,它仅包括消费借贷。使用借贷、寄托和质押均没有被提到,虽然它们在当时肯定存在。之所以做这样狭窄的划分,理由可以从盖尤斯随后的论述中找到,他说:当错误地以为自己欠别人某物而将其给付时,也造成产生于实物的债。他补充说:这种债并非产生于契约,因

---

[13] 这经常被称为可替代物(fungibles)借贷,所谓可替代物是指一切完全一样的或者具有足够的相似性并且可以相互自由代替(却不会造成错误)的物品。显然,所有的消费借贷都必须是可替代物借贷,因为借用人承担债的前提条件是存在质量上相同的物,但是,并非所有可替代物的借贷都是消费借贷。因为许多可替代物(如一套由许多件组成的陶瓷餐具)通常在使用时不造成消耗。现代的批量生产大大地扩大了可替代物的范围,但这类物在古代社会也存在。人们只能考察当事人是希望借用人归还原来的物还是同样的物:如果希望归还的是后者,有关契约属于消费借贷;如果是前者,则属于使用借贷。此外,对"消费"必须做广义的理解。一块砖或者一枚钉子虽然在使用时可能不产生字面意义上的损耗,但它在使用后却不能被归还。

为错误地实行给付的人与其说是想缔结法律关系,不如说是打算解除法律关系。在这里我们看到早期实物债的两个典型例子,但是,从当事人意愿的角度看,或者从是否存在协议的角度看,它们是有区别的。在《法学阶梯》中,盖尤斯没有完成区分的进程,因为他没有创立一个容纳非契约的实物债的范畴(那种给付不应给付的东西的情况只是一个典型的例子)。优士丁尼通过将这些情况归纳为准契约而弥补了上述疏漏。

因此,我们在盖尤斯那里看到的分类是过渡性的。随着协议成为契约之债的共同要素,致使盖尤斯将契约之债区别于非契约的实物债。但是,他一直把实物债的旧概念看作这两者的共同基础。在他看来,这种旧的统一一直保存在调整实物债的单一诉讼——"请求给付之诉"之中。而使用借贷、寄托和质押均与上述旧概念无任何联系;它们不涉及所有权的转移;它们是双务的[14]和以诚信为基础的;它们均起源于裁判官法。因此,很容易看出为什么它们被排除在盖尤斯所理解的实物债的范畴之外。为什么盖尤斯在论述契约时完全没有提及它们,对此并不那么容易作出合理解释。

**实物契约的相对无关紧要性**

实物契约虽然在《法学阶梯》的分类体系中占有突出的地位,但它们并不那么重要。使用借贷和寄托是无偿的,因而不可能具有商业意义,而且朋友间的借贷和寄托也很少造成争讼。然而,如果第三人占有着物,这种契约存在与否就将间接地产生影响,因为它将决定哪一方可以提出返还要求并且为什么提出此要求。另外,质押显然

---

[14] 更准确地说,它们是不完全的双务债,或者说是半双务的,也就是说,一方当事人的义务只是可能发生的。例如,在寄托契约中,受寄托人的义务是保管物品并且根据请求而返还它;寄托人的义务是向受寄托人补偿在保管物品时所可能支出的费用,并且赔偿物品可能对他造成的损害和寄托人本来可以通过勤谨注意而加以预防的损害。受寄托人的义务在一切寄托契约中均存在,而寄托人的义务则只是在受寄托人支出了费用或者遭受了损害时才可能出现。

是一种财产行为,但是,它的重要性并不在于它的契约方面,而在于他对第三人的效力。[15] 再者,大数额的钱款借贷通常属于商业行为,但如果是这样,出借人将希望收取利息。由于为了在消费借贷中收取利息必须订立要式口约,显然,较为恰当的做法就是把偿还本金的义务和偿还利息的义务表述在同一个要式口约之中,并使这两项义务能够在同一个诉讼中被要求履行。

### 勤谨注意的标准

在消费借贷中,借用人应当返还与他所接受的物品相等同的物品,无论原来的物品变成了什么样,他成为物的所有主,灭失或者损坏物品的风险由他承担。然而,在另外三个契约中就需要确定收物人在对物的照管中应表现出怎样程度的勤谨注意。换句话说,什么样的过失将使他对物的灭失或者损坏负责。类似的问题似乎在所有的契约中都当然地遇到,而且勤谨注意的程度和标准也并不仅仅适用于实物契约,但是,这个问题最好在这里加以论述。

古典法学家大概区分三种不同程度的责任:因故意(dolus,即诈欺和恶意失信)而产生的责任;因过失(culpa,差错和疏忽)而产生的责任和因未实行照管而产生的责任。故意和过失是抽象的和一般性的,它们表现为不符合由理性的人[善良家父(bonus paterfamilias)]所应表现出的诚信和勤谨注意的客观标准(虽然不一定是可准确界定的)。"照管"可能是这三种责任中最古老的,对它的界定则具体得多并且应根据各种情况加以确定。一个人对于以某些典型方式(如一般的盗窃)造成的灭失承担责任,无论他是否合理地注意到对它加以防范,但是,他不对于以另一些典型方式(如以暴力实施的盗窃)造成的灭失承担责任。然而,这种对所有不是因不可抗力(vis maior,它既包括不可抗拒的情况,也包括被称为上天行为的情况)而

---

[15] 正是由于这一原因,质押问题才被放在财物法中,紧靠着信托和抵押问题加以论述。

造成的损失负责的情况,大致上可以被界定为严格责任(不问是否存在过失的责任)。

"照管"条件最初适用于哪些契约,这尚不能确定,因为在优士丁尼法中它只仅限适用于少数几个特殊情况之中,而且被"过失"责任所取代。与此同时,在过失的概念中人们区分"轻过失"(culpa levis)和"重过失"(culpa lata)。在"轻过失"中又进一步区分现代学者所称的"抽象的轻过失"(culpa levis in abstracto)和"具体的轻过失"(culpa levis in concreto)。

"重过失"(大的差错和疏忽)很难严格区别于"故意"。在一份文献中它被描述为"不懂得一切人均懂得的事情";它是严重的粗心大意,以致给人以失信的感觉。

"抽象的轻过失"(根据抽象的和客观的标准加以判定)是最初的、未作区分的过失,即未能表现出"善良家父"的勤谨注意(diligentia)。"具体的轻过失"(根据具体的和主观的标准判定)则是未能表现出每个人在处理自己事务时通常所特有的勤谨注意(diligentia quam suis rebus adhibere solet)。因此,上述区分不表明过失程度上的差别,不像是轻过失和重过失之间的区分那样,一个人可能经常表现得比"善良家父"更加勤谨注意或者其程度不如。但是,一个理性的人在处理事务时所应有的智力意味着这样一种标准:事实上,对待自己事务的勤谨注意有时候被视为一种比"善良家父"标准更低的标准,而不仅仅是不同于该标准。

无论适用怎样的标准,"迟延"(mora)都将排除该标准的适用。如果一方当事人由于自己的失误而没有在规定的时间履行其义务,他将对在延迟期间发生的灭失或者损坏情况承担严格责任,即使这些情况是由不可抗力造成的。

在某一具体类型的契约所要求的标准问题上,有关文献经常是相互矛盾的,而且很难找出较为确定的原则。有人认为,[16] 对轻过

---

[16] 在本书最新版本中,"有人认为"被改为"乌尔比安认为"。——译者注

失或者重过失的认定依赖于有关当事人是否因契约而获利。因此，大多数文献都认为受寄托人只对重过失负责，而使用借贷中的借用人和质押的质权人则对（抽象的）轻过失负责，或许最初还负有照管责任。虽然存在一些例外，但这一原则可以作为一种粗线条的指针。我们还看到，合伙（*societas*）契约之所以要求"对待自己事务的勤谨注意"（*diligentia quam suis rebus*）正是因为：如果一个人选择了不认真负责的合伙人，他只能自己责备自己（其论据大概是："合伙"是一种特殊的人身关系）。难以捉摸的是：该规则也同样可以适用于使用借贷。

## 合意契约

合意契约有四种：买卖、租赁（*locatio conductio*）、合伙、委托（*mandatum*）。这些契约的共同特点是：都产生于单纯的协议（*nudo consensu*），也就是说，不需要任何的形式或者任何的人体行为（例如像实物契约所要求的交付行为）。在合意契约中，"诚信"观念得到最有效的适用，其中最为突出的是买卖和租赁。贸易领域的大部分重要交易行为可以在合意契约中得到体现。

### 买卖

相对于其他契约来说，对买卖需要进行更加详细的论述，这不仅因为它是基本的贸易契约，而且还因为罗马的买卖法对现代民法法系，甚至对普通法都产生着重大的影响。

（一）买卖契约的形成

我们已经谈到，这种契约的实质性要件是：当事人应当就有关物及其价格达成协议。

1. 物。买卖的典型标的是有形物，无论是可动的还是不可动的；但它也可以是无形物，如地役权，甚至某一针对第三人的诉权。简言之，对于出卖人可以向买受人转移的任何权利，都是可以买卖的。但是,如果那些被转移的不是权利,而只是对"出卖人"服务的享受或者对某物的使用,这就不是买卖契约,而是租赁契约。因为,买卖有形物所产生的权利义务可以不太困难地或者在不造成麻烦的情况下扩展适用于无形物,但对于享用有关服务或者物品的协议,却不能这么说。为划清这两种行为的界限,还必须谈及某些细微的区别。如果我让金匠为我制作一枚戒指,这是对戒指的买卖,还是关于劳务的租赁(承揽)?对此看法各有不同,但答案可能应依赖于原料是由我们当中谁提供的:如果是由我提供的,就属于租赁契约;如果是由金匠提供的,则属于买卖契约。基本的原则是:典型的买卖是一种转移某物所有权的协议,只有当制造者提供原料时,才可能出现这样的转移。正是由于同样的理由,人们进一步认为:如果我同房屋建造者商定他将在我的土地上建造一所房子,这就是租赁契约,即使原材料是由建造者提供的。在这种情况中的确出现所有权转移,但这种转移不是根据协议而发生的,而是因适用添附原则而发生的。

物在协议达成时必须存在。如果物不存在,无论是它从来就不存在,还是它后来被毁灭了,均不构成买卖。这是对一项更为宽泛的原则的应用,这一原则表述为以下格言:*impossibilium nulla obligatio*(给付不能不构成债)。

最具有限制性的条件是:物必须是明确的,也就是说,它必须是特定的("我的奴隶斯蒂科","这桶葡萄酒"),或者像现在人们所说的是准特定的,即某一特定集合物中的一部分("这桶葡萄酒中的10加仑")或者许多特定物中的某一个("我的奴隶中的一个")。对于一般物不能实行买卖,所谓一般物就是只指出其种类(*genus*)的物品("一桶葡萄酒"或者"一个奴隶")。当然,这样的交易也可以通过两个要式口约而成立的,但这样做似乎不属于"买卖"。这种规则看起来像是原始的现货交易的残余,令人惊奇的是,像罗马帝国这样一个贸易繁荣的社会却会保留着这种做法。可作为解释的理由大概在于:要式口约可以比较容易地达成。

然而,在这样的限度内甚至也可能实行某些"未来物"(期货)买卖,比如,下一年从某一特定土地上的收获。这样的交易提出了一个问题。如果收获没有实现,对于不存在的物不能实行买卖这一原则将使有关契约无效,而且出卖人不能要求取得价款。如果契约的意思是以收成的实现为条件,也就是说,当事人打算让出卖人承担收成实现不了的风险,那么上述结果是正确的。然而,他们的意思也可能是让买受人承担这样的风险,因而价格是固定不变的。作为商人的买受人和作为农民的出卖人关心的是不同的事情。农民追求的是防范气候和市场的不测,而商人则是想通过进行风险投资而赚一笔。农民可能希望接受较低的价格以换取保险的收入,商人可能希望的是以冒遭受严重损失的风险来换取高额利润的好运。困难的问题是如何区分"买希望之物"(*emptio rei speratae*)和"买希望"(*emptio spei*)。如果当事人已经约定由出卖人承担遭受全部损失的风险,这就是"买希望之物",并且适用通常的原则,即没有物就没有契约。但是,如果他们约定由买受人承担风险,那就是"买希望"。这后一种交易使之成立的不是"*res*"(物)的买卖,而是"*spes*"(希望)的买卖。这两种情况之间的差别通常也反映在确定价金的方式上。在"买希望之物"的情况中,价金应当与实际的产量相对应;而在"买希望"的情况中,价金则应按照地块的收获量确定,无论实际收成是多少,均可付同样的价格。

2. 价金。在买卖中必须有货币作为价金。这项条件意味着:"易物"(*permutatio*)不是买卖。萨宾派持有不同的观点,但普罗库勒派的主张占主导地位。后一派的论据是:如果价金不是货币,就不能对买受人和出卖人加以区分;由于买受人和出卖人所承担的义务以及所享有的诉权不同,这种不加区分的情况将使法律无法发挥效力。像以物易物这种古老的交易行为竟被罗马法排除在典型契约的名单之外,乍看起来似乎令人惊奇,但应当记住:如果部分价金表现为货币,就会遇到普罗库勒派的反对意见,并且有关契约就变成了买卖契约。不以货币进行结算的交换很难成为普遍的,也不可能在贸易上具有重要意义。[17]

价金必须是确定的(certum)。买卖不可能因英国法所称的"合理价格"(由当事人在随后的商讨中确定的,或者在商讨失败后由法院确定的价格)而成立。此外,只有当价金在协议时是已知的或者可立即核实的(如"今天的市场价"),才算得上是确定的。对于这一规则,曾经存在一个例外(它在古典法中是有争议的,但得到优士丁尼法的确认):如果让某一特定的第三人确定价金,该价金也算得上是"确定的"。但是,如果该第三人后来没有对价金加以确定,则契约无效。

价金是确定的这一条件,与物是明确可辨的这一条件相比,更加容易得到解释。正如我们前面谈到的,契约所派生的许多权利义务是由法律补充的,但实质性条件却应当由当事人协商。法律不应当为当事人确定协议条款。买卖的实质性条件之一显然就是价金。

由于同样的原因,当事人可以自由地确定他们自己的价金,只需要遵循这一规则:价金必须以严肃的态度加以确定,而不能仅仅是为了掩饰赠与行为。价金是否合理一般是无关紧要的,但是,如果买卖双方是丈夫和妻子,则可能导致交易的无效。[18]

然而,在后期法中,出现了所谓"价格不公毁约"(laseio enormis)学说,这种学说的适用范围不大确定,因为它只是出现在两项针对个案的谕令当中。这两个案子都涉及土地买卖问题,而且出卖人都被允许以约定的价金少于土地实际价值的一半为理由解除契约。后来的民法学者通常将该学说限定于这样的范围之内,拒绝将其扩展适用于可动物的买卖或者买受人起诉说他支付得过多的案件。虽然有过一些细节上的修改,这一学说仍然以此形式残存在现代罗马法系国家的立法中,尤其是那些起源于法国的立法中。尽管如此,它

---

[17] 易物属于无名契约的范畴。
[18] 因为丈夫和妻子之间的赠与是无效的。

在应用中遇到明显的困难,而且我们可以想到:古典法(像普通法一样)总是想方设法地拒绝考虑价金的适宜性问题,除非发现存在恶意或者无权能的情况。与法的其他领域相比,在契约领域更不强求法律在一切情况中都是公平的,而重要的是:法律应当是确定的。契约法为贸易生活提供的是框架,而且,在贸易生活中,冒风险是难以避免的。让某些出卖人承受不公平的(非欺诈性的)契约,可能比让一个担当了风险并且遭受到损失的人能够摆脱契约条款的约束要好得多。

3. 合意。这一要件存在于所有的契约之中,但是,罗马法不同于现代民法,它并不单独提出这一概念并且将其一般化。罗马法宁愿针对单个的契约就事论事地讨论这一要件。因此,在买卖问题上人们特别探讨的是某些有瑕疵的合意问题。

合意涉及双方意志的结合、双方意向的竞合。因此,首先需要确定这些意向是什么。在这样做时,人们可能会发现在人的实际意愿和意愿表示(现代法学家有时所说的主观意愿与客观意愿)之间存在分歧。例如,人们可能表面上达成协议买卖一所房子,但买受人心里想买的是 A 房,而出卖人心里想卖的是 B 房,双方当事人均未发现这一分歧。在这里,主观上不存在合意。但可能出现这样的情况:根据对当事人之间协议的自然解释(由理性的旁观者作出的解释),他们买卖的对象是 A 房,因而客观上存在合意。现代制度与此不同。比较旧的观点以意思自主的哲学理论为基础(也就是说,契约的约束力产生于人的意愿,而这种意愿是自己主宰自己的),要求主观合意。比较新近的观点则主张:契约的效力并不是来自个人的意愿,而是来自法律,而且法律所关心的是实现利益平衡。这种观点注重举证上的困难以及稳定性和确定性在贸易生活中的重要意义:每一方当事人都应当能够推定对方将受制于对有关交易所作出的客观解释。

罗马法学家通常轻视证据问题,不太注意这种事,好像默默地采纳主观解释,只是以下列原则作为限制:一个人不能因产生于自己严重疏忽的不知而获利。

其次,一旦知道了当事人的意愿,就是确定这些意愿必须在怎样的范围内相互竞合,或者换句话说,什么样的合意缺陷将使契约出现瑕疵。这样的缺陷有两种:或者针对整个交易或交易的某些部分没有达成合意,或者虽然存在合意,但该合意是以法律不予以保护的方式达成的。第一种缺陷产生于"错误"(error),第二种缺陷产生于"诈欺"或者"胁迫"(metus)。

在像买卖这样的诚信契约中,诈欺和胁迫均属于广义的恶意,都可以使审判员判定:根据诚信原则,无辜的一方应当不受有关契约的约束。这种恶意不仅出现在一方当事人在某些实际问题上积极地蒙骗另一方的情况中,甚至也出现在他只是被动地接受另一方的自我误导的情况中。

"错误"带来的困难比较大,可以根据当事人的心理状态或者根据错误的内容对之加以分类。[19] 当事人的心理状态可能以两种主要的方式出现缺陷。或者双方当事人均可犯同样的错误(如都以为作为他们商谈对象的杯子是金的,而事实上它是铜的);或者(比较常见的)一方当事人的意愿是一种,而另一方当事人的意愿是另一种(如前面举的买卖房子的例子)。对于这后一种类型,实际上可以做进一步的划分:或者一方的错误为另一方所知晓,或者任何一方都未发现他们意愿间的差异。但是,正如我们刚刚讲到的,对另一方错误的默认是恶意的,而且这样处理问题可能是比较容易被接受的。

显然,并不是所有的错误都能获准阻止契约的形成。用现代语言来说,并不是所有的错误都是能够"产生作用的"。为了产生这种至关紧要的作用,错误必须涉及某些基本的问题。但是,我们所说的"基本的"是什么意思呢?这就关系到错误的内容。对普通法也产生了明显影响的传统民法观点,根据罗马法文献中出现的类型,简单

---

[19] 虽然在罗马法文献中可以找到有关"错误"的材料,甚至某些术语,但是,这些分类不可避免地会歪曲罗马法学家具体情况具体分析的观点。

地对产生作用的错误加以分类。

对交易的错误(error in negotio)出现在一方当事人以为自己正在进行一种交易,而另一方当事人以为在进行另一种交易之时(比如:一方以为是买卖,另一方以为是租赁)。在此种情况下,契约可以不成立。然而,对价金的错误(error in pretio,各方当事人对价金产生不同的理解)和对数量的错误(error in quantitate,各方当事人对数量产生不同的理解)却只部分地产生作用。任何一方当事人都不能要求按照自己的理解执行契约,但是,如果他们愿意的话,每一方都可以按照另一方的理解执行契约。因此,如果出卖人以为价金是10元,而买受人以为价金是5元,出卖人在打算接受5元价金的情况下可以按此价金执行契约,并且买受人在打算接受10元价金的情况下也可以依此价金执行契约。对人身的错误(error in persona)出现在一方当事人对另一方的身份发生认识错误的情况下。令人惊奇的是这种情况在文献中几乎没有提到。对体态的错误(error in corpore)是对被卖物、被租赁物的属性产生的错误(如前面例举的买卖房屋)。这种错误必须区别于对名称的错误(error in nomine),这后一种情况是指当事人事实上已就某一具体对象达成协议,但给予该对象以不同名称或称呼。

显然,在以上所有情况中,错误都必须属于前面提到的第二种类型,即它必须产生于不同的意向。对实体的错误(error in substantia)则可能表现为上述两种类型中的任何一种。这是最有争议并且最难以界定的错误,出现在当事人对被卖物的物理属性达成协议(也就是说,不存在对体态的错误),但对某些实质性特点产生错误的情况中。法学家有时候似乎是从实质与偶然的哲学区分的角度考虑问题,然而,人们对"产生作用的错误"所做的解释(这种错误发生在铜被误认为金的情况中,但不发生在对金的成色发生错误认知的情况中;发生在把醋误认为葡萄酒的情况中,但不发生在把变酸的葡萄酒当成好葡萄酒的情况中;发生在把镀银桌子误认为全银桌子的情况中,但是,根据某些罗马法文献中的观点,不发生把镀金盘子当作金盘子的情况中）却使人们很难从哲学理论的角度提出一项连贯的原则。"实体"(*substantia*)这个词有时候也可由"材料"(*materia*)一词所取代，但是，简单的物理标准并不能成为以下主张的根据：误将女奴当作男奴买下是无效的。有关文献似乎受到改动，最初的理论大概是难以复原的。但它的现代派生观点却有着显著的重要性，尤其是在法国法中。在那里，"实体"已不再具有材料的含义，物的基本性质决定买受人所要买的物品。把模仿品当作伦勃朗的原作买下，把现代的仿制品当作古董买下，把老马当作年轻马买下，都将是无效的。由于这种错误可能只是而且通常只是买受人一个人的错误，就明显存在这样的危险：这种理论被用来以事后发现为借口规避因糟糕的协议条款而产生的责任。因此，必须证明：出卖人在缔结契约时知道买受人对有关物品的性质十分重视。英国法在这方面是比较严格的，如果说它完全接受这一理论的话（这是很令人怀疑的），它所要求的条件是：错误必须是双方的错误。[20]

（二）契约的效力

1. 权利转移。严格地讲，这并不是契约的效力，而是随后的转让行为的效力。我们在前面谈到，罗马法一直将契约与转让行为区分开来，其结果就是：当契约达成时，所有权并不向买受人转移，这种转移只发生在物品被实际交付之时。此外，至少在优士丁尼法中，这种转移不仅需要物的交付，而且还要求交纳了价金或者有关支付的保证金。这一规则的作用应当是在于保护出卖人不受买受人无清偿能力的影响，因为在价款支付之前出卖人都可以主张对物的权利，无论该物已经到了谁的手中。但有些文献告诉我们：赊账甚至是完全有效的，而这似乎使上述规则完全失去作用。实际上，只有当出卖人允许赊账时（也就是说，他交付了物，却没有要求支付价金），他才需要

---

[20] 法国法与罗马法不同，它不把消极地接受买受人自己的错误视为欺诈。但是，只要具备"实体"这一条件，这种消极的接受就足以使产生作用的错误成立。然而在英国法中，出卖人必须不仅仅是接受了买受人的错误，还必须自己也犯有错误。

这一规则所提供的保护。

2. 风险的转移。在买卖契约范围之外适用的规则是:所有主承担意外灭失和损坏的风险(res perit domino)。比如,我们在前面讲过,使用借贷契约中的借用人,只有当灭失或者损坏是因其疏忽大意而造成时,才对该灭失或者损坏承担责任(至少在优士丁尼法中如此)。在其他情况下,风险由出借人承担。然而,在买卖中适用的则却是不同的规则。一旦契约达成,即使在物品交付之前买受人还没有成为所有主,风险(periculum)均转移到买受人身上。换句话说,只要出卖人在从签订契约到交付物品的这一段时间中以适当的勤谨注意对物进行了照管,他就可以要求买受人支付价金,无论被卖物发生了怎样的情况。反过来讲,如果在出卖人无过错的情况下被卖物在交付前发生灭失或者损坏,买受人均无权向出卖人提出赔偿要求。

由于需要为风险的转移确定契约达成的时间,因而出现了许多具体的规则,但基本的原则是:契约的达成出现在除交付物品和支付价金外不再有其他事情应做之时。例如,从一个大仓库里买卖20个瓶子,在这20个瓶子被具体确定前,契约没有达成;关于买卖装入瓶子中的"所有我的葡萄酒"的契约,在对这些瓶子加以清点并且对价金加以确定之前,尚未达成。

权利与风险的分离经常被指责为罗马法中一个不合逻辑的缺陷,许多现代法律制度也因此而对此加以拒绝。但是,罗马法的这一规则符合作为其基础的经济事实。在契约达成之前,出卖人仍然保持着经济利益,就以前面列举的从大仓库买卖20个瓶子的例子来说,在20个瓶子被具体确定之前,出卖人仍享有选择权,而这种权利可能是具有经济价值的。同样,一旦契约达成,出卖人虽然对物仍拥有法律上的权益,但对它不再拥有经济上的利益。如果这时市场价格上涨,有权通过转卖物品从中获得好处的是买受人,而不是出卖人。[21] 反过来讲,买受人当然承担市场价格跌落的风险,由于同样的道理,他也承担灭失和损坏的风险。[22]

根据同样的原则,孳息或者其他的收益(*commodum*)也随着风险转移。例如,如果在买卖与交付一匹母马的间隔期中该母马生下了小驹,买受人对小驹享有权利。当然,这种权利是"对人的"权利。[23] 出卖人仍然拥有母马,因此也拥有小驹,但他有义务将母马和小驹都交付给买受人。

(三)卖方的义务

1. 保管和交付。我们已经谈到,出卖人有义务交付物并且在交付之前保管该物。最初,他可能承担照管的责任,但至少在优士丁尼法中,他被要求只表现出"善良家父"的勤谨注意。

2. 防止追索的保证。典型的买卖是一种为转移物的所有权而达成的协议,但是,出卖人不是所有主这一事实本身并不使买卖受到影响。出卖人只被要求不要有恶意(就像在买卖的其他方面一样),并且应使买受人继续平安无扰地占有物,直至在需要情况下通过时效取得变为所有主。因此,如果出卖人知道自己不是所有主并且买受人对此不知情,买受人享有针对出卖人的恶意提起诉讼的权利,但不是基于出卖人缺乏所有权。如果出卖人是善意的,买受人则不享有

---

[21] 买受人虽然还不是所有主,但可以出卖该物(参见以下的论述)。在这里,把产生于契约的"对人的"权利与产生于转让的"对物的"权利加以区分是很重要的。出卖人无权转卖是说:他这样做将撕毁与第一个买受人达成的契约,并且对该买受人负有赔偿的责任;但是,如果他不顾这一切而出卖并且交付了物,他就将权利转移给第二个买受人。按照现行法律理论的话讲,他没有卖的权利,但他有能力通过卖来转移权利。反过来说,第一个买受人有卖的权利,但没有能力转移自己的权利。他现在还没有得到权利,因而不能转移任何权利。

[22] 承认权利和风险在契约达成时一起转移,这看起来可能比较简单,但是,无论契约与转让行为的分离具有怎样的内在优点,它都还造成其他一些困难。

[23] 这里所说的"对人的"权利实质上指的是债权;而所谓"对物的权利"则指的是物权。——译者注

救济手段,除非他受到所有主的追夺。在大多数情况下,这种区分没有什么意义,因为通常只是当所有主主张自己的权利时买受人才发现出卖人不是所有主,但在某些特殊情况下,这一规则却可能让人尝到苦头。例如,如果可以肯定出卖人不是所有主,但不能确定所有主是谁,或者所有主不能找到,买受人既不能要求出卖人给付,也不能对物实行转卖(因为他知道自己缺乏权利)。关于这一规则的起源,争论颇多,但它被保存在古典法中却是令人惊奇的。这一规则在现代民法中已经消失。

3. 防止暗藏瑕疵的保证。在这个问题上,民法的最初原则是:"买方提防"(caveat emptor)。[24] 出卖人对物品中的任何瑕疵不承担责任,除非他通过要式口约明确表示承担这样的责任。诚信观念的发展赋予这一规则以新的内涵,让出卖人对任何他知晓但没有加以说明的瑕疵承担责任。此外,由于善意是契约自身所固有的条件,因此,出卖人不能脱离上述责任缔结契约。这种对诚信的高标准,在英国法中并未对出卖人规定。

上述卖方责任的进一步发展出现在营造司告示中。营造司在行使对市场的司法管辖权时发布了一些调整买卖奴隶和驮兽活动的告示,要求出卖人在一块板子上注明一切物理瑕疵,在买卖奴隶的情况下还须说明某些其他缺陷(如奴隶是流浪者、是外逃者,或者负有损害赔偿的责任)。如果他没有说明的瑕疵出现,当买受人在 6 个月内提起诉讼时,可以通过"解除买卖契约之诉"(actio redhibitoria)要求废除买卖协议;当买受人在 12 个月内提起诉讼时,可以通过"减价之诉"(actio quanti minoris)要求获得已支付价金与有缺陷奴隶或牲畜的实际价值之间的差价。在这两种诉讼中,出卖人是否知晓瑕疵,这无关紧要,这里实行的是严格责任。然而,如果出卖人证明他有这样做(说明瑕疵)的意思,则可以排除上述责任,虽然他仍然对不诚实负责。

---

[24] 但这不是罗马人的格言。

经过一个至今仍不大清楚的过程,营造司告示规定的这种责任也扩展到市场外的买卖,并且被优士丁尼法扩展到任何物(包括土地)的买卖。这种涵盖面极广的严格责任以及与之相关的两种诉讼保存在《民法大全》之中,与市民法规定的对明确作出的保证和对不诚实所承担的旧责任并存。诉讼的形式不再具有意义,但这可能意味着:有多种可采用的救济手段,买受人可以从中选择对自己最为有利的手段。

(四)买方的义务

买受人的主要义务是支付价金(这一义务与出卖人的交付被卖物义务同时履行。也就是说,如果一方当事人要求强制执行另一方当事人的义务,他必须已经履行或者正准备履行自己的义务),并且应当补偿出卖人在从缔结契约到交付物品这段时间中为保管被卖物而支出的费用。

**租赁**

(一)范围和特点

罗马法把范围很广的行为纳入这种契约的框架中调整。表面上来看,出租土地与雇佣契约似乎没有什么共同性,但在罗马法学家的分析中这二者都属于"租赁"。在这一罗马契约范畴中,后来的民法学家区分出三种不同的类型:物的租赁(locatio conductio rerum)、雇佣租赁(locatio conductio operarum)、承揽租赁(locatio conductio operis)。所谓"物的租赁"是指一方(出租人,locator)提供一个物(无论是可动物还是不可动物)由另一方(承租人,conductor)使用或者享受。"雇佣租赁"是指出租人提供他的劳务(operae)[25]供承租人支配。"承揽租赁"则是指出租人委托承租人去完成一项劳务(operis),[26]这种劳务总是有着实体对象(如教育一个奴隶、修缮一

───────
[25] 注:这里的"劳务"一词是复数的。——译者注
[26] 这里使用的"劳务"一词是单数的。——译者注

所房子等),因此,有关文献的说法是:出租某件需要完成的物或事。

一个容易造成混乱的关键术语是"出租"这一概念。尽管雇佣租赁和承揽租赁都是为提供劳务而缔结的契约,但是,在前一种契约中,劳务是由出租人完成的;而在后一种契约中,劳务则是由承租者完成的。在前一种契约中,出租人提供的是他的劳务;而在后一种契约中,出租人提供的则是需要完成的任务。[27] 在英国,有时候我们也可以采用类似的区分谈论为修建某一建筑物而签订雇佣契约或者承揽契约的情况。这两种契约之间的实质性区别可以被界定为在监控和责任上的区别。为修缮一所房子而签订的契约是属于雇佣契约还是承揽契约,取决于房屋所有主对劳务执行活动的监控程度。如果房屋所有主仅仅是确定需完成的劳务的特点和质量,并且让另一方负责具体的执行活动,这就属于承揽契约;但是,如果他从头到尾都负责对工程的监控,那将属于雇佣契约。在不同的环境下,英国法也根据这些标准将 independent contractor(独立承揽人)区别于servant(受雇佣者)。

民法学上的分类是这样的,但在罗马法文献中却没有看到这种明确的术语划分和实质内容的划分。这并不是说,法学家们没有意识到出租某物或某事与出租某人的劳务之间的区别,或者出租某人的劳务与委托他人履行一项劳务之间的区别,而是说他们没有对这些区别作出系统的分析。这似乎是令人惊奇的。我们在前面提到,罗马法的特别契约制度有这样的优点:可以为每种类型的交易制定一套专门的权利与义务,因而,虽然三种类型的租赁颇为相似,但它们之间的差别却足以要求确定不同的权利与义务。当人们把租赁土地(物的租赁)与劳务租赁(雇佣租赁)加以对比时,可以清楚地发现这一点;这种差异也同样出现在雇佣租赁与承揽租赁之间。例如,如果一所正在建造的房子意外地被烧毁并且需要重新进行修建,或者

---

[27] 这在诉讼问题上产生影响。在雇佣租赁中,提供劳务的人有权提起"出租之诉"(*actio locati*);而在承揽租赁中,他有权提起的则是"承租之诉"(*actio conducti*)。

修建工程遇到了恶劣的气候,如何确定与这些意外事件有关的权利和义务就有赖于当事人之间签订的契约种类。法学家当然知道这一点,但就像在其他问题上一样,他们没有归纳出一套确切的区分标准。[28] 此外,法学家所提出的三分法也不构成对某些有益的分析的限制。比如,在物的租赁的范畴内,因租赁家具所产生的权利与义务就不同于因租赁农田所产生的权利与义务。因此,现代民法法系的制度通常将承租人有权使用物的契约区别于承租人有权使用物并且享受其收益的契约,或者更简单地说,把租赁农田的契约与租赁其他物的契约区分开来。

以上缺陷只是让我们从一个方面看到罗马法在论述租赁制度时缺乏彻底性。买受人和出卖人通常在经济上是平等的,但在土地出租人和承租人之间、在雇主和被雇佣者之间可能恰恰并不如此,因而,在我们看来,更有必要调整他们之间的关系,以便防止在经济上较有势力的一方滥用自己的地位。在古代世界,这种不平等性表现得更加明显:农业承租人通常是些小农,在帝国后期甚或退化成隶农(*colonus glebae adscriptus*),而且,雇主和被雇佣者之间不平等的讨价还价的地位被贫富程度的两极分化以及奴役制度进一步加强。但是,法学家不是社会的改革者,他们是富人阶层的保守派成员,他们只知道保持现状。为此而指责他们只能是指责他们所生活的时代,正是由于这一结果,他们没有给予租赁制度以足够的关心,而在我们看来,这一制度具有重要的社会意义和经济意义。与他们对其他制度(如遗赠制度)所做的论述相比,他们对租赁制度的论述要不彻底得多。[29]

(二)契约的订立

有关物、价金和合意的规则,在其可适用的范围内,与买卖中的

---

[28] 由于这个原因,很难叙述有关文献在上述风险和有关当事人义务问题上的见解。因此,在讨论租赁契约的效力时,这些问题没有提及。

[29] 的确,现代英国法关于这一议题的许多规定不是产生于"法学家法",而是产生于制定法。但帝国时期的立法几乎对此默不作声。

规则非常相同。然而，价金不一定是货币，允许缴纳谷物作为农田租赁(colonia partiaria)的租金。在雇佣租赁契约的适用范围中不包括我们所说的某些职业和自由艺术。因为向具有高尚社会地位的人支付酬金有悖于罗马的传统观念。从一定意义上讲，为取得这些人的劳务而缔结的契约是委托契约。职业与手艺之间、艺术与技艺之间的社会区别在古代世界有着不同的划分标准，比如说，绘画和行医通常是奴隶所从事的行当。

(三)租赁契约的效力

在物的租赁中，承租人只是持有物。换言之，他完全依赖于出租人，仅仅取得针对出租人的债权。他不能直接针对干涉其活动的第三人行使诉权，而只能因出租人违反让其平安无扰地享用物而对其提起诉讼。甚至当第三人从出租者手中买得物时，也同样如此。承租人不能针对买受人要求得到保护(买受人可以取得权利)，他只能针对出租人提起有关诉讼。出租人通常应当在买卖契约中要求买受人尊重承租人对物的租用，但是，如果买受人违背这一条款，却只能针对出租人提起诉讼。这曾经被扼要地(虽然并不准确)表述在中世纪的以下谚语中：买卖破租赁(sale breaks hire)。[30]

# 合伙

(一)合伙契约的订立

合伙是两个或者两个以上当事人为实现某一共同的目的而相互合作的协议。它最初的形式是当事人将其全部财产入伙(societas omnium bonorum)，但后来也包括关于联合开展活动的协议，无论这种活动是大型的还是小型的，是短期的还是长期的。由于在罗马法中不存在法人的概念，因而，一切联合贸易活动都必然采取合伙的形式，但是，营利不是共同目的的实质性内容。在这方面，罗马的合伙

---

[30] 买卖并不使租赁完结，它使买受人有可能不让承租人享用自己因租赁而有权享用的物，就像针对出卖人那样。

制度比英国的合伙制度更为宽泛,如它可以包括关于分摊旅行费用的协议或者关于购买一块土地使之成为开放地带的协议。在这后一种情况和其他许多情况中,合伙人将是共同所有主,但共同所有主不一定都是合伙人:共同所有主不一定都有共同的目的(如当他们是共同继承人时)。

每个合伙人都必须做出某种贡献,无论是资本、技术,还是劳务,否则,有关行为就不是合伙,而是赠与。由于同样的理由,那种将一方排斥在分红之外的所谓"狮子合伙"(*societas leonina*,这种称呼来自狮子与驴的寓言),在经过某些争论后,被认定是无效的。然而,那种不让某一合伙人负担任何亏损的合伙却是另一回事,这种情况不是赠与,因为该合伙人的参与可能值得以这样的代价加以保障,而且,对合伙人贡献的估价和平衡也不是法律的事情。这符合下列原则:除另有协议的情况外,合伙人应当平等地分配利润和分担亏损,无论他们各自作出怎样的贡献。

同在所有契约中一样,合伙的目的必须是合法的。有关文献告诉我们:强盗集团的某一成员不能以合伙为由要求瓜分赃物。

(二)合伙契约所派生的权利与义务

合伙人之间的关系被视为一种特别的人身关系,它被类比为兄弟之间的关系。因此,法律为产生于这种契约的权利与义务留出较宽的余地,以便根据善意这一基本原则对之加以调整。同买卖和租赁一样,合伙是完全的双务契约。但是,在买卖和租赁中,就像它们的拉丁文名词所表述的双重含义一样,各方当事人的利益是不同的;而合伙契约的本质正在于各合伙人的利益应当是相同的。在买卖和租赁中,存在两套不同的义务和两种不同的诉讼,而在合伙中,所有合伙人的义务在原则上是一样的,而且只存在一种相应的诉讼——合伙人之诉(*actio pro socio*)。此外,合伙人之间的争议被认为与该契约所具有的"兄弟性"特点不相容,因而,任何一个合伙人提起诉讼都将导致合伙的终结。所以,关于合伙的诉讼属于散伙性诉讼,而不是针对某一违约行为的弥补性诉讼。在合伙关系终结之前,人们是不会将这一关系提交法庭审判的。

合伙契约的人身性特点也反映在它的另一种终结方式上：任何一个合伙人可以在任何时候通过单方面的退约行为结束合伙关系。的确，如果他退约的目的是不想把某些赢利纳入合伙关系中分配，或者是不想分担某些可能的亏损，对他可以提起"合伙人之诉"，不过，即使这样，他的退约也是有效的。合伙契约还因任何一个合伙人死亡、人格减等或者破产而解除。

对于英国的法律工作者来说，罗马法中的合伙有一个最令人吃惊的特点：它只在合伙人之间建立关系。与某一合伙人缔结契约的第三人无权针对其他合伙人提出要求，即使这些合伙人可能曾明确批准上述契约。其他合伙人有义务给予与第三人缔结契约的合伙人以补偿，分担他可能遭受的损失，但这位合伙人只是单独地对自己的债权人负责。相反，在英国，债权人却可以向合伙人中的任何一个或者全体要求清偿。罗马法的这一规则只体现着我们随后将探讨的基本原则的一个方面，即债关系严格地限定于个人。

### 委托

委托出现在某人（受委托人，*mandatarius*）同意按照另一人（委托人，*mandator*）的要求无偿地为后者完成某一事务之时。这一事务可能是任何种类的，但通常是与第三人缔结契约或者进行其他法律行为。委托是不完全的双务契约，受委托人必须履行被委托的事务，委托人则相应地应当补偿有关的费用。受委托人还有义务向委托人汇报在履行有关事务中获得的任何收益。如果被委托的事务是缔结契约，受委托人在完成此事务时应当向委托人转让关于该契约的诉权。

英国的法律工作者习惯于讨价还价的契约观念，对他们来说，在罗马法的委托中令人惊奇的特征是它的无偿性。受委托人在开始执行被委托的事务之前可以不受惩罚地解除契约，但是，在开始执行之后将受到该契约的约束，即使他已没有兴趣。委托契约的起源是很隐秘的，它可能起源于朋友之间不受法律调整的关系，在古代罗马可能比在现代社会更加需要这样的关系。这样的社会义务为什么要求具有法律上的效力，这一直是人们所奇怪的，但是，由于有关协议所涉及的行为具有重要的意义，而且存在起平衡作用的诚信观念（既具有社会的或者伦理的意义，又具有法律的意义），这种演变当然就变得比较容易。此外，在后古典法中，委托契约的无偿性逐渐只具有形式上的意义，不再那么具有实质性。因此，人们可以达成支付报酬（*honorarium*）协议，而且这种报酬也可以通过非常审判（*cognitio extraordinaria*）的方式加以索要。然而，委托本身仍然在以下意义上是无偿的：当委托人提起委托之诉（*actio mandati*）时，受委托人不能以报酬问题为借口为自己开脱或者辩护。受委托人必须接受在委托之诉中的判决，他只能在另一个诉讼中单独提出关于获得报酬的要求。在优士丁尼时期，这两种诉讼手段之间的区别早就消失了，人们也可以从这个意义上认为委托不再是无偿的，但对有关法律规范的古典解释依然如故，我们不知道在实践中的情况是怎样的。

虽然受委托人不能根据委托契约要求获得报酬，但他仍然可以在契约的执行中得到好处。例如，如果他被委托向某一第三人贷款（收取利息的贷款），他可以从贷款的利息中分得好处。在这样的情况下可能出现一个更深层次的问题：委托如何区别于单纯的提供意见？答案是：仅仅为了受委托人的利益而实行的委托是不具有约束力的。因此，如果某甲告诉某乙他应当把自己的钱拿出来进行借贷以便收取利息或者进行其他形式的投资，并且某乙这样做后遭受到损失，对此某甲不承担责任。但如果某甲告诉某乙应当把钱借给某一特定的人（某丙）呢？假如某甲自己得到了好处（如某丙打算将借来的钱用于与某甲有关的计划），这就不难认定：这种委托并不仅仅是为了受委托人的利益而实行的。假如某甲没有得到好处，疑问就比较大了，但人们通常认为只要某丙得到好处就够了。这可能成为一种有效的担保手段。因为，如果某甲委托某乙向某丙借贷，并且某丙没能归还借款，某乙可以要求某甲补偿他的损失。某甲实际上是在为某丙做担保。[31]

与合伙一样,委托因任何一方当事人死亡而告终,但是,这项规则在适用中允许受委托人要求对他已经支出的费用给予补偿,该费用的计算截止到受委托人得知委托人死亡消息之时。在不允许这样做的英国法看来,由此而产生的结果可能是苛刻的。

"委托人"和"受委托人"可以同"本人"(principal)和"代理人"(agent)交替使用。但存在这样一种根本的区别:在英国法中,当代理人以 principal(本人)的名义缔结契约时,直接在本人与第三人之间建立关系,从法律上讲,代理人在这种法律关系中一般不是当事人。罗马法中的债具有严格的属人特点,这使上述意义上的代理成为不可能的,受委托人既对他所缔结的契约承担责任,同时也因此而享有权利。这一原则在怎样的范围内适用,我们将在下面进行讨论。

## 无名契约

四种实物契约和四种合意契约,再加上口头契约和文字契约,这就是《法学阶梯》对契约种类所做的全部列举,但这种列举还留有空白并且含有一些不确定性。说它留有空白是因为:它排除了一些常见的协议类型,如交换,要求支付合理价格的协议(如达成关于维修的协议,但在协议中却不能对维修工作的范围作出确切的预定)等。说它含有一些不确定性是因为:当可以确定某一协议是契约时,人们却可能对应将该协议归入哪一特定的范畴产生疑问。在划分买卖和租赁的界限时,我们就已经遇到了这样的例子,除此之外,还有其他的例子。那种被称为"行纪"(aestimatum)的行为就是其中的一个例

---

[31] 用现代术语讲,这种类型的担保叫作"特定委托"(mandatum qualificatum)。认定这一委托成立的另一理由是:如果不是由于某甲的委托,某乙本来是不会借钱给某丙的。但这种理由同样可以适用于某甲仅仅告诉某乙应当把自己的钱拿出来进行借贷以便收取利息(不是借给特定的人)的情况。因此,为了区分委托和提供意见,还需要对有关当事人的意图进行颇为困难的考察。

子。我们应当把它叫作关于出卖或者退还的协议：一方当事人向另一方当事人提供某一物品，条件是：如果该另一方当事人卖掉了该物品，他就应支付在协议中确定的款额；如果没有卖掉，则将物品退还。这种协议，如果不同委托和合伙相似的话，至少同买卖和租赁（无论其对象是物品还是劳务）相似，但是，它没有被明确地纳入任何一种契约的范围之内。

我们前面谈到，要式口约提供了一种规避这些难题的方法，但是，如果没有采取这种方法，市民法就只能给予有限的救济。如果一方的义务是交付某物，并且这一义务已经被履行，但另一方的义务却没有履行，可以通过提起"请求给付之诉"要求返还该物，其理由是：该物已为实现某一目的（保证交易另一方履约）而被给付，但该目的并没有实现，而且接受该物的人不再有正当理由保留它。按照优士丁尼的分类，这是根据准契约（*quasi ex contractu*）提出的请求。[32] 这种诉讼是在要求返还，而不是像有关契约的诉讼那样是在要求赔偿因未履约行为而遭受的损失。例如，如果交易行为是用一匹马交换一头牛，在一方交付了马之后，牛却没有被交付，马的所有主将通过请求给付之诉获得对马的价值的返还；而在有关契约的诉讼中，他得到的则是对因未获得牛而遭受损失的赔偿。当然，这后一种赔偿通常是按照牛的价值确定的，但如果马的所有主还因此而受到其他损失，也将予以考虑。因此，这两种救济手段在实践中的区别取决于马和牛在诉讼提起时的市场价值，并且还取决于原告是否遭受到其他损失。

请求给付之诉只提供了部分的救济手段。它仅适用于一方已经予以履行并且以交付为履约形式的协议，它的目的是要求返还，而不是请求履行协议。如果协议没有得到执行，或者所执行的是不同于

---

[32] 这叫"因给付的请求返还之诉"（*condictio ob causam datorum*），在后来的法中，现代民法学者给它起了个无法翻译的名称"*condictio causa data causa non secuta*"（因给付未获回报的请求返还之诉）。它的另一个名称是"*condictio ob rem dati*"。

交付的另一种行为,受到损害的一方可以提起裁判官法所规定的诈欺之诉,但是,他应当证明违约是由被告的恶意造成的。

共和国末期的有关法则可能就是这样的。然而,在优士丁尼时期发展起来一种一般诉讼,它有着一些不同的名称,最常使用的名称是 *actio praescripits verbis*(根据前书进行的诉讼)。这种诉讼适用于协议一方已经履行了自己的义务,而另一方却未能履行其义务的情况,只要该协议不属于任何法定的契约类型。由此,一项基本原则得到发展:已经由一方执行的协议就是契约。这一原则明确地出现在《学说汇纂》的文献之中,它构成对类型化契约制度的突破,但是,由于优士丁尼法的编纂者没有修改对契约的传统分类,因而它一直没有得到明确的承认,这种契约也没有名字。人们现在所使用的"无名契约"(innominate contracts)一词最初出现在狄奥菲尔的论述中。

事实上,一些最重要的协议形式是有名字的,如易物和行纪,但这肯定不会使无名契约的重要意义变得模糊,这种意义恰恰在于无名契约所体现的原则的一般性。这种原则正在逐渐地弥补类型化契约制度所留下的空白并且消除不确定性。

这项一般原则的发展经历了怎样的阶段,我们不大清楚,但它最后是通过优士丁尼法编纂者的工作被加以一般化的。正是由于这一原因,在《民法大全》中,"*condictio*"(请求给付之诉)与"*actio praescriptis verbis*"(根据前书进行的诉讼)被并列作为针对同一情形的救济手段。在其他地方均未出现过这种契约救济手段与准契约救济手段的并存。例如,在买卖契约中,没有获得价金的出卖人不能选择请求给付之诉要求返还被卖物(如果被卖物的价值在卖出后提高,采用请求给付之诉将是有好处的);他只能采用为有关契约规定的诉讼。从逻辑上讲,同样的规则也适用于无名契约,但从文献中删除请求给付之诉的工作超出了编纂者的能力,[33]他们仅仅是增加了"根据前书进行的诉讼"。

# 简　约

### 无形式简约

简约和有关用词的最初含义来自一种承诺,即关于不起诉的协议。根据市民法的一项规则,这样的简约将使任何产生于私犯的债完全消灭,裁判官扩大了这一原则的适用范围,允许通过提出"简约抗辩"来对抗任何诉权。同时,"简约"的含义也扩展到包括任何协议,并且由此形成了一句格言,一句对于罗马法的契约制度来说是很重要的格言,即无形式简约(也就是不属于法定契约范围的协议)只能用来辩护,不能用来起诉[其拉丁文的表述是：*Nuda pactio obligationem non parit sed parit exceptionem*(无形式简约不产生债,只产生抗辩)]。在非要式契约中,这一原则有所放宽,甚至允许把缔结契约时达成的简约(*pacta continua* 或者 *in continenti facta*)作为契约的组成部分看待。但是,所有后来达成的协议(*pacta ex intervallo*)和包含在要式口约中的简约,都只能通过抗辩的方式产生效力。

### 特许简约

在少数情况中,裁判官,以及在后来时的皇帝,允许根据某些不属于类型化契约范畴的简约提起诉讼。在现代术语中,这些简约被称为"特许简约"(*pacta vestita*,字面含义是"着装简约"),它们可以区分为"裁判官法简约"(*pacta praetoria*)和"合法简约"(*pacta legitima*)。在这里需要介绍的只是其中的一个。

---

[33] 这在任何一种情况中都可能是非常困难的,因为"因给付的要求返还之诉"只是一种对请求给付之诉的适用,而且"因给付的要求返还之诉"的范围甚至比无名契约的范围更宽。

"债务协议"(constitutum debiti)是一种约定按照规定的时间清偿某一现存债务的协议。例如,如果某一产生于消费借贷的债务应当在1月1日偿还,但债权人根据债务人的请求允许推迟6个月,这种协议就是罗马法所说的"债务协议"。在依据债务协议提起诉讼时,债权人可以获得对债务的偿还并另加二分之一的罚金;而如果为要求履行原来的消费借贷契约而提起"请求给付之诉",罚金则只有1/3。[34] 实际获得的差额是对原告不能要求得到利息的补偿。然而,这种协议也可以针对由第三人许诺偿还的债务达成(constitutum debiti alieni),允诺人以此种方式变为债务的第三方担保人。

## 第三节　要　式　契　约

### 口头契约——要式口约[35]

传统的市民法具有形式主义的特点,并且在可供选择的各种形式当中,它习惯于选用口头话语的形式。罗马法中的核心契约是要式契约,要式契约的形式是口头的,这并不足以为奇。比较令人惊奇的是:这种形式非常简单,而且它成熟得很早。我们知道,这种形式早在《十二表法》时代就已经存在了。

**古典的形式**

最早的形式是誓约(sponsio)。也就是说,采用郑重的词句"spondere"(保证)提出问题并且作出回答,如问:"你保证(sponde-

---

[34] 这类罚金是通过对诉讼结局押赌的方式获得的,它们是罗马法特有的东西,但只适用于少数几种诉讼。押赌采取要式口约的形式进行。

[35] 其他的口头契约[如嫁资口约(dotis dictio)和誓言(iusiurandum liberti)]所具有的意义是有限的,因而可以在此略去不谈。

*sne*)？"回答："我保证(*spondeo*)。"这种形式,大概由于起源于宗教团体,一直只限在市民间使用。然而,在古典法中,提问和回答可以使用其他语句(或许是任何的语句)表述,只要具备以下几项条件。问题和回答必须要说出来;回答必须在提问后立即作出;双方当事人必须始终在场;回答必须与提问准确地相对应,这既指在承诺时使用的语句[比如,如果一方问："你保证(*spondesne*)？"另一方却回答："我允诺(*promitto*)",契约就不能成立],同时也指内容(比如,一方要求的是 50 元,另一方承诺的是 100 元,在这种情况下契约也不成立)。不需要有见证人出席,虽然明智的要约人都懂得他应当有一些交易证据,无论是见证人还是文书。

形式是很简单的,但它能够为目的服务。形式问题所要保障的是承诺人知道决定性的时刻已经到来;整个进程应当在同一时间并且在双方当事人均在场的情况下进行,提问和回答应当准确地相对应,这些条件都是为了尽可能地保障当事人针对同一物并且在同一时间中达成协议。

**功能**

要式口约的重要性体现在这一事实上:与其说它是一种契约,不如说它是一种缔结契约的方式。任何一种协议,只要不是非法的、不道德的或者不可能的,均可以通过这样的形式而获得可执行的效力。当然,整个协议并不一定非要采取单一的问答句式达成。简单的协议,如关于支付 100 元钱款的协议(*centum dari spondes*?),一般采取这样的模式,但贸易协议很少是简单的。不可或缺的是列举协议的内容,并且通过一句简单的承诺将这一内容表述出来(如"你答应做所有这些事情吗？")。

因此,人们之所以使用要式口约,或者是因为所达成的协议不属于任何法定的契约类型,或者是因为当事人认为要式口约比较严格的派生义务更为可取,最后还可能是因为他们希望明确表达某一契约的附加协议。

### 退化

罗马法的特定契约制度是建立在协议与契约相区别的基础之上的,但是,既然任何一种协议在采用要式口约的形式后都可以转化为契约,重要的区分就体现在协议与要式口约之间。如果这样的区分被取消,罗马法的特定契约制度就将丧失其存在的基础,因为任何协议都将成为契约。这种情况在优士丁尼之后的几个世纪中逐渐地被法律所肯定,至少人们承认任何书面协议都是契约。不大清楚的是:这一演变过程在优士丁尼时期以及在此之前是如何发展的。

导致这一退化进程的主要动因是书面文书的使用。就像要式买卖所发生的情况一样,在这里,最初是作为口头行为证据的书面文书可能逐渐取代了口头行为。正如我们谈到的,古罗马的形式主要是口头的,但是,在希腊法中通常使用的是书面文书,这种模式的影响及其带来的便利导致书面证据的使用。早在公元前1世纪,这种书面证据的使用就变得很普遍,以至于西塞罗顺口把要式口约说成是书面行为。我们没办法知道采用这种书面行为的当事人是如何继续遵守法定的口头形式的,但是,就像在要式买卖中一样,如果他们有时候不通过这种书面行为记录有关的义务,那倒成了令人惊奇的。因此,可能开始时出现过原则与实践之间的分歧,出现了某些在原则上是口头的,但在实践中是书面的行为。在公元212年颁布《安东尼告示》之后,大量在过去遵循希腊的书面缔约实践的新市民发现必须使自己适应罗马法的形式,那种可能出现的分歧就变为注定发生的事情。为了满足罗马法的要求,人们在书面契约之后附加一项采用同样套语制作的说明,以注明已经按照要式口约的方式进行了提问和回答,就这样,他们简单地为自己的文书增加了通常的口头问答形式。由此开始了庸俗法时期。在纯粹的罗马法中,无论原则和实践间的分歧实际上有多大,上述原则在实践中一直至少保持着否定性效力。也就是说,如果有证据证明没有使用口头的问答形式,契约文书的效力将受到否定。但在各行省,这种后果甚至从来不为人们所理解或者被人们很快忘记。占上风的只是实践,因而产生了新的原则,根据这一通俗法的原则,书面文书,至少是记载着要式口约问答话语的文书,属于契约。

帝国法是如何遵循同一路线的,人们对此的了解至今不大确切。不过,我们可以猜测,在古典时期,虽然审判员可以自由地接受或者拒绝任何他所选择的证据,但在实践中,他在确认没有使用要式口约的问答套语之前,不仅需要听取被告的简单陈述,而且还要了解其他一些情况。为了证明存在上述否定契约效力的情况,被告应当证明存在某些瑕疵(这还不算某些很难出现的可能性,如一方或者双方当事人是哑巴或者全聋者),唯一可能出现的瑕疵是:当契约被签订时,当事人处于不同的地点。大约在优士丁尼时期,这一实践很可能也已经变成了原则,一份附有要式口约问答记录的文书只能通过证明签约时当事人没有见面加以推翻。[36] 这种做法被优士丁尼认为是欺骗,因此他对有关证据提出的要求比较严格:被告必须提供无可辩驳的证据,不仅证明一方或者另一方当事人处于其他的地点,而且还应当证明他在签约时的一整天都一直处于另一城市。口头原则就这样保存下来,但蜕变成这样一种很少受到承认的形式。

要式口约逐渐被记载要式口约的文书所吸收,从这种情况看,口头形式的退化本身不那么重要。有争议的是利奥(Leo)皇帝于公元472年发布的一项措辞含混的批复,这项批复似乎取消了对"话语形式"的要求。这也可能仅仅是指对某些特殊话语的使用,但仍然保留着对相互对应的提问和回答的要求。但人们通常认为这已经是古典法的情况了。如果的确如此,我们就只能得出这样的结论:在公元472年之后,甚至不再需要进行要式口约的问答,也就是说,任何协议都是要式口约。在保留古典的特定契约制度时,优士丁尼犯了不合时宜的错误。这种不合时宜的程度和理论上的意义实际上是很广的,但必须承认:重新塑造整个的契约法本来就不是当时的法律编纂

---

[36] 这里还有另外一个问题:有可能对附有要式口约问答记录的文书和仅仅叙述协议内容的文书加以明确区分吗?

者力所能及范围内的事情。

# 文字契约

### 古典的文字契约

我们对这种契约的了解来自盖尤斯《法学阶梯》中一段很简短的记述和在其他地方的少量参考材料。因此,许多问题都有待于解答。这种契约的功能仅限于采用下述两种方式之一更新或者变更现有的债,它把一个或者数个现有的债(无论是否属于诚信之债)转变为单一的严法钱款债,或者把一项债务从一个债务人转移给另一个债务人。它属于要式契约,也就是说,它的效力更主要依赖于某种书面形式的存在,而不是有关文书所记录的事实的存在(但我们并不确切地知道这种书面形式是怎样的)。盖尤斯谈到"债权誊账"(transcriptive entries),[37]这种契约很可能是由债权人在传统的罗马账本上进行虚拟的记录。

盖尤斯的简短论述使人感到:这种契约在当时已经过时了,这也许是因为旧的账本已经过时。在优士丁尼时代,它显然早已被忘记。

### 优士丁尼《法学阶梯》中的文字契约

面对旧的文字契约的消失,优士丁尼《学说汇纂》的编辑者简单地删除了所有关于它的论述,并且把传统分类中契约类型减少为三种,即实物契约、口头契约、合意契约。但是,优士丁尼《法学阶梯》的编辑者或许出于对四分法的热衷(四种契约类型、四种私犯、四种实物契约、四种合意契约),发现需要一种新的文字契约。然而,认真考察起来,这种要求似乎是不正确的。

帝国的立法者曾经试图解决关于对某些完全或者部分不存在的债给予书面承认的问题。这类情况的出现一方面可能是由于:债权

---

[37] 盖尤斯在《法学阶梯》中使用的拉丁文是"*nomen transcripticium*"。——译者注

人在摘录文书之前就怀有恶意并且后来没有按照记录实行借贷,更有可能是由于:为了规避对利息率的法定限制,人们把本金数额记录得高于实际的借贷数额。这种文书可以记录通过要式口约或者消费借贷欠下的债,但优士丁尼的《法学阶梯》所涉及的仅仅是后一种债。优士丁尼立法试图解决的问题类似于如何对待与要式口约有关的文书问题(它所证明的要式口约根本没有以口头形式完成)。如果"债权人"提起诉讼,"债务人"将被迫承担那种几乎不可能完成的任务,即证明钱款根本没有被支付。因此,被告可以采用一种特殊的抗辩手段["未付款抗辩"(*exceptio non numeratae pecuniae*)],这种抗辩将通常的举证责任反转过来,要求原告证明债独立于有关文书而存在。这是一种厉害的武器,它可能对无辜的债权人造成不公正的情况,因为这位债权人依靠一份真实的文书,同意在相当长的时间中不要求对债实行强制执行,只是到最后,当几乎不可能采用其他手段证明自己的债时,他才发现债务人实际上可以通过"未付款抗辩"的方式撕毁那份文书。因此,这种抗辩的提出受到时间上的限制,在优士丁尼时代,这一时限是两年。〔38〕过了此时限之后,被告再不能使用上述抗辩手段,而且按照优士丁尼的论点,他将必须进行给付。他的这种债,既然不可能产生于消费借贷(就假设而言,这种消费借贷从来就不存在),因而必定产生于有关的文书。如果说被告的确在法律上负有给付的义务,就可能出现一个人们经常争论的、关于法定分类的问题:一种结论性推定(不允许反驳的推定)是否最好被表述为证据规则或者实体法规则;或者换句话说,我们是应当关注实际上发生的事实,还是应当关注由法律推定发生了的情况。如果在两年之后法律单纯根据上述文书的存在而就其内容的真实性做出结论性推定,那么比较现实主义的说法就是:被告应当受到该文书的约束。另外,法律制度也偶尔采用这种结论性推定或者拟制,以便通过

---

〔38〕 这后来又导致采用其他手段防止出现更进一步的不公正。这些复杂手段的伦理意义似乎在于说明改变"自然的"举证责任是不明智的。

将例外情形纳入定型的范畴来简化有关的分类。优士丁尼的例子就是这种情况。有关情况是例外的和无关紧要的,为它们创设独立的契约类型将不必要地使法变得复杂和走形。

然而,对于优士丁尼的论点有一种重要的反对意见:上述推定看起来并不是结论性的。没有任何情况表明在两年届满后被告就再不能就在上述文书中记载的借贷是否存在的问题提出异议。的确,举证的责任由被告承担,并且在一般情况下他是不可推卸的,但是,被告在事实上不能反驳的推定与他在法律上不能反驳的推定之间存在着根本的区别。

## 第四节　债　的　解　除

在没有经过有关当事人同意的情况下,债可以通过许多方式得到解除。比如:出现不可能清偿的情况(如所欠的物品灭失),或者在少数情形(如合伙、委托等情况)下,因当事人死亡而解除,但是,债的解除一般产生于当事人的自愿行为。

清偿肯定导致债的解除,这在我们看来是显而易见的事情,但是,按照早期法的形式主义观点看,以要式方式设立的债也应当以要式方式解除。因此,我们看到两种对清偿的要式承认。相对于要式口约,有关的要式承认是口头的,表现为"正式免除";相对于文字契约,则是文字的,表现为"收据"(*accepti relatio*)。在"正式免除"中,债务人问债权人是否已经得到了对债的清偿,债权人回答说是的。然而,在古典法中,清偿本身就足以使债解除,"正式免除"只不过是一种未经清偿的解除,是一种对清偿的虚拟承认。但对于这样一种解除来说,必须实施要式行为:简单的协议只能通过"简约抗辩"发挥作用。[39] 另外,产生于合意的债,由于是根据协议设立的,只能通过相反的协议加以解除。

下面我们谈谈通过更新而实现的解除。

## 第五节 契约相对关系

**原则**

根据被英国法称为契约相对关系(privity of contract)的原则,某一契约应当只对缔结该契约的当事人发生作用,并且第三人不应当因该契约而取得权利或者承担义务。在罗马法中,除了一切由奴隶或者家子实现的取得均自动地归家父所有外(这在罗马人眼中不属于例外),上述原则严格得到贯彻。如果某甲向某乙承诺说他将向某丙给付,某丙是不能提出给付请求的,因为他不是契约的缔约人。如果某甲批准某乙同某丙缔结契约,某甲既不针对某丙享有权利,也不针对某丙承担责任。如果某甲欠某乙的钱款,某乙不得在未得到某甲合作的情况下将自己针对某甲的权利转让给某丙。

第三人不能根据契约取得任何权利,这曾是一项更广泛原则的一个方面,根据这项原则,不得通过一个外人(extranea persona)(比如家外人)实现任何取得。在财物法领域,这项原则已经作了让步,但在债法领域,它仍然保持不变。第三人不能根据契约承担义务,这或许产生于债在早期法中所具有的严格的属人性和身体性,在那时,执行活动针对的是不履约债务人的人身,而且债务似乎因债务人死亡而消灭。

---

[39] 然而,除了明确地要求提出上述抗辩外,使债消灭的市民法方式和对抗诉权的裁判官法方式之间的差别已经大大地减少。例如,如果债务人在不知道可以采用上述抗辩的情况下实行了给付,这种给付在法律上是应该的,尽管如此,他仍然可以要求返还。

### 更新和替代

由某一契约创设的权利和义务可以通过在第三人与某一原始缔约人之间达成的新契约而向该第三人转移，这不是对上述原则的例外。这被称为更新。[40] 在这里，旧契约被新契约所消灭和取代。新契约不授予任何针对非缔约人的权利和义务，只是使原契约中的权利和义务消灭。如果更新造成债权人的改变，必须取得原始债权人的同意，因为他将因更新而丧失权利。另外，如果更新造成债务人的改变，原始债务人不可能因其债务消灭而受到损害，因此不必有他的同意。

对这种更新的最重要应用表现为所谓的"替代"(delegatio)。例如，某甲欠某乙的钱款，某乙欠某丙的钱款，某乙可以指示某甲向某丙承诺给付。某甲向某丙承诺给付将使某乙欠某丙的债务更新并且消灭。以这样的方式，某乙可以让某甲代替自己向某丙清偿债务，但是，实行这样的替代，必须得到所有三方当事人的同意。

### 转让

在现代英国法中，上述替代可以在不经债务人（某甲）同意的情况进行，其方式被称为转让(assignment)。某乙根据一定的条款，简单地将他针对某甲的权利转让给某丙，某甲随后必须向某丙实行给付。这样的权利转让在罗马法中将会对债的属人特点造成极大的影响，但是，人们通过诉讼代理所实现的某些情况实质上与此如出一辙。当某一争讼人不能够或者不愿意直接进行自己的诉讼时，他可以通过委托的方式指派一位代表进行诉讼。裁判官可以通过改变有

---

[40] 为了使更新成立，新契约必须对旧契约作出某些变更。变更既可以发生在当事人之间，也可以表现在形式上（例如，一项或者数项非要式契约可以被单一的要式口约所更新，人们可以比较容易地根据新的要式口约提起诉讼或者要求解约）；更新还可以针对内容，或者上述几种情况兼而有之。更新必须采用要式口约的方式。古典的文字契约曾发挥过类似的作用，但不像是同样的更新作用，因为新债似乎不像在更新中那样依赖于旧债的有效性。

关程式中姓名的方式确认这种指派,而这样做并不违反市民法。比如:诉讼是由主当事人提起的(或者应诉的),但是,裁判官却指示审判员针对某一代理人作出裁决。[41] 为了将这种代理转变为诉权的转让(cessio actionis),主当事人必须做的事情就是免除代理人向他汇报代理所得的义务。由此出现了人们所说的"委托"或者叫"自我事务代理"(procuratio in rem suam)。然而,这种简单的手段却有着两个缺陷:一方面,提起诉讼的授权,与其他的委托一样,是可以撤销的,因此,在被指派人与债务人之间的"争讼程序"完成前的任何时间中,指派人都可以在转让问题上退缩。上述转让同样可以因任何一方当事人死亡而被破坏。另一方面,在法律的眼里,债仍然归主当事人(也就是转让人)所有,因此,他可以在"争讼程序"完成前的任何时间中解除债务或者接受对它的清偿。这两个缺陷可能只是到了优士丁尼时期才完全得到弥补。针对第一个缺陷,人们允许被指派人以他自己的名义提起"扩用诉讼"(actio utilis),这种诉讼不受指派人撤销指派或者死亡的影响,而且,如果被指派人死亡,他的继承人还可以继续进行这种诉讼;但是,它仍然受第二个缺陷的影响。对此,人们采取了通知程序。如果受转让人向债务人发出了关于转让的通知,后者就再不能通过直接与转让人联系而实现对自己债务的解除。通过这种迂回的方式,罗马法似乎已经实际建立了转让制度。

**代理**

在现代法中,如果代理人以主当事人的名义同第三人签订契约,他就直接地在主当事人与第三人之间设立了权利和义务,而且他自己不介入其中。罗马法没有这种意义上的代理概念,虽然它可能孕

---

[41] 例如,如果某甲声称某乙欠他钱,但他指派某丙替他进行诉讼,有关的程式将是"如果某乙欠某甲的钱,则判罚某乙向某丙给付"。这种"鲁第里程式"[它以裁判官鲁第里(Rutilius)的名字命名]曾经也被应用于人们希望转让某一负担或者收益的其他情况。

育过也能取得某些同样结果的制度。这种孕育过程是缓慢的,其结果也不令人满意,这在一定程度上可能是受制于以下事实:商务代理人通常是奴隶,而且在家庭内部,罗马法在很早的历史阶段就已经建立了相当令人满意的制度。

1. 在家庭内部。从本质上讲,有关法则对于处于父权之下的儿子和女儿,同对于奴隶是一样的,因此,为简便起见,在此我们只谈奴隶。我们已经介绍过,按照市民法,奴隶缔结的契约使主人得到的是权利而不是义务。如果契约是双务的,主人只有在准备履行义务的情况下才能要求取得他的权利,但是,他仍然有权决定该契约是否有效;在此情形下,很少有人愿意同奴隶缔结契约。早在公元前2世纪,裁判官就开始为奴隶缔结的契约提供针对其主人的救济手段。为防止发生与市民法的公开决裂,人们采取了与债转让相同的手段,即在有关程式中改变名字。有关诉讼要求列举的是奴隶与第三人(原告)之间的债或者契约,但裁判官指示审判员对主人判罚或者开释。[42] 这些裁判官法的救济手段可能有三种。如果第三人与奴隶缔结的债以主人的授权为根据,其中的一种救济手段将使主人承担全部责任。如果在主人与第三人之间没有这样的联系,则适用另外两种救济手段,但仅限于奴隶拥有特有产的情况,并且主人所承担的责任以该特有产的价值为限。这两种手段使我们所说的有限贸易责任成为可能。但是,无论在哪种情况下,起作用的基本观念都不是代理。在前一种情况中,主人肯定知道奴隶是在使用自己的部分或者全部特有产进行贸易,但在任何情况下都不要求主人应当授权缔结契约;实际上,他本来可以禁止这样做。此外,也不发生将奴隶的责

---

[42] 由于奴隶在任何情况下都不能享有民事权利和义务,还需要虚拟他们拥有自由权,这种"请求给付之诉"的程式是这样的:"某乙是某丙的奴隶,假设某乙是自由人,如果他欠某甲的钱款,则判罚某丙向某甲给付。"如果有关诉讼涉及的是买卖、租赁等,有关程式做相应的变化,它的具体细节将取决于原告向裁判官要求哪种救济手段。如果有关契约不是由奴隶而是由家子缔结的,则不需要关于自由的拟制。

任转嫁到主人身上的问题。就像有关诉讼程式所表述的那样,首要的责任仍然由缔约者承担。[43] 上述诉讼只创设一种附加责任;从中世纪以后,它们被称为"主人和家父责任之诉"(*actiones adjecticiae qualitatis*)。[44] 因而,起基本作用的观念不是代理,而是根据受益分担风险:主人取得来自其奴隶活动的收益,并且应当因此而承担责任。

2. 在家庭以外。另外两种"主人和家父责任之诉"将同一原则扩展适用于家庭以外。如果一个人指派另一人(无论是不是他的奴隶或者儿子)做商务经管人(*institor*),他将在经管人之诉(*actio institoria*)中对与该商务有关的契约承担全部的责任;对于船只的所有主或者承租人,同样可以通过船东之诉(*actio exercitoria*)要求他对船长签订的契约承担全部责任。然而,如果说主当事人与代理人之间的关系在范围上是比较有限的话,第三人则只是后来在古典法中才获得针对主当事人的诉讼手段,对于那些只因单项交易才出现的关系,甚至也可以采用类推的方式扩展适用经管人之诉["仿经管人之诉"(*actio ad exemplum institoriae*)]。

主当事人的责任就是以这样的方式确立的,但是,对他却没有授予权利。主当事人不能针对第三人提起相应的诉讼,他的诉讼手段应当在转让中寻找。我们前面说过,代理人有义务报告其代理活动所得,而且这种义务意味着他应当转让自己针对第三人所享有的诉权。然后由主当事人作为自己的代理人的代理人提起诉讼。因此,在一般情况下,主当事人和第三人都享有相互提起诉讼的实际手段,第三人通过经管人之诉或者仿经管人之诉针对主当事人提起诉讼,主当事人则采用代理人转让给他的诉权针对第三人提起诉讼。然而,通过转让而取得的诉讼手段有着自己的缺陷:代理人可能在主当

---

[43] 如果这种情况发生在奴隶身上,它只是一种"自然债"(也就是说,如果他在变成自由人后实行给付,这种债将妨碍他要求返还);如果落在儿子身上,而且他没有"军营特有产",这种债只能在该儿子成为自权人之后才可能实际执行。

[44] 中文也译为"增附性诉讼"。——译者注

事人提起"争讼程序"之前撤销转让或者死亡,他还可以干脆拒绝实行转让。我们已经谈到,由于允许受转让人以自己的名义行使某一诉讼手段,因而撤销和死亡的影响最终将被消除。如果在拒绝实行转让的情况下也允许采用同样的做法,整个转让程序就变成多余的了。无论主当事人与第三人的关系出现在怎样的情况中,主当事人本来都能够以自己的名义就代理人的契约提起诉讼。由于第三人可以采用经管人之诉等手段相应地提起诉讼,代理实质上就已经实现,只是代理人继续承担着责任并且享有相应的权利。但是,优士丁尼似乎并没打算走完这最后一步。[45] 对于他来说,关于契约缔约者相互间特定关系的原则似乎一直都很严格:主当事人的救济手段一直都必须首先针对未实行转让的代理人,只有当这种救济手段在某些特殊情况中失去了意义时(例如,代理人无清偿能力,代理人失踪,或者代理人死亡并且没有继承人),他才能直接针对第三人提起诉讼。当迂回行事可能损害主当事人时,避免迂回行事,而当这样做不会造成损害时,却一定要迂回行事,这属于毫无意义的墨守成规。

## 第六节 保 证

罗马法有一个乍看起来令人惊奇的特点,这就是人的担保或者保证有着显著的地位,而且可以采取各种各样的形式。关于这种显著性,我们已经在前面做过论述。对它的解释一方面可以从法律的角度作出(缺乏实物保证的法律制度),另一方面可以从社会的角度作出(与委托制度相关的朋友间义务在这里同样起作用)。对于保证类型的多样性,在一种主要涉及经济问题的制度中,可以根据每一种类型的特点作出解释。

最早的两种保证形式是所谓的"誓约"(*sponsio*)和"承保"(*fi-*

---

[45] 他没有作出明确的宣告,而且有关文献在此问题上也很混乱。

depromissio），它们都是采用要式话语、以要式口约的形式作出的，它们在主要的方面遵循着同样的规则，然而，誓约当被用来创设主债时仅限在罗马市民之间使用。它们都受到一些限制并且具有同样的缺陷：只有当主债也通过要式口约设立时才能适用这些形式；同所有早期的债一样，因它们而产生的债都随债务人的死亡而消灭；在任何情况下，这种债在设立两年之后均告消灭；如果对同一债务有数位保证人，他们每人只按照自己为主债所承保的份额承担责任，即使其他保证人没有清偿能力，也同样如此。这后两项限制反映出当时的立法显然有意减轻保证人的负担。但是，由于这两种保证形式对于债权人太缺乏吸引力，有关目的也难以达到。因而，在共和国后期出现了第三种形式——"偿还保证"（fideiussio），它也是一种要式口约，但是，没有前面提到的那些缺陷和限制。它可以用来为任何一种债务做担保，无论这些债务是如何设立的；它对保证人的继承人也具有约束力，并且不受时间的限制；如果有数位保证人，债权人可以向他们中的任何一人要求清偿全部债务。这最后一个特点实际上被哈德良做了一定程度的修改，即如果某一保证人愿意，他可以要求享受"诉权划分照顾"（beneficium divisionis），只偿还他在债务中占有的份额；但是，在对该份额进行计算时，那些在诉讼提起时没有清偿能力的保证人将被排除在外。换句话说，无清偿能力的保证人的风险将由其他保证人承担，而在誓约和承保中它则落在债权人身上。

因而，偿还保证远比另外两种方式对债权人有利，并且它是上述三种保证方式中唯一被优士丁尼法加以保留的方式。我们还已经介绍过另外两种起保证作用的、非要式的方法，即委托和债务协议。由于这两种担保都简单地表现为协议，并且老百姓通常不使用法律术语表述他们的协议，因而，这两者之间的实质性区别就在于：在委托中，协议必须先于主债的设立而达成，而在债务协议中，协议则在主债设立后达成。

当然，这些保证契约只在债权人与保证人之间设立关系。如果清偿了债务的保证人要针对债务人或者其他保证人提出要求，还必须有某些其他的根据。比如:在保证人与债务人之间,如果该保证人根据债务人的请求向债权人清偿了债,上述根据可能是委托;如果他是自愿这样做的,这可能就是无因管理。在早期的誓约中,应保人(*sponsor*)针对主债务人采用的救济手段是由制定法规定的,这种做法具有重要意义。在保证人之间,如果保证人采取相互协调的行动,这可能就是一种合伙关系;但如果他们不这样做,法律不提供任何救济手段。然而,在哈德良引进"诉权划分照顾"制度之后,这不再可能成为很重要的问题。

## 第七节 现代民法

我们在前面谈到,罗马法的特定契约制度在优士丁尼时期已经被削弱了基础,当时实行的一项原则导致要式口约的衰退,这就是:任何协议,或者说至少任何书面协议,均为契约。优士丁尼法的编纂者既没有承认已经存在的现实,也不愿意承担重建的工作,因而他们让这种原则冲突一直未得到解决。中世纪的和后来的民法工作者没有赶上这一进程。要式口约,连同其他形式的罗马契约一起,已经消亡。教会法坚持的是这样一条道德原则:协议应当遵守。特定契约制度不可能保存下去。就这样,现代民法制度从下列原则中发展起来:任何认真拟定的协议均为契约。其他一些基本原则也同样地被抛弃。关于代理的罗马法则的复杂规范也没有能幸免于罗马世界的消亡,现代民法制度毫不犹豫地接受了关于代表(representation)的原则,根据这一原则,第三人不能就契约提起诉讼,即使该契约显然是为了他的利益而缔结的。这一原则比较长命,但在最近这 100 年中,由于现代商务的需要,尤其是保险业的需要,给该原则带来重大变通。

然而,契约法仍然是现代民法中受罗马法影响最为明显的分支。在发展统一契约制度的原则时,民法法系的学者们主要依靠的是罗马法,特别是调整要式口约的、被详细拟定的法则。因为要式口约一旦摆脱了它的形式,可以被看作一种契约模式。此外,民法法系试图既享受统一契约制度带来的好处,又享受典型契约制度带来的好处。在统一契约制度的框架内一直保存着经过某些修改的、罗马法的典型契约。当然,这些典型契约的存在不再导致这样的结果:不属于它们范围之内的协议不是契约。这些特殊契约的存在能够为那些在生活中最常见的行为提供一套现成的"附带权利义务"。

罗马契约法的影响不仅保留在现代民法法系之中,普通法甚至有时候也进行一些借鉴,如关于处理错误问题的规则、关于买卖的规则等,虽然这些借鉴经常是第二手的,主要是参考民法法系学者们的论述,而不是主要直接参考罗马法文献。

# 第二章 私犯和准私犯

## 第一节 引 言

罗马的契约法能够不大困难地移植到现代的规范之中,然而,在罗马的侵权法中却含有大量令我们的思想方式感到陌生的东西,甚至连盖尤斯时期或者优士丁尼时期的人对它们也难以理解。在任何一种没有经历彻底的修改或者法典化的法律制度中都存在僵化刻板的东西,它们反映并且保留着来自某种已经在其他方面消亡了的观念。比如,19世纪之初的英国法就保留着大量这样的东西,虽然其中许多内容后来已经被立法者删除,但仍留有某些残余。在古罗马,在优士丁尼统治之前,立法者一直对修改这样的法律兴趣不大,而且优士丁尼自己也让许多东西保持不变。

最明显的僵化现象表现在要式行为中,如要式买卖(采用对没有铸造成币的铜块进行过秤的形式)和在库里亚民众会议上进行的行为。这些行为的最大弊端在于它使用上的麻烦,最大优点在于它的象征性。然而,在关于私犯法则中发现的僵化刻板的东西却另是一种,它们影响着法的特点和实质。在这里也有一些最显而易见的东西,如甚至保留在优士丁尼法中的损害投偿责任和对现行盗窃和非现行盗窃的区分。但这些东西都比不上它们所依据的、仍保留至今的原则,即报复性惩罚原则。这部分法的历史可以被看作一种从对侵害的报复性惩罚向损害赔偿过渡的运动,这一运动在罗马时期根本没有完成。

### 公犯和私犯

现代法对英文术语中的 crime(犯罪)和 tort(侵权)加以区分,或者更准确地说,对某一行为的刑事问题和侵权问题加以区分,因为同样的行为(如盗窃)可能既构成犯罪,又涉及侵权。从广义上理解,这种区分是针对危害国家秩序或者安全的行为和侵犯个人权利的行为(但不一定都是违约行为)而设置的。与这种对行为特点的区分相对应的是在制裁上的区分。在刑事诉讼中,首要的目的是惩罚犯罪人,如果说从这种惩罚中能够产生某种利益的话(如在罚金的情况下),那么受益人是国家,而不是个人(遭受犯罪侵害的个人)。但是,在关于侵权的诉讼中,制裁的目的通常是对受害人进行赔偿,而不是惩罚侵权人。正是由于这一原因,刑事定罪一般不妨碍关于侵权的诉讼。

在罗马法中,相对应的区分针对的是公法领域中的公犯(*crimen*)和私法领域中的私犯(*delictum*)。但是,在私犯和侵权之间存在重要的区别,对私犯的制裁最初是为了取代报复行为而出现的,因而它说到底仍保留着惩罚的特点,尽管表现为不同的程度。正是由于这一原因,甚至根据优士丁尼法还可以针对盗窃提出三种不同的诉讼,第一种是刑事诉讼,第二种是关于私犯的诉讼,据以要求向受害人支付一笔罚金,第三种是要求返还被窃物的对物之诉或者要求返还物的价款的对人之诉。与关于侵权的诉讼相对应的是最后两个救济手段,而不是关于私犯的诉讼。在其他情况(如对财物造成非法损害的情况)中,不存在单独的要求赔偿的救济手段,关于私犯的诉讼被用来为两种目的服务,但它仍保留着某些刑事特点。对此,我们将在下面予以论述。

一般而言,在早期法中,刑事制裁比侵权制裁(在实行私人报复或者其替代做法的意义上)发展得要晚些。我们不能说这是否完全反映罗马法的情况,因为早在《十二表法》中,某些严重的犯罪,如杀人、叛逆、纵火等,所招致的制裁就可以被称为刑事制裁,公共权力机关直接对它们科处刑罚(死刑),没暗示说这是私人报复的替代手段。但这类犯罪的数量很少,到了共和国最后 100 年时,关于私犯的法律已经在很大程度上发挥着刑事法律的功能。但是,在共和国末期的混乱环境中,私人制裁不再适宜,因此出现了刑事法律的迅速扩张,出现了对相同行为的两种惩罚性制裁(虽然并不是所有的公犯都当然地属于私犯,也不是所有的私犯都同时是公犯)。这后来又在私犯法则中引起重心转移。例如,对于盗窃可能很少使用私犯法则规定的制裁,而对于其他的私犯,法律却越来越多地(但并非完全地)从赔偿的角度来考虑问题。

### 私犯诉讼的刑事特点

《十二表法》保存着私人刑事诉讼发展进程所经历过的所有不同阶段,这种诉讼在原始法律制度中普遍存在;但在《十二表法》中见不到群体责任(私人报复的法则)的踪迹。自我救助的方式依然存在,但受到一定程度的控制。这种控制的最原始形式只不过是限定在哪些情况下杀人无罪。因此,如果窃贼是在夜间行窃,或者虽然是在白天行窃,但却使用武器抗拒,盗窃行为的受害人就可以杀死他,只要受害人发出过呼叫,这大概是为了能使邻居据此验证上述杀人行为的合法性。在现行盗窃(窃贼在被抓获时手持被窃物)的情况下,这种控制还稍多一些积极意义。当时仍然不进行审判,因为罪行是显而易见的,[1]但受害人不能对窃贼进行报复性惩罚,只能先把他带到执法官面前(当然也连同窃贼身上的赃物),后者对窃贼进行鞭笞(这里被塞进了"刑事"制裁的成分),然后正式地将窃贼交给受害人。在严重的身体伤害(membrum ruptum)的情况下,表面上进行审判,受害人无权处理加害人的整个身体,只有权进行以牙还牙的同态复仇(lex talionis)。实际上他可以接受和解性赔偿,就像现行盗窃的受害人所能够做的那样,但不得强迫他这样做。然而,对于其他私犯,这种纯属自愿和解的做法已经不再实行,受害人必须接受赔

---

[1] 这与盎格鲁-撒克逊法中的"人赃俱获"盗窃(hand-having thief)非常相似。

偿金。这既可以是一笔裁定的数额[断一根骨头(*os fractum*)赔偿300阿斯,比较轻的伤害赔偿25阿斯],或者是损失数额的倍数(对于非现行盗窃,是被窃物价值的两倍),还可以由审判员当庭裁断。只是在不能支付赔偿金的情况下,受害人才能对加害人的人身采取行动(当时允许所有的债权人采用这样一种执行程序)。

私犯诉讼被划归为罚金诉讼(*ad poenam persequendam*),区别于其他要求赔偿损失的(*ad rem persequendam*,在英文中有时表述为 *reipersecutory*)诉讼(无论是对物的还是对人的)。损害赔偿之诉通常表现为支付赔偿,罚金之诉则表现为支付高于赔偿额的钱款,但实质性区别在于罚金诉讼具有惩罚性或者报复性特点。在实践中,罚金诉讼具有四个主要后果:第一,如果某一私犯是由两个或者两个以上的人共同实施的,他们中的每个人均分别对整个数额负责。罚金诉讼的目的是惩罚,受害人可能因此而获得几倍赔偿,这无关紧要。同样,正如我们在盗窃问题上所介绍的,罚金诉讼的提起并不妨碍损害赔偿之诉。第二,如果加害人在诉讼提起之前死亡,罚金之诉将不针对其继承人进行:受害人只能要求针对加害人自身实行报复。用民法学者的话来说,在这种诉讼中,"被诉对象是不可转移的"。第三,如果死亡的是受害人,诉讼一般仍可以进行(这叫"起诉主体可以转移"),但是,如果提起的是侵辱之诉,则实行例外,因为它具有特殊的报复性。第四,如果加害人是奴隶或者处于父权之下的儿子,诉讼则是投偿性的(*noxal*)。[2] 这些都是所有罚金诉讼所共有的特点。除此之外,裁判官法的大部分罚金之诉都有1年的时间限制,其理由可能是:在这样一段时间中仇恨可能冷却。[3]

### 《法学阶梯》的分类

优士丁尼仿效盖尤斯,只列举了四种私犯:盗窃(*furtum*)、抢劫

---

[2] 参见本章第六节中的"损害投偿"。
[3] 市民法在原则上没有时限方面的规定。

(rapina)、非法损害(damnum iniuria datum)和侵辱。这种分类不令人满意,不仅是在它所包含的内容方面,而且还包括它所漏掉的情况方面。一方面,抢劫只不过是一种变相的盗窃,不值得在这么简短的名单中单独列举;另一方面,虽然省略掉大量不大重要的罚金诉讼(无论是市民法的还是裁判官法的)是有道理的,但是,将两种分别针对诈欺和胁迫的、重要的裁判官法诉讼遗漏会使学生对法律救济手段产生很不正确的印象。[4]

## 第二节 盗窃和抢劫

关于盗窃的规范在成熟的罗马法中是最不值得称赞的部分,这一方面是因为许多远古时期的特点被允许保存在那里,另一方面是因为这种私犯在一定的时期有着相当宽广的范围,以至难以界定。远古时期的特点对于考古学者和研究原始法的人来说是很有意义的,但这些东西在像古典罗马法这样精致的制度中是格格不入的。法律要惩罚那些它自己都不能加以界定的行为,这显然是不能令人满意的。这两种缺陷可能有着相同的原因,至少是在一定程度上,即关于盗窃的规范很少具有实践的意义。任何一个社会中的窃贼通常都是没有清偿能力的,或者至少不是明显有清偿能力的,因此,罗马法规定的数倍的罚金也肯定成了想入非非。虽然帝国时期的罗马一直保留着对私人报复的兴趣,但是,旧的、针对人身的执行权在当时早已经被限制为一种由债权人对债务人实行的私人监禁。简言之,把惩罚让位给刑法,这可能会令人满意得多。诚然,如果窃贼是奴隶,受害人可能会在某种程度上感到放心,因为他可以要求他的主人支付罚金或者对该奴隶实行损害投偿,但犯盗窃罪的奴隶不会是很

---

[4] 优士丁尼是在简单地仿效盖尤斯。盖尤斯为什么这样列举,搞懂这一点比较困难。

值钱的东西。因此,现实情况很可能像一份文献所实际暗示的那样:民事诉讼很少提起。关于盗窃的规范可能只是间接地具有实践意义,即确定某物是否已被盗窃,因此不能对它实行时效取得。无论情况可能是怎样的,这些非常古老的救济手段会被经常使用,这至少是令人难以相信的。我们现在可以对它们进行简要的考察。

**远古的特点**

这些特点中最为鲜明的是区分现行盗窃(*furtum manifestum*)和非现行盗窃(*furtum nec manifestum*)。早期的对现行盗窃的野蛮刑罚只要求很简单的程序,不需要经过审判,这种刑罚已经消失,但有关的区分仍然残存,当时的刑罚是支付4倍的罚金。实际上,这两种形式的盗窃现在均需要接受正常的审判,在举证方式上的旧区别已经被遗忘。现在人们争论的问题是:在行为实施后必须在多快的时间内抓获窃贼,才能使其承担4倍的罚金。优士丁尼只不过平息了这一争论。这一争论在整个古典法时期一直存在,该事实表明:"现行盗窃之诉"并不经常被提起。

还有一些其他的诉讼。如果受害人怀疑被窃物已经被隐藏,他可以要求进行搜查以证明他的怀疑。如果搜查受到拒绝,他可以要求持有被窃物的人支付4倍的罚金[通过"拒认盗窃之诉"(*actio furti prohibiti*)]。如果搜查得到允许并且找到了被窃物,有关的持有人必须支付3倍的罚金[通过"查获盗窃之诉"(*actio furti concepti*)],即使该人对有关情况一无所知。[5] 此人反过来可以从存放该物品的人那里获得3倍的罚金[通过"转移盗窃之诉"(*actio furti oblati*)],只要后者这样做是为了躲避追查。因此,如果房客不是窃

---

[5] 根据《十二表法》的规定,受害人在搜查时赤裸着身体(只使用遮羞物)并且端着一个盘子,如果在搜查中发现了被窃物,对持有人将以现行盗窃论处。这种奇怪的仪式(在盖尤斯时期已显然过时),尤其是它同导致"查获盗窃之诉"的搜查活动的关系,引来许多猜测。

贼,他只是带来了被窃物并且把它们留在了房子里,房屋的主人将可能遭受罚金,而不能采用上述救济手段。如此粗陋的规则不可能在古典法时期沿用。这些诉讼的整个程式在优士丁尼时期之前就已经被弃置不用。搜查已经变成了公共程序,不需要为在明知情况下对被窃物的接受作出特别的规定,因为,在罗马关于盗窃的宽泛概念中,接受者也几乎等于窃贼。

**盗窃的构成要件**

明确的定义是不可能有的,但可以区分盗窃的构成要件。

1. 行为。虽然"盗窃"一词显然起源于动词"*ferre*"(拿走),但在古典法中并不要求把某物拿走,就像英国的盗窃罪(larceny)所要求的那样。罗马法学家使用的是"*contrectatio*"(取得)一词,它的严格意思是"*handling*",似乎包含对物的染指或者处置。因此,正如前面所说的,接受者也是窃贼,而且,采用未经准许的方式或者在未经准许的范围内借用或者使用物品也可能构成盗窃[这就是所谓的"窃用"(*furtum usus*)]。同样,侵吞(以欺诈的方式将托付给自己的物品据为己有)也属于盗窃。根据某些法学家的观点,在明知情况下接受自己不应接受的错误给付也是盗窃。既然上述支付所转移的不仅是占有,而且也使所有权转移,既然任何人(至少所有的窃贼)均不能取得对被窃物的所有权,把这后一种情况视为盗窃就实际上是矛盾的。正确的归类应当是诈欺。[6] 但是,在《学说汇纂》所实际表达的观点中,仍不可能找到有关的明确划分。

2. 意图。有关文献有时候谈到行窃意图(*animus furandi*),这种表述也不时地被英国法所借用。但是,由于对定义此概念的词还需要予以界定,它除了说明被告人必须在某种意义上具有非法的心理状态外,没有其他的帮助。在一般情况下,此术语可以定义为缺乏诚

---

[6] 在类似情形中,英国法区分盗窃(larceny)和虚假要求(false pretences),在前一种情况下行为人是取得对物的占有,在后一种情况下则是取得所有权。

实信念,所谓诚实信念是指认为在所有主知晓的情况下会得到其许可。在上面提到的窃用情况下,借用人应当承担责任,除非他诚实地相信:所有主本不会予以反对。但是,如果被告人并不具有这样的信念,而且所有主事实上也没有表示反对,这种情况该怎么办?盖尤斯举例说:在某人唆使奴隶从其主人那里盗窃物品并且交给他的情况下,如果奴隶把此情况报告主人,主人为了让这个不诚实的人落入圈套而吩咐该奴隶与其合作,对此,盖尤斯认为不构成盗窃,因为主人已经给予同意;而且也不构成腐蚀奴隶罪,因为那个奴隶并没有接受腐蚀。作为立法者的优士丁尼不耐烦地推翻了这个具体的判定,但没有解决上述情况所提出的最基本的问题。

盗窃行为的实施是违背所有主意愿的,根据这一条件可以得出以下结论:所有主不会窃取他自己的东西。然而,情况并非如此。比如,如果所有主将某物品质押给某人,然后从该人那拿走该物品,或者所有主从善意占有人那里拿走自己的物品,他就是在实施盗窃 [所谓"窃占"(*furtum possessionis*)]。

有时候还要求另外一种意图,即获取好处的意图。这种意图在通常情况下显然是存在的,而且它有助于将盗窃区别于随意的破坏行为(进行这种区分是必要的,因为后一种情况属于非法损害)。这还有助于将因同情而为奴隶解脱锁链的行为排除在外,法学家不愿意给此行为贴上盗窃的标签。但是,有关这一条件的规定贯彻得并不彻底,在一份经过篡改的文献中,它被加以宽泛的解释,以致使它实际上变得毫无意义,这种解释说:如果某人将自己借来的东西转借给别人,应当认为他获得好处,因为从他那里借到物品的人将感到应当报答他。

3. 物。任何有主人的可动物均可构成盗窃的对象。甚至处于父权之下的子女或者处于夫权之下的妻子都包括在内(无疑,这是原始法的残余,这种早期的法律制度尚未对支配权、夫权和财产权进行区分)。由于古典法不要求"拿走"这一条件,将不可动物排除在外的做法有些令人惊奇。对此,我们没有看到任何关于理由的解释,而且有些法学家还有不同的想法,但他们的观点并不占上风。

### 原告

就像在"窃占"(furtum possessionis)情况中所表明的那样,可以提起盗窃之诉的人不仅仅局限于所有主。盖尤斯说:任何与维护物的安全有利害关系的人均可以提起诉讼。从广义上讲,这是对的,但并非所有的利害关系都可以成为充分的根据。例如,一个没有得到担保的债权人不能提起诉讼,虽然从一定意义上讲,他对保护其债务人的财产安全有利害关系,因为如果债务人失去了财物,他也许就不能够清偿债务了。现代学者将这种利害关系区分为积极的和消极的。所有主拥有积极的利害关系,因为他对财物拥有使用权、享益权等;他物权的受益人也同样如此。拥有这种积极的利害关系的人可以提起诉讼,而且罚金的幅度将考虑其利益的价值。另外,那些根据与所有主达成的契约(如使用借贷)而获得物的人则拥有消极的利害关系,这种契约使他在有关物品被盗的情况下对所有主负责。这里存在许多难题,但是,任何拥有消极利害关系的人大概都能提起诉讼,只要他不是无清偿能力的(这时,他的责任可能就只是虚设的),并且只要他的责任并不是产生于他的恶意。俗话说:没有任何人可以根据自己的恶意取得诉权。既然责任成了标准,既然在负有完全责任的情况下这种责任将涉及物的全部价值,那么,有着消极利益的原告对于所有主的排斥活动就享有诉权。

### 损害赔偿之诉

如果所有主能够追查到物的下落,当然可以对物的现时占有人提起要求返还所有物之诉。但是,无论他是否追查到物的下落,均可针对窃贼或者其继承人提起一种对人之诉,即"要求返还被窃物之诉"(condictio furtiva)。同在所有的请求给付之诉中一样,有关程式应当说明被告有义务向原告交付有关物品。由于原告仍然是所有主,从严格的意义上讲,不可能向所有主交付他自己的东西,但盖尤斯说:对这种不合逻辑的做法的接受是"出于对窃贼的痛恨"。这两种诉讼都是损害赔偿之诉,提起其中一种诉讼就不再能提起另一种诉讼,但它们都不妨碍盗窃之诉的提起,也不因盗窃之诉的提起而受到妨碍;盗窃之诉是罚金之诉。

### 抢劫

在共和国末年的骚乱中(公元前77年),一位裁判官针对武装团伙以暴力破坏财物的活动引进了一种4倍罚金之诉。因此,这种非法活动是非法损害的严重形式。然而,这后来也包括采用暴力的盗窃,即使行为是由一人实施的,而且在帝国的稳定形势中,这被视为典型的情况,有关诉讼被定名为"暴力抢劫财物之诉"(*actio vi bonorum raptorum*)。这简直就是增加了暴力成分并且对之适用4倍罚金的盗窃。然而,在优士丁尼法中,这种诉讼被视为"混合"诉讼,也就是说,其既具有罚金之诉的性质,又具有损害赔偿之诉的性质。因此,损害赔偿之诉不能再附加提出。

## 第三节 侵 辱

### 侵辱的古典范围

从最为宽广的意义上讲,"*iniuria*"(侵辱)这个词是指非法状态或者缺乏正当权利的情况。然而,作为一种特定私犯的名称,它在古典法中产生了比较特殊的(但仍很概括)含义。如果用一个英文字来翻译拉丁文*iniuria*,可以选择insult或者outrage,但它们都不能完全反映出这个罗马法概念的广泛内涵。实际上,这个词泛指任何对他人权利或者人格的轻蔑无视。因此,它不仅包括身体上的侵害、口头或者书面上的辱骂,还包括对他人尊严或者名誉的侮辱、对他人公共权利或者私人权利的不尊重,只要有关行为的实施是故意的并怀有轻蔑意图。例如,在无正当理由的情况下阻碍他人在公共场所自由活动，或者阻碍他人在海里或者其他公共水域中捕鱼，均属于侵辱。妨碍他人使用自己的财物，未经批准进入他人的房屋或者他人的领地，也同样构成侵辱。冒犯妇女的端庄也属于侵辱。实际上，这样的冒犯可能使行为人面临一个以上的侵辱之诉（actio iniuriarum）：如果妇女已经结婚，但仍处于父权之下，不仅该妇女本人，而且她的丈夫和父亲均可以提起诉讼，因为这种冒犯被认为是针对他们所有人的。侵辱还可能采取一些特殊的形式，如当我具有清偿能力时，恶意地要求我的保证人清偿，或者虚假地通告说为我提供了某一买卖抵押，对这些行为均可提起侵辱之诉，因为我的信用受到暗讽。甚至对尸体的侮辱和对死者的诽谤都可作为对其继承人的侵犯而被提起诉讼，虽然我们在前面提到，继承人无权对死者生前受到的侵辱提起诉讼。

### 最早时的发展

对侵辱这一私犯形式所做的、宽泛的和具有伸缩性的古典解释是裁判官法和法学理论显著发展的结果。《十二表法》只针对伤害身体的情况作出规定，正如我们已经介绍过的，为严重伤害规定的惩罚是同态复仇，为较轻的侵害规定的惩罚是支付固定金额的罚金。在共和国后期，同态复仇早已经不再适用，货币价值的降低也使上述固定数额的罚金失去了效果。有一个故事很能说明这一点：一个罗马人想出一种新的自我娱乐的方法，他让一个奴隶带着钱袋跟着自己，他去拍打一些受尊敬者的脸，并吩咐奴隶向这些人支付25阿斯的法定罚金。据说，这件事促使裁判官出面干预，他们规定对侵辱之诉不再按照固定的罚金数额判罚，而是按照受到的损害处罚。在这里，侵辱的外延没有扩大，只是规定了一种替代诉讼措施，从而导致《十二表法》规定的罚金不再适用。随后，又在告示中针对某些特定的行为引进了其他的救济手段，如针对公开侮辱、冒犯妇女的端庄、任何可能使受害人遭受"不名誉"[7]（infamia）的、侵犯他人名誉的行为。上述告示在结构上必然让关于这些行为的规定和针对侵辱损害的诉讼手段表现为特殊的和无关联的，但在共和国终结之前，法学家已经进行了富有特色的解释和普遍化工作。他们认为：根据上述告示对各种各样行为的处理只不过是对一般原则的具体应用，这种原则暗含于侵辱诉讼以及针对有关损害的最初诉讼之中，意味着：任何对个人尊严的侵犯都是可诉的。正是在这一富有成果的普遍化进程中造就了关于侵辱的古典法。

**罚金特点**

虽然裁判官法的诉讼手段针对的是那些我们称为"damages"（损害）的东西，但侵辱的本质不是损失，而是侮辱，因而支付钱款通常不意味着一般意义上的赔偿，而更多地意味着对受到侵害的感情或者尊严的抚慰。当然，这种诉讼也具有罚金之诉的所有其他特点，起诉主体是不可转移的，并且以1年为起诉时限。此外，如果裁判官认为侵辱行为是严重的（atrox），无论是根据侵害的性质、实施侵害的地点（如在剧院实施侵害），还是根据当事人在社会地位上的差异（如一个社会地位较低的人对一位元老院议员造成伤害，或者一名被解放的奴隶对其庇主造成侵犯），他均可以出面按照严重行为的标准确定损害程度。因此，在大庭广众之下诋毁执政官至少在原则上属于严重的侵辱。而在英国法中，诽谤的本质是对名誉的损害，而不是侮辱，对首相的类似诋毁可能并不构成侵权。[8]

---

[7] "不名誉"是一种刑罚，它体现为对某些民事权利的剥夺，它的适用对象是各种各样的不光彩行为。
[8] 但这不等于说这样的行为不会招致刑事制裁。

## 第四节　非法侵害

侵辱这种私犯的本质是侮辱;而非法侵害(其英文为 loss wrongfully caused)[9]的本质则是损害。侵辱,同其他私犯一样,要求非法意图;而对于非法侵害来说,只要损害是由有过错的行为造成的(iniuria datum)就足够了,无论是出于故意还是仅仅因为疏忽。从这样的意义上讲,"侵辱"这个词的含义是广泛的。然而,不是所有的损害都是可诉的,人们可以通过研究这种私犯的历史发展过程对其加以深刻理解。

### 《阿奎利亚法》

非法侵害这种私犯的基础和框架是由《阿奎利亚法》的两章规定确定的,该法可能是在公元前3世纪通过的。该法第一章针对的是杀死奴隶和家畜的行为,规定按照该奴隶或家畜在被杀前的一年中的最高价值科处罚金。实行这种计算方式可能是为了保护原告不受市场价格波动的影响,但它也可能导致这样的结果:比如,一个人所杀死的奴隶在被杀时其眼睛是看不见的,但该奴隶只是在前一年之内才失明,杀人者则应承担比他实际造成的损失大得多的责任。

《阿奎利亚法》第三章[10]调整的范围比较一般,因而可能比较重要。它规定:在第一章未涵盖的情况下,如果某人以"焚烧、折断或者破坏"他人财物的方式对他人造成损害,应当对自己所造成的损失负责,在这种情况下对损失的估价以有关财物在最后30天中的最高价值为准。

---

[9] 在本书最新版本中,作者在非法侵害的拉丁文表述之后增加了英文表述"loss wrongfully caused"。
[10] 第二章涉及的是另外的问题。

**非法侵害的基本要件**

从上述规定中可以看出非法侵害的基本要件。第一,非法侵害行为必须直接使用武力(这层含义显然包括在"焚烧、折断或者破坏"一语中,也暗含在"杀死"一词中)。第二,它必须是"非法"(*iniuria*)实施的。第三,它的结果必须是使原告受到损失。第四,受损失的物品必须是原告的财物。在《阿奎利亚法》通过后的几百年中,所有这些要件都在不同程度上一直是法学家或者裁判官法解释的对象。

1. 行为。最早的扩张性解释是由一些法学家作出的,但这些解释只不过是允许"破坏"(*rumpere*)一词的含义也涵盖其他形式的直接身体损害(*corrumpere*)。不久,法学家们就感到不必对《阿奎利亚法》的字句再做牵强附会的解释,因为,当损害只是以间接的方式造成时,裁判官将允许提起一种类似于阿奎利亚法诉讼的诉讼["扩用诉讼",也被称为"事实诉讼"(*actio in factum*)]。法学家现在面临的需要是:将直接损害[对其适用《阿奎利亚法》规定的诉讼,即直接诉讼(*actio directa*)]与间接损害(对其采用的救济手段是"扩用诉讼")加以区分。[11]《学说汇纂》保留了法学家们所讨论过的许多案例。比如,如果助产婆给一个女奴麻醉药,并导致该女奴死亡,根据法学理论的解释(*interpretatio*),在该助产婆经手管理这种麻醉药的情况下,这可以算是"杀人";但在该助产婆给女奴麻醉药是为了让该女奴自己保存的情况下,这只属于"提供致死原因",因而可通过"扩用诉讼"提起诉讼。因过度使用而致使骡子受到伤害,因禁闭而致使奴隶饿死,因诱使某人爬树而致使该人摔下,因砍断缆绳而致使船只倾覆,用力推某人致使其撞坏他人的财物,所有这一切均被认为是间接损害的例子。

显而易见(尤其是在最后一个例子中),最根本的问题是因果关

---

[11] 英国古法也对侵害之诉(trespass)和个案损害(case)做同样的区分,并且也面临类似的问题。

系,而且存在第三种可能性,即损害可能只是间接地与行为有关,甚至采用"扩用诉讼"也都无法让行为人完全承担责任。然而,法学家们的观点具有个案分析的特点,有关文献列举了大量假设的情况。从对这些情况的选择和有关的裁决中可以看出法学家们的分析意见,此外,某一行为是否是造成损害的原因,这一问题也可以表述为另一个问题:行为人是否具有过错。例如,某人进行一场比赛,他击球过重,把球打到一位正在给一个奴隶刮胡子的理发师的头上,造成该奴隶的喉咙被割断。哪一方具有过错,人们争论不已。

一个有关的问题涉及作为与不作为之间的区别。根据《阿奎利亚法》,不作为是不承担责任的,那么,对此是否可以提起"扩用诉讼"? 在这里,罗马法的贡献再一次表现为提出问题,而不是为问题提供答案。回答这个问题也不容易,对于现代制度来说也同样如此。惩罚不作为就是在强加必须实施某一行为的义务(积极义务),有理由认为:在没有契约的情况下,法的策略应当是只规定消极义务。按照这样的观点,生活中可能发生无穷无尽的情况,凡当我不采取某一行为就可能给他人造成损失或者伤害时,就要求我承担履行该行为的义务,这就等于对我的自由强加缺乏保障的限制。并不是每一个制度都准备采取这种极端个人主义的态度,但一些勉强的证据表明:罗马法采取了这样的态度,就像现代英国法所做的那样。甚至在这样做时仍很难给不作为下定义,很难对积极义务和消极义务加以区分。这种区分在一定程度上就是提出有关的公式。例如,我们可以说:驾驶车辆的人有义务认真进行驾驶,但更准确的表述应当是:他有义务不漫不经心地驾驶。法律实际上并不是要求他必须驾驶,如果出现了损害,这并不是由于不作为造成的,而是由于作为造成的,即漫不经心的驾驶行为。再举一个极端的例子,我偶尔地遇到一个陌生人流着血倒在马路上,如果我从一边走过,而该人流血致死,我是否应当对这个人的死亡负责? 这个问题只有在存在积极义务的情况下,或者说要求对不作为承担责任的情况下,才能够提出。英国法从是否存在积极义务的角度考虑问题;罗马法由于不使用义务的概念,因而是从是否承担不作为责任的角度考虑问题。当一个人自愿承担履行某一行为的义务,但后来却什么也没做时,最难作出这样的区分(如在一位外科医生做完一个手术之后,另一位医生又承担了术后治疗的任务,但事实上他什么也没做)。英国法认为:第二位医生负有责任,因为他自愿承担了一项积极义务。罗马法也认为第二位医生负有责任,这可能是因为:他通过承担术后治疗任务而使第一位医生不再与案件有关,因而使自己成为损害的原因。

除这些问题外,还有第三种类型的损失,名义上它不是产生于对原告财产造成的物质损害,对于这种损失既不适用阿奎利亚法诉讼(针对直接物质损害的诉讼),也不适用扩用诉讼(针对间接物质损害的诉讼)。前面谈到因同情而放跑奴隶的那种令人颇费琢磨的情况也属于此类型,在这种情况中,所有主因奴隶的脱逃而受到损失,但是,对奴隶没有造成任何物质损害。古典法很可能将这种损失排除在阿奎利亚法的适用范围之外,甚至在裁判官对该法的适用范围加以扩大之后也仍然如此;但在特殊情况下,对于这种放跑奴隶的行为,可以提起一种以事实为基础的特别诉讼。然而,在《法学阶梯》中,优士丁尼宽泛地将这第三种类型加以囊括,并且为它配置了一种救济手段,称为"事实诉讼"。实际上,任何由他人的故意的或者大意的行为造成的损失均被宣布为是可诉的。但是,他似乎并没有真正意识到这种革新能够产生多么厉害的作用。现代法律制度也没有采取这样宽泛的规则,而且这样做是有道理的。这一法则实质上是想确保个人能够免遭任何损失,只要这种损失不是纯粹由意外事件或者受损害者自己的行为造成的。贸易竞争的情况表明这种规则是不可操作的。进入市场的商人都打算从竞争对手那里争得生意,或者他至少可以预见这是其行为可能导致的结果,但是,如果让他为自己所造成的这种损失负责,这显然违背公共利益。一个人应当对因自己漫不经心地胡吹而产生的一切经济后果承担责任吗? 这不等于说不能设计一种比较严格的,因而比较有效的原则来调整这些单纯的财产损失,英国法在这几年已经这样做了,但优士丁尼是否意识到这一问题,很值得怀疑。古典法学家满足于一般地将造成某种物质损害作为基本根据,只允许偶尔地在虽未实际出现物质损害,但因某一实际干扰(如放跑奴隶的行为)而造成损失的情况下提起诉讼。优士丁尼大概只是想表述这样一种很有限的原则。

2. 非法的方式。行为必须是以 iniuria(不法)的方式实施的。iniuria 最初仅仅意味不法(non iure)。如果行为人能够证明存在某些正当理由,如自卫、紧急避险或者经合法批准,他将不承担责任。似乎人们早就承认:只要能够证明损害是不可避免的,就足以免除责任。"我无能为力"离"我没有过错"只有一步之隔。无论如何,在古典法中,"不法"被等同为"故意"或者"过失",原告应当证明存在这两者中的一者。正如我们已经谈到的,过失问题并不总是容易与因果关系问题截然分开的,对这个问题的探讨应当具体情况具体分析。在一份文献中,过失被定义为未能预见到一个谨慎的人本应预见到的情况,但罗马法学家们更宁愿通过对典型案例的裁决来限定其含义。某人挖了一个陷阱,另一个人的奴隶掉了进去并且受到伤害,如果这个陷阱挖在了人们经常走过的地方,这个人就应当承担责任;如果这个陷阱挖在了人们通常设置陷阱的地方,他就不承担责任。

3. 损害。原告必须遭受到损失。我们看到:至少是在后期的法中,诉讼可以针对没有出现损害的损失(loss)提出,但在任何情况下不能针对没有出现损失的损害提出。当然,在一般情况下,损害的结果表现为损失,但也可能出现一些特殊的情况。殴打一个奴隶是对该奴隶的损害,但他的主人并不一定会因此遭受到损失。

4. 原告的权利。被损害的物品必须是原告的财产。因此,用益权受益人和质权人不能根据《阿奎利亚法》提起诉讼,即使他遭受了损失。但在这类情况中,裁判官允许提起扩用诉讼。这项限制性规则的一个特别重要的结果是:因疏忽大意而对不处于支配权下的自由人造成损害是不可起诉的。"因为谁也不能说是他自己肢体的主人。"(故意伤害将构成侵辱)因此,如果在罗马的大街上因疏忽大意而撞倒自由人并且对其造成伤害,是不能提起诉讼的。在这种情况下,有时候也可以提起扩用诉讼,但在优士丁尼时期之前可能还不行。

## 第五节 裁判官法中的私犯

我们已经说过,还有一些产生于市民法的轻微的私犯,除此之外,裁判官还创设了大量的罚金之诉。这些受到罚金惩罚的行为通常被称为裁判官法中的私犯。[12] 我们在这里只需要考察一下其中最重要的两种。

"诈欺"包括所有为坑害他人而实施的欺骗或者诡计。为要求返还或者赔偿因违约而造成的损害可以提起欺诈之诉。由于诈欺的范围广泛并且具有多变性,可能会破坏其他私犯的精确结构以及契约法的结构,或许正是因为这一道理,诈欺之诉只能在其他种类的诉讼均无法采用的情况下提起。用民法学家的语言来说,这是一种"辅助性"诉讼。[13]

"胁迫"就是强迫行为。如果采用恐吓的方式迫使某人实施有损于自己的行为,可对其提起要求4倍罚金的诉讼。从这种高程度罚金的角度看,该诉讼有两个比较新奇的特点。第一,同在诈欺之诉中一样,被告人可以通过实行返还的方式摆脱其责任。第二,这种诉讼似乎是针对取得了从原告处敲诈所得的财物的第三人设置的,即使该第三人是无辜的。

---

[12] 这不是罗马法中的术语。
[13] 在17世纪之前,同样的原则也经常在英国法中引用,以解释对"个案损害"(case)的范围限制。但是,英国的"个案损害"有时候可能突破并且取代其他诉讼的适用范围,而罗马法中的"诈欺之诉"则一直保持辅助性特点。

## 第六节　赔偿责任

**损害投偿**

如果一个奴隶或者处于支配权之下的儿子实施了私犯，主人或者父亲有责任承担罚金，他也可以通过将加害人交给受害人来避免罚金。这种损害投偿至少是古典法学家对有关法则的表述方式，但它实际上颠倒了最初的观念顺序。对损害承担责任的应当是加害人，受害人本来可以对他进行报复性惩罚。但这样做可能在受害人的复仇权与主人或者父亲的支配权之间产生冲突，为解决这种冲突，就允许主人或者父亲采用支付罚金的方式把加害人从受害人那里"赎回"。损害投偿的真正特点明显地来自这一规则：损害责任随人身。(*noxa caput sequitur*)这意味着：如果在提起诉讼之前奴隶获得了解放，他将自己接受一般的诉讼；如果他被出卖，损害赔偿诉讼将针对他的新主人进行。甚至主人交出已死亡的奴隶尸体也足以使自己解脱责任，一份令人毛骨悚然的文献还争论是否也可以只交出奴隶的头发和指甲（这些东西可能从巫术的角度被认为是生命和成长的象征）。

**动物造成的损害**

一眼看上去，说奴隶"承担责任"似乎有些荒谬，因为奴隶在法律上是物，但是，奴隶和儿子的损害赔偿责任只不过是所谓"物的责任"中的一个方面，这种"物的责任"通常出现于原始法中。与行为有关的物（如武器）则受到玷污，它必须被交出。[14] 实际上，罗马法

---

[14] 在英国法中，这种物曾经被移交给王室（最初时是根据具有宗教特点的习惯，就像名词"deodand"所表示的那样）；这一做法直到1846年才被废除，当时移交与犯罪有关的机车的可能性促使议会采取行动。

对无生命的物不适用这一原则,但它允许对动物实行损害投偿。如果动物造成了损害,可以通过起源于《十二表法》的"动物损害之诉"(actio de pauperie)要求主人向受害人赔偿损失或者交出造成损害的动物。如果造成损害的是野兽,这种补救措施的作用就遭到下列原则的削弱:野兽一旦逃跑就没有所有主。因此,营造司在行使他们在公共道路上的司法权时就禁止带着野兽靠近这些道路,对于因违反此禁令而造成的损害,允许提起诉讼。在后期法中,人们又将一项奇怪的原则引入关于动物损害之诉的法则,即只有当动物以违反其自然本性的方式进行活动时,才发生责任问题。因此,人们可以说:就像人必须作为理性的人行事或者对于他所造成的物质损害承担责任一样,马也必须像一匹理性的马(如果这种表述可以被接受的话)那样活动。野兽现在被彻底地排除在外,因为制造损害是它的本性。

## 第七节 准 私 犯

《法学阶梯》增加了一种产生于准私犯的债类型(在《学说汇纂》中,它被认为来自盖尤斯的著作),[15]在那里列举了四种准私犯。第一种是审判员错误地审判案件或者作出错误的裁决(qui litem suam facerit,拉丁文的字面含义是:审判员自己卷入诉讼),应当对因此而受到损害的当事人承担责任。第二种是建筑物的占有人对从该建筑中向公共场所投掷或者倾倒的任何物品所造成的损害承担双倍赔偿责任,不管有关的投掷行为或者倾倒行为是由谁实施的。第三种是建筑物的占有人如果将某一物品悬挂在建筑物外并且该物品掉下会造成损害,当任何人提起诉讼时,该建筑物主人同样应当承担罚金的责任。第四种是船舶的所有主、旅馆或客栈的所有主对因其奴隶或

---

[15] "准私犯"一词与它的同类词"准契约"流行于中世纪,但它们都出现在狄奥菲尔的《法学阶梯意译》当中。

者雇员实施的盗窃或侵害承担责任;旅馆老板还对奴隶或者雇员给长期居住者造成的损害负责。

为什么这四种情况属于准私犯的范畴,并且为什么只有这四种情况?这个问题已经争论了几个世纪,但还没有找到完全令人满意的答案。第一种也是最有影响的回答(它已经影响到法国法和其他某些来自法国法的制度,并且也对苏格兰法产生了影响)是:私犯是有意的不法行为,而准私犯则仅仅是粗心大意的不法行为。对这种回答的明显反驳是这一事实:作为私犯形式之一的非法侵害并不要求具备非法意图。第二种回答是:准私犯的本质是替代性责任,建筑物的主人和客栈老板等类似人员都在对由其他人实施的行为负责。但是,一方面,损害赔偿责任本来也应当属于替代性责任;另一方面,把审判员误判致害看作替代性责任只能以一种颇为牵强附会的解释为根据,即审判员因自己参与到一方当事人的请求之中而承担该方当事人的责任。第三种回答是:准私犯的本质是严格责任,即所谓无过错责任。但审判员误判致害的情况又是对此回答的否认。因为有关文献把审判员的误判致害至少归咎于他的轻率或者缺乏技巧,而正如我们已经谈到的,缺乏技巧也曾经被视为一种过失。然而,在古典法中,准私犯的责任似乎是严格的。如果说《学说汇纂》将准私犯范畴的发明归功于盖尤斯是正确的,这第三种回答可能说出了准私犯范畴的原始根据,但在优士丁尼时期人们肯定已忘记这一点。《学说汇纂》和《法学阶梯》中的论述提供了上述第一种和第二种回答,但没有解释应当如何将这两种回答调和在一起。第一种回答被用来解释审判员误判致害的情况和船主、旅馆或客栈老板承担责任的情况(后者本来应当对他们的雇员和长期居住者比较精心地加以选择);第二种回答被用来解释其他情况。

## 第八节 现 代 法

**民法法系**

我们在前面谈到,关于私犯的罗马法,同关于契约的罗马法一样,没有什么一般原则,它是关于特定过错的法。不过,有两种私犯形式以其概括性而引人注目,这就是侵辱和非法侵害。以此为基础,民法法系建立起关于民事侵权的一般理论。《法国民法典》为这种概括性提供了极为典型的范例,它只用2281个条款中的5条调整"私犯和准私犯"问题。如此简要的条款使得法院承担着从法典化制度的标准看是过分沉重的负担。其他的法典都是比较明确的,但仍然坚持概括性原则。不用说,罗马法的惩罚特点现在已经大大消失了。

**普通法**

英国法实行的是特定侵权行为制度,因此,乍看起来,它更相近的是罗马法,而不是现代民法。然而,这里有一个重要的区别(且不论惩罚与赔偿之间的区别),在对罗马关于私犯的法和英国侵权法进行比较之前,必须理解这一区别。在英国普通法中不存在罗马法意义上的对物诉讼,也没有单纯针对占有的救济手段。财产法中的某些救济手段是由侵权法提供的。因而,如果占有人打算主张自己的占有权以反驳他人提出的异议,他必须宣称后者实施了侵犯其权利的侵权行为(trespass);如果争议所涉及的是对物的权利,他必须宣称发生了侵占物品(conversion)的侵权行为或者要求返还被侵占的物品(detinue);如果他主张的是地役权,他必须提出关于滋扰行为(nuisance)的指控等。既然这种维护财产权的主张也肯定能够针对以善意方式实施行为的被告提出,或者说可以针对尚未意识到正在侵扰有关权利的被告提出,那么,这些侵权行为就属于严格责任的范围(它们不依过错为转移)。例如,侵占物品这种侵权行为,虽然与盗窃有点相似,它也可能由一个善意地认为物品是他自己的人实施。此外,既然对财产权的侵扰也可能在未对原告造成任何损失的情况下发生,这些侵权行为的本质就不是损害。而补救手段的作用并不完全都与所有权相关。原告所关心的可能不是主张自己的权利(被告对此权利可能并无异议),而是确保获得对已遭受的损害的赔偿。它们是些双重的救济手段,有时候用来主张权利,有时候用来获取因侵权行为的赔偿。罗马法对这两种功能加以明确区分。虽然在阿奎利亚法诉讼中原告的权利可能受到争议,因而他必须准备证明自己是所有主,但是,这种诉讼的实质性要件是过错和损害;反过来讲,虽然在要求返还所有物之诉中原告可以因物受到损坏而获得赔偿,但是,诉讼的中心问题是所有权。因此,只有对诽谤和疏忽大意这些侵权行为来说,赔偿是救济手段的主要目的(或者换一种说法,在这类侵权案件中,原告不需要证明所有权,而只需简单地证明损害),才可能进行真正的比较。

# 第三章 准契约

这一范畴的根据虽然并不令人满意,但至少是明确的。仍然还有大量的债既不能说产生于契约,因为事先没有过任何协议,而且也不能说产生于私犯,因为负债人没有实施任何非法行为(他不应当受到罚金,但可以接受损害赔偿之诉)。因此,这些债被说成是产生于准契约。这种分类仅仅以上述否定性理由为根据,虽然"准契约"一词有时候也促使人们从与契约有关的或者拟制契约的角度作出解释。

在这类债中,某些债权与人法、物法或者继承法有关,因此不必在这里进行更多的讨论。这些形式的准契约之债有:监护人(tutor)与被监护人(pupillus)之间的债,发生在共同所有主或者共同继承人之间的债,以及继承人与受遗赠人之间的债。然而,还有一些准契约之债具有明显的重要性,并且体现着罗马法对现代民法法系制度所作出的、最富有特色的贡献。

**无因管理**

这种制度的历史形式和古典形式在许多方面不大清楚,因此,在这里只能按照《民法大全》所介绍的情况勾勒一个它的大致轮廓。它是自愿的和未经批准的、对他人"事务的经管",并且创设一种不完全的双务关系,类似于产生于委托的那种关系。首要的义务是:"经管人"(gestor)应当完成他已经着手的经管工作,并且在此经营中表现出"善良家父"的勤谨注意,他还应当汇报在经管过程中的一切所得。但对于法律观念的历史来说,那项比较重要的义务是经管行为受益人(我们将称为"主当事人"[1])所承担的潜在义务。他必须偿还经管人支出的合理费用。

"经管事务"一语可能会让人产生误解。一个单独的行为即可构成经管(gestio)。例如,经管人可能是帮助加固了一个处于坍塌危险之中的建筑物,或者治疗了患病的奴隶;他可能是收取了应归主当事人所有的债务,或者自己为主当事人所欠的债务提供了担保;他还可能是以其他方式照管了主当事人的财物,或者保护了他的利益。

但是,除了自愿的和未经批准的经管行为之外,还要求其他的条件。法律不要求主当事人必须为他所接受的、未经批准的一切劳务支付费用。"经管"必须是有益的。也就是说,应当是主当事人自己也会去做的事情,而且主当事人必须不在场,或者至少不能表达自己的意愿。如果主当事人在场或者能够表达意愿,并且没有表示任何反对,这将相当于默示的委托。如果经管活动在开始时是"有益的",主当事人不得提出异议说:尽管如此,他没有从经管活动中得到任何好处(比如,奴隶虽然得到治疗,但还是死亡,或者得到加固的建筑物起火并且被焚毁)。因为无因管理制度的基本目的在于通过为那些乐于助人者提供补偿来鼓励保护不在场者利益的行为。

经管人的心理状态在两方面具有意义。在第一个方面,他必须意识到有关"事务"是他人的。如果某人在对建筑物进行修缮时错误地以为这个建筑物是他自己的,他不能声称自己"经管了所有主的事务"。[2] 如果他以为该建筑物是属于某甲的,而事实上它是属于某乙的,这并不构成障碍。因为在这种情况中他知道有关"事务"是他人的,并且错误仅仅涉及的是他人的身份。在第二个方面,经管人必须曾希望得到补偿,换一种比较现实主义的说法,他的行为既不

---

[1] 原文为"principal"一词,其在委托代理关系中经常被译为"本人"。在这里译者宁愿将其译为"主当事人"。——译者注
[2] 如果他一直占有着该建筑物,他将能得到适当的保护。

能完全出于慷慨奉献的动机,也不能完全出于为个人谋利的动机。

无因管理与委托非常相似,如果主当事人在知道经管活动后予以接受,这将构成对经管活动的批准,从而使他可能在委托之诉中承担责任,更重要的是这还导致他不能够随后提出经管活动是否"有益"的问题。

无因管理在经过一定的改动和扩延后,已经被纳入民法法系的制度当中,并且构成民法法系与普通法法系的一个最突出的差别,虽然只是一个较小的差别。普通法坚持个人主义的原则,认为不能让一个人为他没有要求得到的服务实行给付,并且认为鼓励提供这样的服务就是在鼓励"多管闲事"。但是,无因管理所要求的条件,尤其是经管活动的"有益性"和对要求偿还费用的诉权的限制,事实上并没有为那种多管闲事的做法提供多大机会。

### 请求给付之诉

我们在前面已经不止一次地谈到这一救济手段。它是一种严法诉讼,其目的在于要求获得一定数额的钱款或者特定的物品,并且是唯一不在其程式中列举原因或者根据的诉讼。它只简单地宣称被告有义务向原告给付一定数额的钱款或者特定的物品。因此,这种诉讼的范围比其他诉讼要宽。正如我们谈到的,它的适用形式有三种:要求强制执行产生于要式口约的债(只要这种债的标的是一定数额的钱款或者特定的物品),或者要求强制执行产生于文字契约的债,或者要求强制执行以实物($re$)创设的债(从"$re$"这个词最古老的和比较狭窄的意义上讲)。我们在这里谈谈这最后一种形式的适用。

我们曾经说过,在盖尤斯或许拒绝接受的分类中,产生于消费借贷的债和因接受本不该接受的给付而产生的债被归类在一起,对它们可以提起请求给付之诉,并且它们都是因原告向被告转移所有权而产生的。在这两种情况中,被告都拥有了应由原告拥有的东西,因而他必须实行返还。这就是请求给付之诉在此种情况中的根据。我们说过,消费借贷被单独地看作契约,接受本不应接受的东西的情况则属于准契约。然而,这只是按准契约情况适用请求给付之诉的例子之一。此类情况还有其他。既然请求给付之诉的程式在所有情况中都是一样的,古典法就没有对这些情况作出明确的划分,但是,《民法大全》中的论述进行了一定的划分,这种划分影响到民法法系的语言,并且仍被经常使用,尤其是在德国法中。

"错债索回之诉"(*condictio indebiti*)适用于支付或者交付不应给付之物的情况。"因给付的请求返还之诉"(*condictio ob causam datorum* 或者 *causa data causa non secuta*)[3]主要适用于与无名契约有关的情况,但它也适用于没有契约要素的情况;负担赠与(*donatio sub modo*),即应以特定方式实行的赠与,如某甲以嫁资的名义给予某乙一份财产,条件是要求某乙与某丙结婚,如果婚姻没有缔结,某甲可以要求返还。"因秽行或因受讹诈的请求给付之诉"(*condictio ob turpem vel iniustam causam*)适用于因某一不道德的或者非法的目的而发生支付或者交付的情况(例如,为了使接受给付的人不实施犯罪,或者为了让其返还他借用的并且非法拒不归还的东西)。但是,原告必须同样没有受到"秽行"的玷污,如果支付的目的是诱使接受者实施犯罪,原告的行为就也是丑恶的。

在所有这些情况中,提出返还请求的根据都是:被告在无正当理由的情况下留置他所接受的东西。然而,优士丁尼又增加了一种"无债因请求返还之诉"(*condictio sine causa*)。这种诉讼,如果从字面上理解,可以囊括所有的前述情况,但它似乎仅仅意味着一种剩余的类型,针对的是不能准确归入其他诉讼类型中的情况,具体地说,它适用于这样一种情况:开始时被告留置其所接受的东西是有理由的,但后来,这种理由不再存在(例如,在原告已经清偿了债务之后被告继续留置原告的借据)。[4]

---

[3] 这后一条拉丁文术语也被译为"因给付未获得回报的请求返还之诉"。——译者注
[4] 民法学家称在这种救济为"债因结束后的返还之诉"(*condictio ob causam finitam*)。

只有当被告无正当理由留置原告向其给付的一定数额钱款或者物品时,才能通过请求给付之诉强迫其实行返还。然而,人们宣称这种返还义务是以一种更为广泛的"自然正义"原则为基础的,即任何人不应以他人的付出为代价而致富。这一关于"不当得利"的原则是罗马法为法律思想作出的原创贡献之一。它后来变成了所有民法法系制度的组成部分,但至今仍受到英国法的排斥。[5] 因此,有必要做进一步的考察。

**不当得利**

上述原则所带来的争议以及在适用中所遇到的困难产生于下列事实:它要求以诉诸司法机关的方式对法律进行纠正。比如:如果某甲将某物交付给某乙,错误地以为应当实行这种交付,那么,这种交付是有效的,但可以通过准许某甲提起请求给付之诉的方式来纠正不公正的情况。本来法律可以简单地宣布这种给付无效,但这样做会造成麻烦的后果:如果后来某丙从某乙那里购买了上述物品,他将发现自己并没有获得权利。因此,法律宁愿从对物的权利[6]的角度作出一种回答,再从对人的权利[7]的角度作出另一种回答。对于上述例子来说,这显然是合理的,并且英国法就是这样做的,但可能出现更加困难的情况。例如,在上面举的例子中,如果某丙支付的价款低于物的价值或者是作为礼品而接受该物的(并且我们可以假设某乙没有支付能力),可以说某丙是以某甲的付出为代价而不当得利吗? 或者,如果某甲借钱给某乙,某乙又把钱借给某丙,并且某丙使用了这笔钱,某甲可以在某乙没有支付能力的情况下要求某丙向他还钱吗? 如果某甲可以这样做,就等于允许他绕过契约相对关系(privity of contract)的规则,至少是在某丙获利的范围内。再举两

---

[5] 而它在美国的命运则不同。
[6] 在此指物权。——译者注
[7] 在此指债权。——译者注

个例子,如果某甲在没有被要求的情况下向某乙提供了一项劳务,而此项劳务不具备无因管理所要求的足够的"有益性",但尽管如此,某乙还是得利,在此情况下某甲可以向某乙提出诉讼请求吗?如果某甲翻修了某乙的房屋,误认为这间房屋是他自己的,只不过他不再占有,在此情况下又该怎么办?法律允许某乙享有对物的权利,但难道某甲就不能在某乙得利的范围内主张对人的权利[8]吗?如果可以提出这样的主张,难道能够说:当某乙通过时效取得获得了某甲的财产时,法律同样只打算确定关于物权的问题,而把关于债权的问题撇在一边吗?

在上述情况(此类例子不胜枚举)中,一个人不得以他人的付出为代价使自己不当得利这一朴素原则是一种不确定的指针,如果不想让已确定的法律规则被随意推翻,就需要对这一原则作出限制和界定。古典法满足了这种需要,它只允许在原告直接向被告交付了一定数额的钱款或者特定的物品的情况下提起请求给付之诉。因此,我们前面举的那些例子都可以被排除。在后来的法中,如果被告不是因交付一定数额的钱款或者特定的物品而获得上述好处的,也可以被要求返还[采用"请求给付不特定物之诉"(condictio incerti)],但是,在这里发生的扩张是通过对古典文献一点点的篡改而实现的,因而这一救济手段的限度是不清楚的。对此的界定工作留给了民法学者,尤其是19世纪的德国法学家(他们的工作体现在《德国民法典》当中),他们把请求给付之诉变成一种可普遍适用于不当得利的救济手段。

关于不当得利的原则也通过民法法系内的其他一些做法渗透到现代制度之中。我们已经说过,如果某个自称是经管人的人错误地以为所经管的"事务"是自己的,或者虽然他知道有关"事务"是他人的,但完全是为了自己的利益而行事,将不构成无因管理。对于这样的情形,某些罗马法文献允许仅在主当事人得利的范围内提起诉讼。

---

[8] 即债权。——译者注

在以后的几个世纪中,许多民法学家甚至准备将这种"准无因管理"(*negotiorum gestio utilis*)扩大到主当事人曾经禁止"经管"的情况。在术语上仍然使用的是"*negotiorum gestio*"(无因管理),但是,如此断然排斥一项基本原则已使人显然感到:实际形成的东西是针对不当得利的一般救济手段。

在其他地方,特别是在法国法中,这一救济手段采取了一种不同的形式(虽然仍然以罗马法的面目出现)。但无论采取怎样的形式,它通常都被保持在罗马法要件的限度之内。也就是说,要求具有直接性,或者要求缺乏理由,或者要求对得利进行严格界定。人们更愿意使用的是"无理由"(unjustified)得利一词,而不是"不当"(unjust)得利一词,这种选择反映出上述态度。

# 第五编 继 承 法

# 引　言

我们已经如此深入地探讨了人们在生活中所穿着的法律外衣——人的权利和义务。任何一个法律制度都必然会为在生命结束时对这种法律外衣的处置做出某些规定。这些规定可能是粗糙的。早期的法律制度把人的财产单纯地视为物质标的，因此它可能只为处置这些物质标的作出规定，而让人的无形财产和责任不了了之。早期的法律制度通常根据固定的规则来处理法律外衣，如在子女中对它加以分配，或者把它交给最年长的儿子，或者让某些财产落入死者的主人之手。它通常不给予死者的意愿以任何承认。

罗马法在这方面主要以三个特点著称：第一，它较早地承认死者的临终意愿；第二，它在成熟期中拥有由法律专家所提供的、大量的和复杂的规范；尤其是第三，它严格适用概括继承的原则，并以此为基础建立其构架。

关于遗嘱的最初形式和它后来的发展，我们应当在后面详细介绍。在这里需要指出的是：大量复杂的法律规范正是与这种制度有关。《学说汇纂》篇幅的四分之一和《法学阶梯》更大篇幅的内容都涉及的是死因继承，除一小部分内容外，几乎全部论述的是关于遗嘱的这一方面或者那一方面的规则。可以找出许多理由来解释死因继承的这种重要性。一方面，法律工作者坚定地相信：自由的私人财产制度和每个人自由支配自己财产的权利是具有优越性的（实际上是不可避免的），这是当时这个社会阶层特有的信念。另一方面，在这里可以比在任何其他地方更加突出地感觉到法学家基本的保守主义态度,他们不愿意对法的体系进行扩张或者简化。旧的制度可以与新的(通常是裁判官法的)措施同时并存,虽然这些新措施的引进恰恰是因为旧制度不能适应新的需要和新的价值观念。但是,这种新旧并存的局面仅仅从一个方面说明了法的复杂性。在一个发达的制度中,关于遗嘱的规则必然是错综复杂的,就像英国法的情况那样。由于遗嘱人会有自己独特的安排或者出现各种闪失,结构和解释中的问题是层出不穷的,这些问题为罗马法学家提供了充分的机会,以满足他们对细枝末节和细致划分的喜好心理,罗马法学家的这种心理特点也同样表现为不愿意对有关制度加以系统化或者简单化。然而,我们在这里所关心的是这种精心设计的制度的基本框架,首先是它的基石——概括继承的原则。[1]

---

[1] 这一术语本身是现代的。

# 第一章 市民法中的基本原则

## 第一节 概括继承

概括继承是指一个人(或者几个人共同)继承另一个人的全部的权利和义务,一个人的法律人格兼并到另一个人身上。然而,对这一简要的提法需要给予某些限定。一个人的某些法律外衣,根据我们与罗马人所共同接受的观念,在任何情况下都是不能由任何他人穿着的。婚姻就是一个最明显的例子。一些产生于人法的权利可能表现得不那么明显,如父权和监护权。简言之,只有那些包含在财物法和债法中的财产权才能够继承。甚至对于这类权利也存在某些例外。我们在前面提到,在原始时期只有有形物才能传给继承人,无论罗马人是否经历过这样的时期,某些产生于私犯的债和一小部分产生于契约的债自始至终保持着属人的特点。而且,在财物法当中,人役权因其特有的本性而成为不能遗传的。在早期的罗马历史上存在这样一个重要的情况:家庭宗教仪式的主持,即所谓"圣事"也由概括继承人继承。

概括继承可以采用多种方式实现,如自权人收养,取得对作为自权人妇女的夫权,但最为重要的方式就是我们在这里所论述的死因概括继承。

对这一议题的论述随后应当划分为两部分,一部分针对的是有遗嘱的继承,另一部分针对的是无遗嘱的继承,但是,有些基本原则对于这两种继承是共同适用的。

## 第二节 继承人 遗产

实行死因概括继承的人是继承人,他所继承的权利与义务的总和(*universitas iuris*)被称为遗产(*hereditas*)。继承人可以是通过遗嘱指定的("被设立的");如果没有遗嘱,也可以依照法律来确定;但必须要有继承人。在没有继承人的情况下,继承就不能进行。在罗马法中,遗嘱(和无遗嘱继承规则)的首要目的就是确保遗产作为一个整体的转让。这也可能产生对财产的分配,但是,这种情况如果出现,也只是次要的后果。

粗略地看一下现代英国法的有关情况,将有助于我们理解上述特点。英国遗嘱通常是指定一名或者数名遗嘱执行人对财产进行清点,并且执行遗嘱人的遗愿,但是,这种执行人只在表面上是继承人的相对人。一方面,对遗嘱执行人的指定不具有实质性意义。如果没有指定这样的执行人或者被提名的人不愿意接受此职务,法院将指派一名经管人。但在罗马法中,如果遗嘱没有设立继承人,或者被设立的继承人拒绝接受继承,这份遗嘱将成为无效的,并且将导致无遗嘱继承。另一方面,现代的遗嘱执行人并不是罗马法意义上的继承人。在这里不发生两种法律身份兼并。遗嘱执行人只是被指定执行遗嘱人的遗愿的代表人员,因而他既不对遗嘱人超过其财产的债务承担责任,也无权享有不是明确指定由他支配的剩余财产;然而,继承人却承受上述负担和好处。因而,"损益遗产"[1](*damnosa hereditas*)为罗马法学家提出了常见的问题。同样,根据概括继承的观念,继承人对于任何未被分配的剩余财产也享有基本的权利。这层意思暗含在以下格言之中:一个人在逝世时不能对部分财产有遗嘱,对部分财产无遗嘱。(*Nemo pro parte testatus pro parte intestatus de-*

---

[1] 即债务的数量超过资产的遗产。

*cedere potest.*）也就是说，一个人不能只在遗嘱中处置其财产的一部分，而让人对另一部分财产实行无遗嘱继承，就像英国法和其他一些国家法律制度所允许的那样。因此，如果某人在遗嘱中将某甲设立为他的一半遗产的继承人，并且对另一半遗产什么也没说，那么，法律只认为存在一个继承人并且认为这个继承人能够单独继承全部遗产，因而法律将让此人继承整个财产（合乎逻辑的另一种做法是宣告遗嘱因缺乏继承人而无效，但是，正如我们后面将谈到的，罗马人很不喜欢无遗嘱继承）。

指定数名继承人继承不同份额的遗产的做法也不能违背概括继承的原则。这些继承人所继承的不是已经分割的遗产部分，而是整个遗产的未加分割的份额。因而，如果某甲被指定为四分之一遗产的继承人，某乙被指定为四分之三遗产的继承人，他们二人按照这样的比例成为遗产所包含的全部财物的共同所有主（并且按照同样的比例对债务承担责任）。被划分的是所有权，而不是财物本身。如果遗产包括一块4亩的土地，某甲获得的不是1亩土地，而是整个土地的四分之一份额。任何一个共同继承人都可以要求对共同财产加以分割，在历史上这无疑是经常发生的事情，但遗产统一的原则一直保持着效力。

继承人对死者地位的这种接替可能主要是以社会的和宗教的考虑为其根源，而不主要起因于经济上的考虑。这体现着族长制家庭的延续，并且确保能够有某个人担当维持家庭"圣事"的义务。因此，早期继承法的首要原则就是：遗产传给死者的子女。正如盖尤斯所说，子女的共同继承"既合法又自然"（*legitima simul ac naturalis*），这一方面产生于人定法，另一方面也体现着"家父"在其子女身上的延续。曾处于死者支配权之下的子女对遗产享有既定的权利，这一观念一直存在，直到宗亲家庭和它的"圣事"失去了对人的忠诚的控制。但是，这需要预先作出安排。

## 第三节　继承人的类型

虽然所有的继承人都同样属于概括继承人,但在他们当中存在这样的区别:有些人自动地获得继承人身份,无须他们的同意,甚至不需要他们知道;而另一些人则只有在他们实施了自愿接受的行为时才获得继承人身份。需要区分以下三种继承人类型:

### 自家继承人

自家继承人(suus heres)就是上面刚刚提到的"家庭"继承人。现在需要对这一概念作出比较精确的界定。自家继承人是所有曾处于死者的支配权或者夫权之下并且随着他的死亡而变成自权人的人。这一原则完全具有宗亲关系的性质。夫权下的妻子所获得的地位与父权下的儿子和女儿以及任何被收养的子女的地位相同,他(她)们共同成为自家继承人。反过来讲,脱离了父权的子女或者被送养的子女则被排除在自家继承人的范围之外。

自家继承人是在家父死亡后最先获得权利的人,在早期法中,他们对家庭财产的既得利益反映在他们的名称中,从字面上讲,他们是"他们自己的继承人"。正如盖尤斯所说,甚至在他们的父亲还活着时,他们就已经以某种方式成为家庭财产的所有主。这种说法反映着这样一种关于家父的观念:家父是一个自我延续组织的过渡性首领,与其说他是家庭财产的绝对所有主,不如说他是家庭财产的受托人。当然,这种观念早就消失,并且被盖尤斯所了解的那种家父观念所取代,这后一种家父在其有生之年对于家庭财产专制地享有不受限制的转让权,并且可以通过遗嘱将家庭财产完全转移到宗亲关系之外。自家继承人拥有既定权利的观念已经成为一种不合时代的东西,但是,它同其他许多已经过时的东西一起残存下来,使得有关法律变得复杂,并且为不大警觉的遗嘱人设置了陷阱。

按照上述残留的观念,自家继承人所继承的财产本来就是他们自己的,因而这种继承在家父死后立即实现。家庭的连续性也反映在这里。在这里,对家庭财产的拥有和家庭圣事的主持没有出现任何间断。"在王死后,王还永远存在",这一谚语表述的是同样的原则。此外,自家继承人没有拒绝继承的权力。他们是"自家的和必要的"(*sui et necessarii*)继承人。家庭的延续比个人利益更加重要。

自家继承人是概括继承的典范。其他继承人多多少少是在这一模式之后形成的,但只有在自家继承人身上才能发现对罗马继承制度特有之处的解释。

### 家外继承人

遗产可以转移给家庭以外的人,或者通过合法订立的遗嘱,或者在无自家继承人的情况下通过无遗嘱继承的规则。这些家外继承人(*extranei heredes*)区别于自家继承人的不同之处在于:他们的继承既不是自动的,也不是立即实现的,他们可以进行选择[因此也被称为自愿继承人(*heredes voluntarii*)],只有在他们决定接受继承(*adire hereditatem*)之后,这些人才取得继承人的身份。这种接受继承的决定可以通过固定的套语(*cretio*)表达,也可以通过体现这种决定的行为表达[以继承人的名义经管(*pro herede gestio*)]。关于这后一种做法涉及很微妙的问题,那些急于知道遗产是否值得接受的未来继承人不得不谨慎从事。

### 必要继承人

如果没有自家继承人,或者在任何情况下,如果遗嘱人陷于经济困境,都需要考虑这样一种可能性:被设立为继承人的家外人可能会拒绝接受遗产。随后将会发生无遗嘱继承的情况,并且有可能在死亡后发生破产,这两种情况都是体面的罗马人所不愿意看到的。为解决这种困难,法律规定了"必要继承人"(*heres necessarius*)制度[它不同于"必要的自家继承人"(*heres suus et necessarius*)]。这种继承人是遗嘱人的奴隶,遗嘱人在遗嘱中将其解放并且设立为继承人。就像名称所表述的那样,他没有权力拒绝接受遗产,并且他同自家继承人一样在遗嘱人死后自动地成为继承人。就这样,无遗嘱继承的可能性被排除了;虽然死后破产的危险依然存在,但这将变成刚被解放的奴隶的破产。此外,法学家还找到一种使必要继承人摆脱这种破产的物质后果的办法。然而,这只是一个更为广阔的议题中的一个方面,即如何缓解因严格适用概括继承的原则而产生的弊端。

## 第四节 缓解概括继承弊端的办法

产生于概括继承的弊端主要有三个:(1)损益遗产将负担转嫁给继承人;(2)当被继承人有清偿能力,而继承人负债累累时,会出现相反的困难;(3)家外继承人可能发现自己处于进退两难的境地,在接受继承之前难以查清有关遗产是否值得接受。所有这些弊端都直接产生于概括继承的原则,对这些弊端的直接革除将触及整个继承制度的根基。罗马法学家们一直不愿意采取这种激进的手段。裁判官的告示能够满足某些实质性需要,同时又不改变形式上的法律表述。所采用的办法是复杂的和技术性的,但它们很好地体现出裁判官法改革的方式。

1. "损益遗产"的负担落在必要的自家继承人和必要继承人身上,但是,为使他们减轻负担而采取的措施却是不同的。其一,有利于必要继承人的遗产分离(*separatio bonorum*)。正如我们已经谈到的,遗嘱人设立这种必要继承人的目的通常是避免使他自己落得不能清偿债务的名声。如果在由债权人对遗产进行的拍卖(这是不能清偿债务的结果和公开表现)时挂出遗嘱人的名字,上述情况就可能出现。因此,重要的是,让有关拍卖活动针对被解放的奴隶的财产进行,并且让任何为获取财产而提起的诉讼都要以该奴隶的名字为对象。遗嘱人的这一目的是通过继承人自动地接受遗产而实现的。

但还有另外一个后果:如果某些债务未能通过拍卖遗产而得到清偿,继承人会受此债务的连累。毫无疑问,遗嘱人并不是有意让债权人得到这样的优待,并且法学家也认为没有理由一定要这样去做。因此,裁判官的告示规定:必要继承人可以要求将他在遗嘱人死后取得的财产(也就是说,他凭自己的能力取得的财产)与他通过继承所取得的财产区分开来。这样一来,一方面,继承人对遗嘱人债务承担责任的形式法律地位可继续维持,另一方面,又可以实现对概括继承原则的实质性变通。

其二,是对必要的自家继承人的解脱。在这里,罗马人看不出为什么要让自家继承人(而不是已去世者)承担无清偿能力的名声。因此,裁判官采取另外一种解脱性措施,允许继承人"放弃遗产",有时候它被称为"弃权照顾"(*beneficium abstinendi*)。对财产的拍卖针对去世者的名字进行,并且裁判官简单地拒绝受理针对继承人提起的任何诉讼。因此,继承人可以避开那些因其继承人身份而可能招致的不利后果,但他仍然是继承人。在这样的情况下,遗嘱将在可能的范围内产生作用,如对监护人的指定是有效的;如果在债权人获得清偿之后还剩有财产,继承人以及可能存在的受遗赠人将有权按照一般的途径实现取得。

2. 有利于债权人的遗产分离。同样的困难也可能由相反的情况造成。遗产是能够清偿债务的,而继承人(无论是自家继承人,还是家外继承人)却资不抵债。在这种情况下,死者的债权人可能会因必须与继承人的债权人平等地分享遗产而不公平地丧失获得全部清偿的希望。裁判官在此采取的措施是另一种遗产分离:死者的债权人可以要求将死者的财产和继承人的财产加以分离,直到他的清偿要求得到满足时止。

3. 财产清单照顾(*beneficium inventarii*)。家外继承人所面临的是另一问题。他可以在接受遗产和拒绝接受遗产这两种可能性中进行选择,但是,在没有对遗产的清偿状况进行调查之前,可能很难作出抉择,而且有关的调查活动可能被理解为是在"作为继承人经管"

(*pro herede gestio*)。只是到了优士丁尼时代,法律才为摆脱这种进退两难的处境提供了办法,即允许获得"财产清单照顾"。如果继承人制作了一份遗产清单(这项工作必须在继承人知晓自己的有关权利后的 30 日内开始,在随后的 60 日内完成),他将不再对超过财产数额以外的债务承担责任。事实上,这项制度使继承人的特点发生根本的改变。他现在与现代的遗嘱执行人和剩余财产的受遗赠人有些相像。他只在财产范围以内对债务承担责任,并且有权获得未分配的剩余财产。但是,这种相似性是有限的。他仍然可以完全拒绝接受遗产,并且未设立继承人的遗嘱是无效的这一规则仍然继续适用。如果他接受了遗产,但没有选择制作遗产清单,或者遗产清单制作得太晚,旧的法则将仍然适用。

在中世纪和现代世界,社会条件已经发生了变化,因而,当然不再有自家继承人和必要继承人,但是,仍然保留着概括继承的原则,同时也保存着"财产清单照顾"和有利于债权人的"遗产分离"制度。它们也一直存在于法国法中,尽管《德国民法典》在保留着概括继承原则的同时创造了其他一些缓解有关弊端的制度。

## 第五节 "一旦成为继承人,永远是继承人"

"一旦成为继承人,永远是继承人"(*Semel heres, semper heres*)这一格言是由评论家们创造的,它体现着概括继承的基本原则。它的许多实际含义已经在前面谈到了。作为一个整体的遗产,或者继承人的身份,这些均不能从一个人转移给另一个人。这项原则在实践中产生两个结果:其一,继承人不能向其他人转让遗产;其二,遗嘱人不能规定,某人在某一时间中(或者在一生中)是继承人,然后另一个人将接替他。

**继承人不能转让遗产**

继承人不能通过转让行为或者采用撤销对遗产的接受并允许有权在他之后继承遗产者接受遗产的方式让下一个人接替他成为继承人,无论是在接受遗产之前,还是在接受遗产之后。他可以将遗产出卖。也就是说,他将遗产中的有形物卖出,并且通过诉权转让(cessio actionum)的方式转让有关的权利,但是,他一直是继承人,并且一直对有关的债务承担责任。因此,他通常要求买受人以要式口约的方式做出这样的保证:为他所承担的责任提供补偿。且不论有关诉讼形式的技术问题,这样一来,他似乎可以在实践中成功地把买受人变为继承人。但是,如果买受人无清偿能力或者失踪,他就不能实现上述企图。

在遗产不可转让问题上存在一个例外(尽管这不是针对"一旦成为继承人,永远是继承人"原则的例外)。根据市民法,在无任何自家继承人的情况下,有权实行无遗嘱继承的人则是最近的宗亲属。盖尤斯告诉我们:该宗亲属可以在接受遗产之前采用拟诉弃权的方式转让遗产(拟诉弃权适用于对无形物的转让),并且由此使受让人成为继承人。但是,这种权力不扩展适用于在遗嘱中设立的继承人,或许是因为这样做将使他能够把下一个有权根据遗嘱实行继承的人排除在外,并且可能以此方式使遗嘱人的意愿落空。

罗马法学家创造出一种新的措施,遗嘱人可以采用这种措施使他的遗产在被接受之前得以转让。例如,如果他希望让某甲选择是接受遗产还是将遗产转让给其他人,他可以将某甲的一名奴隶而不是某甲设立为继承人。一方面,该奴隶当然没有资格成为继承人,但他可以通过接受遗产为他的主人取得遗产,就像取得其他财物一样。既然遗产既包括责任也包括资产,既然奴隶不能未经主人的同意而使主人承担责任,那么,在没有得到主人的准可之前,奴隶就不可能有效地接受遗产。另一方面,既然遗嘱中提到的名字是奴隶而不是某甲,必须接受遗产的就是该奴隶,而取得遗产的人则是接受遗产时对该奴隶享有权力的主人。因此,如果某甲在奴隶接受遗产之前将他卖掉,买受人所取得的就不只是该奴隶,而且还有取得遗产的权力。买受人在买得奴隶的同时实际上也买得决定是否接受遗产的选择权,这种权利当然也会反映在买价上。就这样,遗产变成了可以自由讨价还价的东西。

**遗嘱人不能指定以后的继承人**

"一旦成为继承人,永远是继承人"原则的适用还导致以下结果:遗嘱人不能规定某甲是他的继承人,并且在某甲死后(或者在一定的时间之后)某乙将成为继承人。这意味着:在现代英国遗嘱中常见的表述"传给我的还在世的妻子,然后再传给我的子女"是不被旧的市民法所接受的,古罗马的遗嘱人不能做这样的指定。实际上,他可以通过授予其妻子对特定物品的用益权来部分地实现这一目的,但这样做甚至也受到一定的限制,在承认准用益权之前,它仅适用于不可替代物。然而,在帝国早期,遗产继承信托(*fideicommissum hereditatis*)制度的发展最终使人能够指定随后对遗产享有利益的人。

# 第二章  裁判官法中的遗产占有

我们已经谈到,在某些情况下裁判官将出面干预,以缓解市民法关于概括继承的原则的严苛性。我们现在必须考察一下遗产占有(*bonorum possessio*)这一措施,裁判官可以借助此措施以较为普遍的方式进行干预,并且可以在若干情况下实行对继承人的双重设立,这种双重设立使继承法的运用大大地复杂化,但却能使该法进行自我调整以适应变化中的社会需要。在这里,也需要根据是否存在遗嘱将有关论述分成两部分进行,但对于这两部分来说,基本原则是共同的。

## 第一节  遗产占有的一般原则

裁判官不能改变市民法。比如,如果他发现:《十二表法》中关于无遗嘱继承的规定由于完全注重的是宗亲关系,否定了血亲属对遗产的继承权,而根据后期的观念,这种血亲属所提出的要求是公平的和较为合理的,在此情况下,他不能简单地宣告这些血亲属是继承人。裁判官只能撤销某人的继承人身份,却不能授予某人以继承人身份。但是,他可以批准某人对财产实行占有,这种占有在经过 1 年后可以通过时效取得转变为所有权。裁判官告示确定哪些人可以获得这种批准,并且将这种批准称为"遗产占有"。[1] 在时效取得问题上,这种占有人的地位与其他善意占有人的地位是一样的。除继承人外,遗产占有人能够对付任何人提出的异议,因为,如果善意占有人实行着占有,除继承人外没有任何其他人能够证明自己有权从他那里得到遗产,并且如果他的占有受到侵犯,他可以获得裁判官法所通常提供的救济手段。但是,如果提出异议的是继承人,即使遗产占有人可以获得占有,他唯一能够享有的照顾只是:在随后的诉讼中由继承人承担举证的责任。面对继承人,占有人最后是不能获胜的。这种遗产占有被称为"不胜诉的"遗产占有,在此情况下,占有人不能继续保留遗产。

遗产占有并不都是"不胜诉的"。如果裁判官希望使遗产占有人也能够有效地对抗继承人提出的异议,他可以很简单地授予遗产占有人以辩护(诈欺抗辩)权,以此反驳继承人的诉讼请求。这种遗产占有被称为"胜诉的"(cum re)遗产占有。在此种情况下,遗产占有人可以保留遗产。此外,遗产占有不是只能由非继承人获得。裁判官从来不修改市民法,他只是有时候对市民法加以补充。因此,有时候裁判官也把继承人纳入可以获得遗产占有的人员之列。继承人的遗产占有当然属于"胜诉的"遗产占有,因为没有任何人能够从根据市民法和裁判官法均有权占有财产的继承人那里拿走遗产。[2]

在时效取得问题上,胜诉的遗产占有人的地位不同于善意占有

---

[1] 这种称呼很容易造成误解。占有是对物的实际控制,它不可能通过简单的批准而创设。实际上,这种批准是允许从现占有人那里获得占有的法律手段。它还为时效取得提供了正当理由。

[2] 人们可能认为:该继承人没有从要求遗产占有中得到任何东西,因为他已经得到了市民法的保护。促使人们将继承人纳入可获得遗产占有者之列的主要考虑在于:如果继承人不提出遗产占有的要求,其他人将可能提出此请求。例如,某个在市民法的遗嘱中设立的继承人有权实行遗产占有,如果他没有提出这样的要求,裁判官就可能让有权实行无遗嘱继承的人实现遗产占有。这后一种遗产占有将是"不胜诉的",继承人最后将会取得优势,但他本来曾可以避免这一麻烦。

人的地位,而是与善意拥有人的地位相同。在主要的(但不是所有的)实践问题上,他都是继承人,而原本的继承人,正如盖尤斯所说,只是空有其名。

## 第二节 遗产占有人的救济手段

既然准许遗产占有只是对占有死者财产的批准,因此,最初只能通过关于占有的令状赋予它以效力。这意味着:获准占有遗产的人只能针对遗产中的有形物提出主张(因为只有它们能够被占有)。此外,他只能针对那些声称自己是继承人(无论是合法的,还是不合法的)的人或者针对那些不打算实行合法占有的侵扰者获得上述令状。对于已经有人声称是从死者那里得到的并且正由该人占有着的有形物,他不能够获得占有。他也不能够强制执行对人的权利[3](当然,他同样不对任何债务承担责任)。一旦他通过时效取得获得了对有形物的所有权,他就被视为已对遗产实现了时效取得,但在此之前,他对该物的权利是有限的并且只具有占有的特点。

在古典法中,遗产占有人的地位却得到进一步承认(事实上,他成为裁判官法的继承人),他已经可以采用一般的诉讼手段,并且也可以针对他采用一般的诉讼手段,在诉讼中他被拟制为继承人。

我们现在必须从两个方面进行考察:根据遗嘱的继承和在无遗嘱的情况下根据法律规定进行的继承,无论是依照市民法还是裁判官法,继承都可能遇到这两种情况。就我们手中的材料所能够追溯的早期历史而言,某些形式的遗嘱在当时已经存在,而且,在罗马人的随后历史中,遗嘱继承一直被视为正规的继承方式["无遗嘱继承"(*successio ab intestato*)这一术语本身就表明了这一点]。但是,

---

[3] 即债权。——译者注

根据我们对其他原始制度的了解,并且注意到"自家继承人"地位的独特之处,人们会产生这样的印象(虽然是很有争议的):无遗嘱继承是最古老的继承方式。因此,我们就首先从无遗嘱继承谈起。

# 第三章 无遗嘱继承

## 第一节 初步的概念

在罗马法的历史发展进程中,出现过三种主要的无遗嘱继承制度,[1]即旧的市民法制度(在优士丁尼之前,曾经受到某些修改,并且在形式上一直保持有效)、裁判官法制度(它与前一种制度并存)和优士丁尼用以取代前两种制度的全新制度(它不仅为现代民法法系的制度提供了许多根据,而且还通过教会法对英国法施加着影响)。如果首先解释一下某些基本的共同概念,对这三种不同制度的介绍可能会变得简单些。为表述这些概念而使用的术语是现代民法法系通用语言的组成部分,并且在英国法中也有一定的立足点;虽然它们起源于罗马法文献,但它们不是罗马人自己的。

让我们假设存在这样一种制度:它要求将遗产首先分给去世者的子女,由他们平等地分享,其次分给最亲近的血亲属,以此设立了有权继承遗产者的两个顺序(ordines)。许多问题将由此而产生。

1. 假设一个人去世时留下了两个尚活着的儿子——某甲和某乙,第三个儿子某丙先于其父亲而死亡,但他也留下了两个儿子——某丙1和某丙2。某丙1和某丙2享有怎样的权利呢?答案可以有三个。第一个答案是:根据"较近者排斥较远者"的原则,在此情况中,某甲和某乙是最近的亲属,因此,某丙1和某丙2不能分享遗产。

---

[1] 以下只论述它们各自的主要特点。

第二个答案是:可以适用"按代继承"(successio per stirpes)的原则,或者说实行"代位继承"(representation):遗产将在同一代的三个分支家庭(stirpes)中平等分配;某丙1和某丙2"代表"某丙,因此他们每人有权获得遗产的六分之一。第三种答案是:可以适用"按人头继承"(successio per capita)的原则,遗产将在所有享有继承权的人之间平等分配,因此,某甲、某乙、某丙1、某丙2每个人有权获得遗产的四分之一。

2. 如果在"子女"这一顺序中存在享有继承权的人,只不过他们没有决定提出继承要求,在此情况下,最近的亲属是否享有继承权?如果享有,这叫作"按顺序继承"(successio ordinum)。

3. 如果最近的亲属决定不提出任何要求,下一个近亲属是否有权继承,并且以此类推?如果是这样,这叫作"按亲等继承"(successio graduum),即如果某一顺序内的前一亲等拒绝继承,下一亲等获得继承权。

4. 这些相互接续的等级(亲等)如何计算?罗马法的规则是先向共同祖先上推,然后再向有关的被计算人下推,每一代计算为一个亲等。因此,嫡堂兄弟属于第四亲等,侄子属于第三亲等。这种计算方法为早期的英国法所采纳,然而,教会法则是从共同祖先向死者和有关的被计算人推算,两条亲缘线中最长的那条决定亲等关系。采用此种方法,侄子和嫡堂兄弟均属于第二亲等。

最后,在随后进行的论述中还必须始终牢记这一事实:对罗马市民的继承只能由罗马市民实行,因此,如果一个罗马市民与一个无通婚权的异邦女子(peregrina)结婚,他们生育的子女无权要求获得其父亲的遗产。这些后嗣是否有权要求取得其母亲的遗产,这取决于其母亲所属国度的"人"法。

## 第二节  市民法制度

在帝国立法对其加以修改之前,有关的市民法制度体现在《十二表法》的两项规定以及相应的解释当中。根据乌尔比安的介绍,这两项规定是:"*Si intestatus moritur cui suus heres nec escit, adgnatus proximus familiam habeto. Si adgnatus nec escit, gentiles familiam habento.*"(如果某个未立遗嘱而死亡的人没有自家继承人,近宗亲属取得家产。如果没有宗亲属,族人取得家产。)

1. 自家继承人。我们已经介绍过自家继承人的定义,并且解释过他们利益的既得性。在这里只需要补充的是:他们的继承份额是根据按代继承的原则确定的。在上述第一项规定的开头所使用的词句不仅表明:在《十二表法》时期,订立遗嘱是正常的事情,而且也意味着:自家继承人的权利被认为是受到原始习惯法保障的。《十二表法》只是简单地规定了在没有自家继承人的情况下财产的归属问题。

2. 近宗亲属(*proximus adgnatus*)。另外,近宗亲属获得的权利通常被认为来自立法者的革新。无论如何,这同对"近亲属"(*proximus*)一词的字面解释紧密相关:在这里不存在任何代表,并且不存在按亲等的继承。如果有不止一个的近亲属(如有两个兄弟,或者有一个叔叔和一个侄子),则实行按人头的继承(*per capita*)。

3. 族人。"族人"继承的性质,以及"*gens*"(家族)本身的性质,我们不大清楚,因为,甚至在盖尤斯时代,这两方面的情况就已经成了朦胧的过去。与"家族"相平行的是宗族(clan),并且,在历史上,类似于现在的宗族,家族成员关系的唯一标记是有一个共同的名字[如尤里·恺撒(C. Iulius Caesar)是尤里家族(*gens Iulia*)的成员,图里·西塞罗(M. Tullius Cicero)是图里家族(*gens Tullia*)的成员]。

这种制度自然地反映出早期罗马社会的结构。特别值得注意的是,同早期英国的土地继承制度相对照,它没有任何关于长子继承的观念,没有任何男性对女性的优先权。在罗马法的整个历史中,长子继承制一直是陌生之物。在共和国后期,随着大家产的出现,对妇女的歧视曾经短暂地出现过。姐妹以外的女子均不能享受"近宗亲属"的权利。但是,妇女继续同男人一样可作为自家继承人享有权利。

## 第三节 无遗嘱继承中的遗产占有

在公元前 2 世纪和 1 世纪,随着经济和社会领域发生着巨大变化,《十二表法》规定的那种狭隘的宗亲制度已经不能适应当时新出现的社会观念,盖尤斯对这种制度的不公正性提出了批评。尤其是这种宗亲制度忽视了血缘关系,将所有来自女性的亲属排斥在外,因此,且不说夫权,它也否认在母亲与子女之间存在继承关系;它排斥一切已经脱离了父权的子女。(被送养的子女在新家庭中当然享有权利。)此外,随着"家族"的衰退,宗亲属独揽"近亲属"特权的做法日益显露出弊端,它必定会受到限制。在盖尤斯时代,并且可能早在此之前,这些缺陷在很大程度上就已经被裁判官法的遗产占有制度加以弥补。

裁判官告示允许四个顺序的继承人实行遗产占有,而且每个顺序的继承人都必须在固定的时间内提出要求。

1. 子女(*liberi*)。这里所说的子女有着特定的和技术上的含义。裁判官并不是要笼统地用有血缘关系的"卑亲属"取代作为自家继承人的宗亲属,他只是不考虑自然宗亲关系因脱离父权而受到的人为破坏,允许那些在脱离父权之前曾经是自家人的自然卑亲属同自家继承人一起要求对遗产实行占有。根据同样的原则,这一顺序还包括那些曾经是自家人,但后来被送养并且随后被其养父所解放[2]的人;反过来说,不包括已经被解放了的养子女。liberi(子女),同sui(自家人)一样,有权按代继承,他们的遗产占有是胜诉的。[3]

2. 法定继承人(legitimi)。任何根据《十二表法》享有继承权的人均可以在此顺序中提出要求。

3. 血亲属。裁判官可以允许子女实行遗产占有,以此方式对市民法加以修正,除非所有的子女都是自家人。他可以通过允许法定继承人实行遗产占有以维护市民法;在这后一种情况下,他通常是对市民法加以补充。血亲属是有血缘关系的亲属,它当然包括宗亲属,甚至也包括那些通过收养变成宗亲属的人,但以这种收养关系没有因脱离父权而中断为条件。有权按亲等继承的近亲属(如果有数人,可按人头继承),通常直至第六亲等。这种遗产占有是不胜诉的。

4. 丧偶的丈夫或者妻子。丈夫有权继承妻子的财产,妻子也同样有权继承丈夫的遗产。在现代人看来,市民法制度中最奇怪的现象是没有规定妻子继承丈夫遗产或者丈夫继承妻子遗产的权利。罗马人对此则有不同的看法。罗马人的家庭观念与我们的不同。如果妻子处于夫权之下,她就是丈夫的自家继承人;如果她不处于夫权之下,她则是她父亲的自家继承人。如果她的父亲已使她脱离了父权,

---

[2] 即允许其脱离父权。——译者注
[3] 在这里存在明显的不公平。我们假定:一个人在死后留下了两个儿子,儿子甲在父亲死亡前一直处于父权之下,儿子乙则已经脱离了父权。甲和乙均有权实行遗产占有。但是,儿子甲由于在父亲死前一直处于父权之下,因而没有自己的财产,他取得的所有财产都包含在了遗产当中,而儿子乙则在脱离父权后已经获得了财产并且一直保留着随后取得的财产,现在他要求分配遗产。如果儿子甲和儿子乙早先都可以根据其富有的叔叔的遗嘱成为共同继承人,甲所继承的份额将自动地转移到其父亲的财产中,因而,乙对遗产的占有将意味着:他不仅保留着他从其叔叔遗产中继承的份额,而且实际上还有权得到甲的份额的一半。裁判官通过"财产合算"(collatio bonorum)制度(英国法律工作者称为"hotchpot")纠正这种不公平的情况。只有乙采用要式口约的形式承诺在与甲平分父亲遗产时也将自己的财产计算在内,他才可以实行遗产占有。

虽然她根据市民法无权要求继承,但有权作为子女之一实行遗产占有。罗马人的婚姻观念也是不同的。正如我们已经介绍过的,罗马人几乎不把婚姻看作在当事人之间创设权利和义务关系的制度。遗孀所应得到的份额(以及妻子在离婚情况下应当得到的份额,这后一种财产份额更为至关重要)是通过丈夫履行返还嫁资或者部分嫁资的义务予以保障的。

尽管如此,裁判官最后还是为丈夫与妻子之间的继承问题作出规定。然而,既然这种规定只适用于不存在六亲等以内的血亲属或者没有任何人愿意继承的情况,它在实践中就不可能有重大意义。在此种情况中的遗产占有也是不胜诉的。

上述各种情况中的遗产占有被描述为"子女实行的"(*unde liberi*)遗产占有、"法定继承人实行的"(*unde legitimi*)的遗产占有等。这些是省略的术语,完整的表述形式是"子女(或者法定继承人等)根据告示实行的遗产占有"(*bonorum possessio ex illa parte edicti unde liberi vocantur*)。

这种裁判官法制度仍然有两个严重的缺陷。母亲与子女的关系仅仅在血亲属顺序中得到承认;近宗亲属甚至优先于并不遥远的血亲属。在帝国时期曾经有过零散的立法,但没有进行过任何连贯的改革,因而,优士丁尼的《法学阶梯》使人看到的是一个杂乱无章的混合体。然而,在10年之后,优士丁尼开始与过去彻底决裂。

## 第四节 《新律》的制度

在新律118和新律127(公元543年和548年)中,自家继承人的遗迹、宗亲属与血亲属之间的区别以及男性与女性之间的区别消失了,并且代之以直系卑亲属、直系尊亲属和旁系亲属之间的区别。就其主要方面而言,继承顺序如下(在每一顺序中,较近的亲属排除较远的亲属):

1. 直系卑亲属，按代继承。

2. 尊亲属和兄弟姐妹。如果有活着的兄弟姐妹，已去世的兄弟姐妹的子女（但不是孙子女）按代继承。也就是说，只要还有某个活着的兄弟姐妹保持这一继承顺序，已去世的兄弟姐妹的子女就可以实行代位继承。根据这种代位继承规则，继承按照人头进行。

3. 其他最近的旁系亲属，按人头继承，不实行代位继承，但实行无限的亲等继承。因而，如果有一个活着的叔叔、一个嫡堂兄弟（已去世叔叔的儿子）和一个侄子，这个活着的叔叔和侄子有权各取得遗产的一半，而嫡堂兄弟却无权取得遗产。

4.《帝国法律汇编》（*Basilica*）最后增加了与裁判官法制度相同的措施，即允许丈夫和妻子相互继承。

如果没有任何人提出继承请求，财产则转归国库。

在旁系亲属顺序中的无限制按亲等继承明显地同现代英国法的制度相冲突，现代英国法不承认叔叔和姑姑以外的旁系亲属（排在配偶、父母、兄弟姐妹、祖父母之后），但允许对这些受到承认的亲属实行无限制的代位。因而，在一种极端的情况中，叔叔的曾孙子（第六亲等）可以继承，但父亲叔叔的儿子（第五亲等）却不能继承。大多数现代民法制度目前把有权提出继承请求的旁系亲属限制到第六亲等，或者更窄。德国法未规定任何限制，虽然现在实行的制度不同于罗马法。英国法规则无疑反映出家庭纽带在这个国家相对来说比较松弛。

# 第四章  遗嘱继承

　　我们刚刚考察过的各项规则的复杂性当然不会使我们认不清这样一个事实：无遗嘱继承属于例外情况，它不代表一般规则。虽然没有任何关于"恐惧"无遗嘱继承的证据，但很显然，罗马人把在无遗嘱情况下死亡看作不幸运的和可受指责的。据历史记载，老加图（the elder Cato）在回顾自己的一生时有过三点遗憾：他告诉过妻子一个秘密；他在本来可以步行的情况下坐船进行过一次旅行；曾经有一天他是在没有遗嘱的情况下度过的。毫无疑问，并不是所有的人都像加图这么审慎，但是，必要继承人制度和各种各样的解释规则都试图维护遗嘱的有效性，甚至不惜以扭曲一般法律原则为代价，这一切都证明法学家也具有同样的想法。实际上，在我们英国人看来，这没有什么不同寻常的，因为我们也重视（虽然不那么突出重视）遗嘱，视其为常规。但在法国，大多数人则满足于在无遗嘱的情况下去世。这里也许有两个原因。根据法国法，一个人通常只能采用遗嘱处置自己的一部分财产，剩下的财产则按照事实上属于无遗嘱继承的规则留给他的家庭；并且这后一类规则通常被人看作对财产的真正处置。德国的真实情况与此很相似。在古罗马，虽然自帝国时代开始以来遗嘱人的自由也受到限制，但关于无遗嘱继承的市民法规则已经不再符合当时的观念，而且通过裁判官或者通过法律对它们进行的改革是局部的和无一定之规的。此外，甚至在情况并非如此的时候，如当一个鳏夫留下 4 个均处于支配权下的孝顺儿子而死亡时，为了避免把家庭的土地分成小块，比较明智的做法可能就是：只指定其中一个儿子为继承人,而给予其他三个儿子以遗赠。还有其他一些非物质性的动机。只要旧的宗教还保持着自己的影响,一个人就可能希望确保家庭圣事不被缺乏仁慈精神的人所把持;并且一个人在临终时经常会想体验一下死后慷慨捐赠的愉悦,尤其是希望解放奴隶。无论如何,罗马人出于对财产权利的个人主义态度,不会赞同现代人有时候对整个遗嘱制度的攻击。这种制度曾经被这样地加以批判:"遗嘱是一个人不再有任何意愿时所表达的意愿,针对的不再是他的财产的财产;是一个人在不再考虑其行为对人类的影响时实施的行为;这是一种荒谬的东西,一种不应发生法律效力的荒谬东西。"

然而,罗马法中的遗嘱以其较早的成熟发展而著称。这种发展后来也出现在其他地方,但在古罗马,早在《十二表法》中就已存在某种类型的遗嘱。这些情况我们可以肯定,别的就没把握了。人们应当小心不要轻易推断早期的遗嘱必定具备成熟时期的一切特点。这些特点主要有四条:(1)它指定一名概括继承人,除无遗嘱继承人外,其他一些人也可以成为这种概括继承人;(2)遗嘱可以在遗产之外实行遗赠,并且可以作出其他一些具体的安排(如指定监护人、解放奴隶);(3)遗嘱是"可变更的",或者说"以死亡时的情况为准"(如所处置的财产被认为包括遗嘱人在订立遗嘱后取得的物品,并且"我的侄子们"这一表述被认为包括遗嘱订立后出生的侄子,并且排除遗嘱订立后死亡的侄子);(4)遗嘱是可以撤销的。

## 第一节 早期的遗嘱

盖尤斯向我们提到三种早期的遗嘱,但是,每一种遗嘱具有多少上面列举的特点,却颇有争议。

### 会前遗嘱和战前遗嘱

这两种遗嘱在共和国时代结束之前就已经弃置不用了。战前遗嘱（*testamentum in procinctu*）是战士在作战前订立的遗嘱。而会前遗嘱（*testamentum comitiis calatis*），则较为重要。库里亚民众会议每年召集两次，以讨论宗教事务[可能是在三月和五月，并且可能是由祭司长（*pontifex maximus*）主持]。这种宗教事务也包括实行自权人收养（在遗嘱出现以前，这种收养恰恰是在为没有自家继承人的人提供继承人）和订立遗嘱；当履行这后一职能时，库里亚民众会议被称为"集会"（*comitia calata*）。与自权人收养的同时并存使人自然而然地想到：遗嘱是一种立法行为，但也有迹象表明，民众会议的功能可能已经仅限于或者变得仅限于证明遗嘱人的行为。即使前一个推论是正确的，由于古罗马的民众会议无权提出动议或者修改提议，会前遗嘱的重要特征必定在于它的公开性和祭司长（他作为"圣事"的保护人）的主持。这种遗嘱被认为是可改动的和可撤销的，它可以在形式上指定监护人和解放奴隶，因为《十二表法》曾把这些行为同遗嘱联系在一起。与自权人收养的同时并存还使人强烈地感到：会前遗嘱可以指定继承人，虽然有人认为这种做法是对继承的习惯法规则的干扰，因而是不可思议的，并且虽然还有人认为会前遗嘱仅限于作出特定的处置。由此人们可以对第三种遗嘱所采用的特定形式作出解释。

### 称铜式遗嘱（*testamentum per aes et libram*）

表面上看来，这是在《十二表法》之后因祭司解释而出现的，因为盖尤斯说前两种遗嘱形式是"从一开始"就存在的，而这后一种形式是后来增加的，并且盖尤斯所说的"开始"大概是指《十二表法》。在公元 5 世纪之前，称铜式遗嘱一直是正规的市民法遗嘱。正如盖尤斯所说，它具有前面介绍的全部特点。但是，盖尤斯告诉我们：称铜式遗嘱经历过变化，实际上，这可以从它的目的与实际适用情况之间的矛盾中看出。

遗嘱人先将自己的遗嘱写在涂蜡书板上，然后，按照通常的做法召集 5 名证人和 1 名司秤，以要式买卖的方式将自己的财产（*familia*）卖给一个被称为"家产买者"（*familiae emptor*）的人。但是，这是一种不同寻常的要式买卖。"家产买者"不是像通常那样主张自己的权利，而是宣称他根据遗嘱人的指示保管这些财产。随后出现的步骤在通常的要式买卖中是完全见不到的：遗嘱人不是简单地予以默认，而是以主动的行动正式确认他的遗嘱的内容并且要求见证人为他的行动作证。

在盖尤斯时代，这种要式买卖纯粹是一种形式，它的目的只在于赋予涂蜡书板上的遗嘱内容以有效性。"家产买者"是个稻草人。遗嘱只是在遗嘱人死亡后才生效。继承死者的权利和义务的人不是"家产买者"，而是遗嘱中设立的继承人。这种遗嘱是可以撤销的，当然它只能通过订立另一个遗嘱来撤销。

因此，按照成熟的方式订立的称铜式遗嘱比会前遗嘱更加可取，这当然是因为它比较秘密，并且能够在任何时间和任何地点订立，只要可以找到 7 位罗马市民；还可能是因为它可以自由地指定继承人（会前遗嘱就缺乏这一特点）。但显然，它最初并不是一种遗嘱，而是为规避在订立遗嘱时遇到的困难或者障碍而采取的措施。其他国家的历史表明：这种在活人之间（*inter vivos*）实行的交付通常是遗嘱的雏形。除此之外，一切都是猜测。

## 第二节 根据遗嘱的遗产占有 "裁判官法遗嘱"

无论称铜式遗嘱最初的法律效力是怎样的，无论"家产买者"经历了怎样的进程才变成稻草人的，可以肯定的是有关的改造是在共和国末期之前完成的。因为我们从西塞罗那里得知：在他那个时代，裁判官就已经只把要式买卖看作一种空洞形式，他允许任何在书面文书中指出的继承人实行遗产占有[根据遗嘱的遗产占有（secundum tabulas testamenti）]，只要这样的文书带有7位证人的封印，而不问是否实行过要式买卖。裁判官这样做的目的不是要创造一种新的遗嘱形式，而只是承认旧遗嘱中的实质性东西。要式买卖中的5位见证人现在成为书面遗嘱的见证人，"家产买者"和司秤也被增加为见证人。遗嘱书写在两块涂蜡书板的一面上，然后让写有遗嘱的面朝里，将这两块板子对捆在一起，遗嘱人和7位证人用蜡将其封上。然而，这种遗产占有曾经是不胜诉的，直到后来，安东尼·比乌才阻止那些根据关于无遗嘱继承的市民法享有继承权的人提出诉讼请求。在此之前，这些人只要能够证明要式买卖的手续没有依法履行，就可以实行继承。因此，裁判官在此前实践中所进行的干预仅仅体现在对举证责任的颠倒上，虽然推卸这种责任可能并不容易，尚存的史料事实上表明了这一点，尤其是当遗嘱已注明进行了要式买卖之时。

现在，这通常被称为裁判官法遗嘱，从安东尼·比乌时代起，就最实际的目的而言，它如同遗嘱一样有效。在后期法中，虽然它出现在《民法大全》当中，但事实上这种裁判官法遗嘱已经被其他形式所取代。

## 第三节　后来的遗嘱形式

裁判官法遗嘱是罗马人在不愿意同过去彻底决裂情况下创造的遗嘱形式。订立遗嘱的外在形式主要是为了达到三个目的：第一，确保遗嘱人的意愿表示可证明是他自己的；第二，这些意愿是他作为临终意愿而认真准备好的；第三，这些意愿是保持完整的。因而，英国遗嘱所要求的条件是：遗嘱人应当在文件的结尾处并且当着两位证人的面签字，这两位证人必须随后当着遗嘱人的面签署自己的名字。有证人在场和在文书上签字都是为了证明文书的真实性并且确保这不仅仅是偶然的意愿表示；要求在文书的结尾处签字是为了保证不会发生提交不完整文书的情况。在裁判官法遗嘱中，见证人的封印能够实现上述三项目的，封印既是"签字"，又是防止遗嘱被开拆的保障。但是，如果有人问为什么必须要有7名证人，为什么遗嘱人自己不在遗嘱上加盖封印以证明文书的真实性，答案则只能在最初的称铜式遗嘱中寻找。要求一般要式买卖中的那种大规模"阵容"可能主要不是为了证明有关行为已经被以公开的方式完成，而主要是为了有可能立即对任何在权利上的瑕疵进行调查（在一个小社会中，这种瑕疵是能够为有关的证人所了解的）。对于裁判官法的遗嘱来说，为什么不要求遗嘱人加盖封印，这可能是因为：在称铜式遗嘱中，遗嘱人是采用他所讲出的言词证明行为的真实性。然而，一旦不再要求进行要式买卖，以上这两种答案也就都毫无意义了。此外，当纸莎草纸和羊皮纸开始取代涂蜡书板时，人们也不再使用封印确保文书的完整性。由于这样或者那样的原因，除旧的封印外，人们开始在各种各样的文书中增加使用一种较新的保真标记，即签署（*subscriptio*）。这是在古代社会使用的最接近现代签名（signature）的方式，并且实际上是后者的前身。这种"签署"是在文书底下（under，即文书的结尾处）由签名人（subscriber）亲笔写一句长短不等的话，例如："我，卢奇·提蒂……已经签署。"

在公元439年引进了帝国后期的普通遗嘱形式，它要求遗嘱人和证人都使用较新方式确认文书的真实性，但仍然没有抛弃过去的习惯做法。它实际上就是裁判官法遗嘱，再加上遗嘱人和证人的签署。优士丁尼以较为精细的方式对其加以规范，他说新遗嘱所要求的条件来自"三方面"的法律：第一，遗嘱必须在一次活动中完成，并且当着证人的面完成（这来自市民法）；第二，证人的数量必须是7人（这来自裁判官法，因为市民法只要求5名证人）；第三，除此之外，帝国立法还要求增加签署。根据对其法律来源的分析，这种遗嘱本身被不很情愿地称为"三合一遗嘱"（*testamentum tripertitum*）。

"三合一遗嘱"的直接衍生物是现代法国法中的"秘密"遗嘱，在那里,签署被它的同类方式——签名所取代,并且证人由公证人取代。然而,它很少使用,而帝国后期的另外两种遗嘱(公共遗嘱和亲笔遗嘱)却在后来占据了重要的地位。公共遗嘱(本身起源于希腊)是一种在法庭进行登记或者在帝国档案部门加以储存的遗嘱;它的现代形态("公证"遗嘱)是在公证人或者法官面前订立的。亲笔遗嘱是由遗嘱人亲笔书写的遗嘱。优士丁尼只允许以此种方式订立使子女受益的遗嘱,但是,在苏格兰和今天的德国,这种方式的使用则是不受限制的(需要增加签名的手续),在法国也得到承认。普通人希望以此种方式摆脱那些在他们看来属于法律工作者人为增加的麻烦,但是,且不论可能出现的"家造遗嘱"的危险,人们批评它可能为伪造遗嘱或者因对有关处置不满而秘密销毁遗嘱大开方便之门。

## 第四节　遗嘱内容的要件

我们前面谈到,遗嘱的首要目的是设立继承人;如果没有能够设立继承人或者被设立的继承人拒绝接受遗产,整个遗嘱将无效。正如盖尤斯所说,设立继承人是整个遗嘱的缘由和基础。由于早期的罗马法学家形式主义的思维定式,对继承人的设立最初必定采用遗嘱套语实行,并且这种解释适用于整个古典法时期。但是,除"遗嘱优先"(*favor testamenti*)外,在没有能够设立继承人的情况下,最初并不允许宣布整个遗嘱无效,而只是宣布在设立继承人以前的遗嘱内容(比如:关于遗赠的安排)无效。当然,还有其他一些实质性条件。我们说过,继承人的设立必须针对的是整个遗产,"遗嘱优先"的原则将导致为部分遗产设立的继承人成为整个遗产的继承人。被设立为继承人的人还必须是可辨别其身份的人。因而不能将我们今天所说的法人设立为继承人,罗马人只把这种法人看作由变化不定的个人(*incertae personae*)组成的团体。在这个问题上,法律工作者可能是担心财产会聚集在永远不死亡的机构手中。由于整个继承法具有"属人"特点,因而只有罗马市民(或者拥有"贸易权"的异邦人)才能被设立为继承人。

此外,整个遗嘱必须使用拉丁文制作,并且,继承人的设立几乎同遗嘱中可能包含的其他重要内容(如指定监护人、解放奴隶、剥夺继承权、遗赠等)一样,必须使用要式语言表述。在设立继承人时必须使用"*heres*"(继承人)这个词,并且必须使用命令式("卢奇·提蒂,你是我的继承人",这是通常使用的句子;也可以说:"我决定:卢奇·提蒂是我的继承人";但不得使用这样的句子:"我把卢奇·提蒂设立为我的继承人"或者"我设立卢奇·提蒂为我的继承人")。就像要求在遗嘱中必须先设立继承人一样,上述区分是一种咬文嚼字的形式主义,并且在实践中显然会遇到具体的困难,但它们有着自己的存在理由。规定遗嘱的外部手续是为了确保遗嘱的真实性和完整性,而为遗嘱的内容规定这些要件则是为了减少发生歧义的可能性。法学家善于准确地使用语言,他们可能认为:当以后需要对遗嘱进行解释时,已经无法找到遗嘱人来说明他的意思;如果他在订立遗嘱时不准备咨询法律专家的意见,当因含混不清的内容而导致出现相互冲突的要求时,他就不应当指望法律专家帮助他做出有关的决定。即使使用了这样的技术语句,也很可能出现模棱两可的情况,如描述哪些东西属于被遗赠物或者希望哪些人接受遗赠等问题。但是,在帝国后期,人们不再欣赏这种口头程式,在公元339年,君士坦丁废除了关于特定话语形式的要求。1个世纪之后,希腊文的使用才被普遍允许。

## 第五节 替 补

**一般替补(*vulgar substitutions*)**

遗嘱的唯一要件是设立继承人,但在通常情况下遗嘱还包含其他一些内容。如果被设立的继承人是家外人(*extraneus*),随后的内容一般涉及的是替补(substitution)。也就是说,以要式语言规定:如果被设立的继承人没有接受遗产(明智的遗嘱人会为此规定一个时限),某些其他人应当成为继承人。这种替补可以不断延续,最后的替补人通常是必要继承人。因此,遗嘱开始的句子可以是这样的:"卢奇·提蒂,你是我的继承人,你在得知此情况并且能够作出有关决定时起的100日内决定继承。如果你没有在规定的期限内做出继承决定,你就丧失继承人的资格。随后,你,布布里·麦维,是我的继承人,在得知此情况并且能够作出有关决定时起的100日内决定继承……随后,你,我的奴隶斯蒂科,成为自由人和我的继承人。"这种替补被称为"vulgar"(一般的,普通的)替补,事实上,其只不过是对继承人的附条件设立。

### 未适婚人替补(*pipillary substitution*)

任何年龄的子女均可以是继承人,但只有在达到适婚年龄后,他才能自己订立遗嘱。这种情况可能会引起遗嘱人的疑虑。比如,假设遗嘱人把自己的独生子设立为继承人,随后遗嘱人去世了并且他的这个儿子也在未满适婚年龄时死亡,那么,遗产必然落到近宗亲属手中(因为未适婚人既不能有自家继承人,也不能订立遗嘱)。且不说人们通常不喜欢无遗嘱继承的情况,父亲可能很不愿意让遗产落入近宗亲属手中。因此法学家很早就发明了未适婚人替补的做法,让遗嘱人有可能指定某人在儿子未满适婚年龄而死亡的情况下成为继承人。同一般替补一样,这在形式上是一种对继承人的附条件设立("你,我的儿子提蒂,是我的继承人。如果我的儿子成为我的继承人并且在达到适婚年龄之前死亡,你,赛伊,是继承人"),但是,它显然会造成遗产的转移,并且违反"一旦是继承人,永远是继承人"的原则。首先儿子是继承人,在未达到适婚年龄的儿子死后,替补人是继承人。对上述原则的突破最初可能是有限的,替补人被看作父亲的继承人,因而只取得儿子从其父亲那里继承的财产份额;但是,在古典法中,突破上述原则的情况更加广泛。替补人继承了儿子的全部财产,无论这些财产来自何方,因而,包含未适婚人替补内容的遗嘱实际上是两个遗嘱,一个是为父亲订立的,另一个是为儿子订立的。

既然儿子可能先于父亲而死亡,一个拟定得好的遗嘱就应当既包含一般替补的安排,也包含未适婚人替补的安排("你,我的儿子提蒂,是我的继承人。如果我的儿子没有成为我的继承人,或者成为我的继承人并且在达到适婚年龄之前死亡,你,赛伊,是继承人")。如果将这样的安排一般地纳入父亲的遗嘱之中,关于儿子尚未达到适婚年龄的条款,对替补人来说显然是一种诱惑。盖尤斯告诉我们,正确的做法是将替补的安排放在一份单独的文书中封存,只有在儿子未满适婚年龄而死亡时才开拆。

## 第六节 对遗嘱权的限制

同现代英国法一样,罗马法的基本原则是:遗嘱人可以按照自己的意愿处理自己的财产,但是,这种自由受到两方面的限制。

### 形式上的限制——剥夺继承权

据我们所知,曾经存在过这样的规则:自家人必须被设立为继承人,或者被明确剥夺继承权。如果未这样做,遗嘱无效。这纯粹是一种形式上的要件。这并不妨碍遗嘱人根据自己的选择设立继承人(当然,此人必须根据一般法则能够成为继承人)。这只要求遗嘱人在存在自家人的情况下明确地表明自己的意愿:是将该人设立为他所选择的继承人,还是剥夺该自家人的继承权。这一规则的最初存在理由大概在于自家人的"既得"利益:由于他在一定意义上已经是所有主,因而只能以明确的规定来剥夺他的权利。然而,在古典法中,对这一规则的保留是不合理的,它主要被遗嘱人用来做一些掩人耳目的安排。

如果我们使用"disinherit"（剥夺继承权）一词，我们一定不能按照该英文词的意思去理解。父亲剥夺继承权的原因不一定是对某一子女的排斥或者不喜欢，没有被设立为继承人的自家人也不一定就是被"排除"在父亲的遗嘱之外，他恰恰可能是获得实质性利益的受遗赠人。人们经常很聪明地采用此种方法避免将家庭财产零碎分割，而是把整个家产交给长子，为其兄弟姐妹作出其他安排。此外，即使父亲将所有的自家人都设立为继承人，他也不必让他们得到同等的份额。

这部分法则没有启发意义，不仅因为它是一种不合理的遗留，而且也因为它的细节过于复杂。裁判官通过允许实行"违反遗嘱的遗产占有"（*bonorum possessio contra tabulas*）来进行干预，但其改革的范围是很有限的，其目的仅仅在于使这部分法则能够与裁判官关于无遗嘱继承的法则相衔接，要求遗嘱人不仅对自家人而且也对所有子女（*liberi*）均实行或者设立为继承人或者剥夺继承权的做法。裁判官的规则要比市民法的规则简单，但它们仍然规定了许多掩人耳目的东西。有人问：为什么裁判官没有对这部分法进行较为彻底的"修正"？无疑，答案主要在于法律专家的保守主义态度，但也可能人们注意以下情况：这些规则要求一个人必须至少（即使是以拙劣的和不恰当的方式）考虑到他对子女的义务。然而，我们现在开始考察的较新措施——"不合遗嘱义务之告诉"（*querela inofficiosi testamenti*）也许能够更为有效地为上述目的服务。尽管如此，"剥夺继承权"（*exheredatio*）的规则仍然存在于优士丁尼统治时期的最后几年，它们最终同关于"不合遗嘱义务之告诉"的规则相互融合。

### 实质性限制——不合遗嘱义务之告诉

"不合遗嘱义务之告诉"在罗马法制度中是很独特的，其早期的发展显然属于司法实践的产物。它似乎起源于共和国后期的百人审判团的实践，这种大概由三四十名普通审判员组成的法庭有时候成为独任审判员审判的替代聆讯组织，尤其是在对继承案件的审判当中。这种法庭的组成人员相对固定,其司法管辖范围比较狭窄;同大量的、审理各种各样案件的独任审判员相比,前者可能更容易使某一司法实践得到稳定的发展。在最初,同希腊法中的类似诉讼程序一样,人们在提出有关诉讼请求时似乎应当有这样的借口:遗嘱人一定患有精神病。但原告起诉的理由可以很简单:由于遗嘱剥夺了原告的继承权或者对他作出不恰当的安排,违反了一个人应对其家庭承担的道德义务(officium pietatis)。因此,最初在这种诉讼中援引的标准大概比较接近于监察官所倡导的那些道德标准,而不是由法庭强制执行的法律标准。一方面,它长期保持着这种自由裁量的特点:法庭应当裁决遗嘱人是否有正当理由将原告排斥在外,在公元542年之前,人们从来没有试图对正当理由加以界定,直到542年之后,作为立法者的优士丁尼不愿意让裁量权不受规范,对这样的理由作出一长串列举。但在其他方面,它逐渐有了法律制度的明确轮廓。现在,我们应当对这些轮廓加以简要考察。

能够提出上述告诉的人员按以下次序有:直系卑亲属(包括妇女的直系卑亲属);直系尊亲属;兄弟和姐妹(虽然要求必须有一个"基本人员"已被设立为继承人)。然而,这些人,只有当在具体案件中有权根据市民法或者裁判官法进行无遗嘱继承时,并且只有当除此而外再无其他救济手段时,才能提出有关的要求。例如,如果某个被忽视的自家继承人可以根据关于"剥夺继承权"的规则获得救济,或者可以实行"违反遗嘱的遗产占有",他将因此而被拒绝行使上述告诉权。

原告必须证明:遗嘱人没有为他作出适当安排,而且无任何正当理由。受《法尔其第法》(lex Falcidia)的影响,上面所说的"适当安排"应当按照在无遗嘱继承的情况下原告本有权获得财产的四分之一比例加以确定。这后来被称法定份额(legitima pars 或 legitima portio),现代术语也称之为"特留份"(legitim)。这种安排并不意味着必须将原告设立为继承人。如果原告已经通过遗产以外的赠与得到了其法定份额,他的告诉将败诉。

根据具体的情况,成功的告诉可能取得各种各样的结果。正如我们已经提到的,在开始时,较为像样的理由可能是遗嘱人患有精神病。如果确实如此,其结果就可能是宣告遗嘱无效并且导致无遗嘱继承。如果只有一个人可以提出请求,并且只有一个人被设立为继承人,在这种最简单的情况下,结果就是这样的。该请求人取得整个遗产(而不是法定份额),遗嘱中的其他附带内容(如遗赠)则无效。另外,如果有几个人被设立为继承人,告诉可以只针对其中一人提起,并且遗嘱中只有涉及该人继承份额的那部分才被宣布无效,有关的遗赠安排也只是按照相应比例无效。因而,无遗嘱继承的逻辑被抛弃,上述告诉被看作针对特定继承人的诉讼。一个人不能只针对部分财产订立遗嘱的原则事实上已经被变通。

上述法则是任意的和不完善的。这好像在说:某些人有权得到"法定份额",如果遗嘱人没有履行他的义务,其结果通常是使他们得到更多的财产。此外,经常发生这样的情况:遗嘱人很难确保自己的遗嘱符合这一法则(遗产的价值很可能在遗嘱人死亡之前迅速增加,或者某一继承顺序的成员可能死亡,从而使活着的继承人的法定份额增加)。因此,这种小的误算可能毁掉整个遗嘱。最后,既然告诉是最后使用的救济手段,关于剥夺继承权的所有复杂法则就仍然存在。

这些缺陷在优士丁尼的干预下大部分已被消除。他最早的和最有意义的改革是将告诉权限制于根据遗嘱原告得不到任何遗产的情况。如果原告已经得到了某些财物,但其数额并未达到法定继承份额,他只能提起"补充法定份额之诉"(*actio ad supplendam legitimam*),要求弥补缺欠。人们以此种方式保护遗嘱人免受下列情况的损害:由于对自己财产计算上的失误,而致使原告有可能毁掉整个遗嘱并且获得远远超过法定份额的遗产。优士丁尼后来规定:任何有权获得法定份额的卑亲属或者尊亲属均必须被设立为继承人。如果他被设立为继承人,但所得到的财物少于法定份额(无论是作为继承人,还是根据遗嘱以其他名义获得),他只能提起"补充法定份额之诉"。如果他没有被设立为继承人,则可以提起"违反遗嘱义务之告诉",但是,此告诉的效力现在仅限于以其成功的诉求取代在遗嘱中设立的继承人。实际上,由此而出现无有效继承人的遗嘱。从这后一项改革中可以看出:优士丁尼最后是想把法定份额原则和关于"剥夺继承权"以及"违反遗嘱的遗产占有"的规则糅合在一起,但事实上这种效果并不明显。优士丁尼也改变了子女的法定继承份额制度。如果子女为4人或者少于4人,他们有权获得无遗嘱继承份额的三分之一;如果超过4人,该份额则为四分之一。

大多数现代民法法系制度都制定了有关规则,试图在遗嘱人的自由与其家庭成员的要求之间实现平衡,这些规则有时候来自"不合遗嘱义务的告诉",有时候起源于习惯法。它们所采取的形式,或者是一概否认遗嘱人有权处置一定比例的财产,要求他把这部分财产"保留"给他的近亲属(如在法国和苏格兰),或者是不为遗嘱人的处置权规定限制,但允许其亲属提出取得一定份额的要求(如在德国)。无论在哪一种情况中,这一份额都是固定的,并且与罗马法的法定继承份额相对应。相反,在现代英国,遗嘱人却可以把他的财产交给他的情妇(mistress),并且不把他的妻子和子女设立为继承人,直到1938年,议会才允许妻子(或者丈夫)和子女[但成年儿子和已经结婚的女儿除外,除非他(她)们不能自我维持生计]向法院提出请求,但不是为了要求得到一笔固定份额的财产,而是要求得到"合理的安排"。

普通法系与民法法系之间的这种对立不仅使得无遗嘱继承在欧陆国家变得较为普遍,还导致(特别是在法国)对家庭财产更零碎的分割,并且导致不存在英国特有现象——"最年轻的儿子"(the younger son)。

# 第五章 继承外赠与

设立继承人并且向他转移遗产是遗嘱的基本功能,但从很早时起,又发展起来另外一些功能,如解放奴隶、指定监护人,尤其是实行继承外赠与。这最后一种赠与通常采取遗赠的形式。

## 第一节 遗赠的形式

遗赠(*legatum*)有四种形式,其中两种是基本形式并且各有一种演变形式。在这里只需要讨论一下基本形式。每一种基本形式都要求使用专门的套语,而且这两种遗赠不能先于设立继承人而进行它们的有效性取决于继承人的设立。这两种基本形式的区别主要在于:一种使受遗赠人获得对被赠与物品的物权,另一种则使受遗赠人获得针对继承人的债权,继承人应当向受遗赠人实行交付。

直接遗赠(*legatum per vindicationem*)所使用的套语最初是:"我给予并且赠与"(*do, lego*),它使受遗赠人在继承人接受遗产时直接获得对有关物品的所有权。受遗赠人可以通过请求返还之诉向继承人或者任何其他占有人主张自己的所有权,无须由继承人实施进一步的行为。因此,他享有关于物权的通常待遇,除非由于遗产中的债务超过了资产的数额或者由于适用《法尔其第法》,遗赠的数额被自动地扣除。这种遗赠形式的好处还体现在对其适用范围的限制上。它仅限适用于那些能够成为请求返还之诉的对象的物品(特定的有形之物和他物权),此外,只有遗嘱人在立遗嘱时和在死亡时对其享有市民法所有权的那些物品(也就是说,遗嘱人能够自己要求返还的物品)才能成为直接遗赠的对象。比如,如果被遗赠的奴隶在遗嘱订立时仅仅归遗嘱人善意拥有,并且只有在时效取得的时间经过之后才得到对他的所有权,那么,这种遗赠无效。由于实践的原因,唯一被允许的例外情况是:对于可替代物(如"我的储存室里的葡萄酒"),只要在遗嘱人死亡时拥有所有权即可。一个特别重要的情况是:不能采用此种方式对钱款进行遗赠,除非是遗嘱人在死亡时拿着的钱币。

间接遗赠(*legatum per damnationem*)所通常使用的程式套语是:"我要求我的继承人给予"(*heres meus dare damnas esto*),它只是设立一种针对继承人的债权,但其好处是有着更大的灵活性。任何可构成直接遗赠的对象的物品也均可以此种方式遗赠,并且不要求遗嘱人享有市民法上的所有权。实际上可以对某些属于他人的物品实行遗赠,在此情况下,继承人必须为受遗赠人买下该物;如果所有主不愿意卖出,继承人则应当向受遗赠人支付价款。此外,遗赠的对象还可以是"未来物"(如"我的女奴的第一个孩子")、年金或者净遗产的一部分,也可以是将奴隶的特有产赠给在遗嘱中被解放的奴隶,甚至还可以是应由继承人实施的行为(如为受遗赠人建造一所房子,或者为他清偿债务)。

直接遗赠的范围狭窄,尤其是要求遗嘱人在订立遗嘱时并且在死亡时均对物品享有市民法上的所有权,这些使直接遗赠成为一种对赠与造成潜在限制的形式。尼禄时期(公元54—68年)的一项元老院决议清除了这一陷阱。从这项《尼禄元老院决议》(*Sc. Neronianum*)中产生了以下规则:如果某项遗赠是采用一种不恰当的形式表达的,它应当被认为是按照对其最为有利的形式表达的。对于我们前面论述的两种基本形式来说,这意味着:如果一种赠与作为直接遗赠是无效的,但作为间接赠与却可以是有效的,那么,它将被作为间接遗赠来看待。因而,遗赠不再仅因为所采用的形式不恰当而丧失其效力,但是,遗嘱人仍然应当使用法定套语之一进行遗赠,直到公元339年,一项谕令才把这宣告为不必要的,"家造遗嘱"的又一个潜在无效因素被消除了。优士丁尼采取了最后一项步骤,使所有的遗赠都遵循同样的规则,并且允许人们根据情况选择提起对物之诉或者对人之诉。

同设立继承人和解放奴隶一样,遗赠可以是附条件的,而且附条件遗赠可以用来为许多目的服务。例如,如果遗嘱人希望使属于另一个人的奴隶得到解放,他可以通过对该人实行附条件遗赠来达到这一目的,所附的条件就是:要求该人解放奴隶。

## 第二节 对遗赠数量的限制:《法尔其第法》

遗赠对于继承人来说是一项负担,继承人只有在清偿了遗嘱中的债务并且满足了遗赠要求之后,才对剩下的财产享有权利。由此可能使遗嘱产生一种危险。如果遗嘱人对自己的财产作出错误计算,或者如果在遗嘱人订立遗嘱后财产的价值降低(这是比较可能出现的情况),遗赠就可能大大地吞没继承人所应继承的遗产;假如该继承人是家外人并且由此而作出选择,他就可能发现这种遗产是不值得接受的。这一困难由《法尔其第法》(公元前40年)加以解决。遗赠的数量不能使为继承人保留的遗产数量降低到净遗产价值的四分之一(也就是说,在扣除丧葬费用、被解放的奴隶的价值等等之后,所剩遗产的四分之一)以下。如果所剩的遗产不够四分之一,遗赠将按比例(*pro rata*)减少。如果有数个继承人,每个继承人均有权获得其继承份额的四分之一。

## 第三节 死因赠与

这是考虑到某些特殊情况（如赠与人正准备进行一次危险的旅行）下的死亡而实行的赠与，并且只有当受赠与人在赠与人死后仍活着时才是完全有效的。因此，死因赠与是可撤销的，也就是说，可以暂时不向受赠人转移权利（停缓性条件），或者（可能更经常发生）要求受赠人储存他所接受的东西（解除性条件）。同一般的活人间赠与（*danatio inter vivos*）一样，死因赠与可以表现为赠与人自愿使受赠人获得任何形式的权益，无论是通过转让财产、设立契约权利，还是宣布债务消灭。在后期法中，不要求对死亡的直接预见，人们认为实行死因赠与主要考虑的是死亡率（mortality），而不是死亡本身，因而，实际上一个人可以采用此方式在其遗产继承之外实行赠与，无须为此订立遗嘱或者满足遗赠的其他形式要件。然而，由于死因赠与实质上类似于遗赠，因而它也遵循一些相同的规则。一般来说，只有那些能够取得遗赠的人，才能取得死因赠与（*donatio mortis causa*）。根据塞第米·塞维鲁皇帝（公元193—211年）的一项谕令，继承人可以认为自己有权相对于死因赠与的受赠人享受《法尔其第法》所规定的保障。在任何情况下，根据优士丁尼法，赠与的数额均可以应遗产债务人的要求减少，并且将在计算受赠人的法定继承份额时加以考虑。

## 第四节 遗产信托

某些类型的人既不能成为继承人，也不能成为受遗赠人。这些人包括异邦人（必须注意：异邦人有可能是近亲属）、尤尼亚拉丁人、"不确定的人"（如我们所说的团体，以及在立遗嘱时尚未出生的人);根据奥古斯都为鼓励结婚和养育子女而实行的立法,上述人还包括大多数没有结婚的成年人(*coelibes*)和没有子女的已婚者(*orbi*)(他们只被允许获得所给予数额的一半)。为了规避这样的以及其他的关于遗赠的限制,在共和国终结之前的一段时间中,发展起来这样一种做法:要求被有效指定的继承人或者受遗赠人将其所接受的财产之全部或者某一部分交给遗嘱人列举的受益人。这样的要求没有法律上的效力;此类委托的履行取决于继承人和受遗赠人的忠诚。然而,在少数特殊情况下,奥古斯都要求执政官给予行政上的干预,以确保这种要求的效力,由此之后,此种做法很快变成一种得到承认的法律制度。但是,此种做法仍然保持在程式诉讼制度和城市裁判官的司法管辖范围之外,它在"非常审判"中由专门指定的遗产信托裁判官加以强制执行。因此,遗产信托不是裁判官法的创造,而是皇帝的创造,它是由法学家设计的,并且展现变化着的谕令根据。遗产信托的成熟形式是一种令人惊奇的灵活制度,它允许将普通继承法的大量基本原则置之度外。它既不需要书面程式,也不需要口头程式。只要提出要求的意愿是明确的就足矣。遗产信托的受托人可以是任何从遗产继承中得到了好处的人,甚至是无遗嘱继承中的继承人,以致可以在无遗嘱的情况下实行赠与。遗产信托的范围与间接遗赠(*per damnationem*)一样广泛,而且在一个重要的方面还超过了间接遗赠:可以通过遗产信托购买并解放属于第三人的奴隶。在最初,遗产信托的受益人可以是任何不能够成为继承人或者受遗赠人的人,但这一最初的长处被逐渐磨灭,以致在盖尤斯时期,受益人的基本类型只剩下尤尼亚拉丁人。

然而,遗产信托最重要的作用并不在于为单个物的遗赠提供一种比较灵活的替换方式,而在于实现遗产继承(或者部分遗产)的转移。继承人被要求将遗产转移给遗产信托受益人,这种转移或者是立即实行的,或者是在间隔一定时间后实行的(这一做法的意义正在于此),或者是随着某一条件的出现而实行的。由于也可以要求遗产信托受益人承担遗产信托的义务,并且(在最初时)可以使尚未出生的人成为受益人,罗马人就有可能借此实现人类的下列共同愿望:把他的财产"拴住",使它在脱离第一个接受者之手以后继续受到控制,甚至永远受到控制;在遗产信托制度出现之前,这种愿望的实现曾受到"一旦成为继承人,永远是继承人"(*semel heres*, *semper heres*)规则的阻碍。也就是说,罗马人可以把他的儿子设立为继承人,或者通过遗赠或遗产信托给予他一块土地,以遗产信托的方式要求该儿子一直保留这块土地并且在他死亡时将此土地传给自己的长子,后者也被要求将土地传给其儿子,并且以此类推。这种创造"永远如此"的试图给法学家和立法者提出一个难题:在生者要求和死者要求之间实现平衡。确保自己的财产在死后继续用于一定的目的,这是人的自然愿望,对这种自然愿望的满足将表现为对该人的继承人以及社会的不利,因为就总体而言,资本的冒险使用将因此而受到限制。不管是不是因为这个原因,哈德良禁止将"不确定的人"作为遗产信托的受益人,并且要求遗嘱人禁止向家庭以外转让财产,甚至这种在家庭内部的财产处理似乎也在对象上受到限制,仅限于在遗嘱人死亡时存活的人和最近一代尚未出生的人。然而,优士丁尼再一次允许把"不确定的人"作为遗产信托的受益人。他的目的可能是鼓励向慈善机构赠与,但其结果仍是可能导致不受限制的永恒权利。正是由于后来出现了这样的情况,优士丁尼才在一项新律中规定:拴住财产的时间不得超过4代。用英国法的标准看,实际上这是一个很长的时间,但它仍在大多数起源于罗马法的制度中得到保留,直到现代时期为止。所谓"遗产信托接替"(*fideicommissary substitutions*)在法国贵族中相当普遍,它的持续时间被1560年立法减少为两代,并且法国革命中的改良主义者最早采取的行动之一就是完全禁止这种接替。《法国民法典》重申了这一禁止,并且规定了很受限制的例外情况,几乎所有参照《法国民法典》制定的法典也都包含这样的禁条。现代德国法奉行的是另一条路线,它仍然允许指定随后的继承人,但作出这样的一般性规定:如果这种指定在遗嘱人死亡后的30年内没有发生效力,则被认为无效。

遗产信托与英国的信托之间存在明显的相似之处。但是,遗产信托不能在活人之间设立,而且遗产信托受托人(*fideicommissary*)的地位也不同于信托受托人(trustee)的地位。一方面,当遗产信托要求立即转让财产时,遗产信托受托人的地位只是形式上的和过渡性的;另一方面,当遗产信托设立了一定的沉淀期时,受托人则取得全部的受益人利益。然而,无论怎样,在优士丁尼法中,遗产信托的受托人似乎与信托的受益人(beneficiary of a trust)一样,可以从任何在发出遗产信托通知时占据财物的人那里要求取得该财物。

## 第五节 遗产信托、遗赠和死因赠与的同化

优士丁尼宣布遗赠与死因赠与(*donatio mortis causa*)已经变得几乎没有区别,并且宣布他完全将遗赠与遗产信托加以同化。在这里,期望在某种程度上启发了思想。区别仍然保留着一些。例如,就遗赠与遗产信托而言,依然适用这样一条规则:向第三人的奴隶赠与自由只能通过遗产信托实行,并且该奴隶由此而成为受信托人的解放自由人,而不是遗嘱人的解放自由人;假如能够通过遗赠向上述奴隶赠与自由,他本应当是遗嘱人的解放自由人。就死因赠与和遗赠而言,也一直适用以下规则:死因赠与在死后立即生效,而不是在继承人接受遗产时生效。

## 第六节 遗嘱附书

英国的遗嘱附书(*codicil*)仅仅是遗嘱后面的一个附言,在所要求的手续上并且通常在实质内容上,同遗嘱并无区别。然而,罗马法中的遗嘱附书则在形式上和内容上均不同于遗嘱。遗嘱附书是一种非正式的文书(字面含义是"小文书"),它采用除设立继承人以外的

其他各种方式,对整个遗产或者遗产之一部分进行处置。我们之所以在这里论及它,是因为:虽然遗嘱附书与遗产信托没有必然的联系,但这两项制度在起源和随后的历史发展中有着紧密的关联。据说,兰图卢斯(Lentulus)家族的一名成员在非洲临死前写下遗嘱附书(他曾经在遗嘱中提前对此作出确认),要求奥古斯都通过遗产信托的方式做某些事情。奥古斯都执行了这些愿望,然后问法学家遗嘱附书是否符合法律,得到的答复是肯定的,所援引的理由是:在国外很难履行遗嘱所要求的一切手续。后来,当拉贝奥写遗嘱附书时,就其合法性问题没能提出任何进一步的疑问。在法律发达时期,人们区分两种不同的遗嘱附书,一种得到遗嘱随后的或者提前的确认,另一种则没有得到遗嘱的确认并且针对的是无遗嘱继承人(*heres ab intestato*)。前一种遗嘱附书被认为构成遗嘱的组成部分,并且可以安排遗嘱所能安排的任何事情,只是不能设立继承人或者剥夺继承权;后一种遗嘱附书则只能设立遗产信托。后期法倾向于要求证人参加遗嘱附书的订立,就像参加遗嘱的订立一样,优士丁尼将证人的数量确定为5人。

附表：

# 罗马法历史的重要年代

| 时间 | 事件 |
| --- | --- |
| 共和国时期 ||
| 公元前 451—450 年 | 颁布《十二表法》 |
| 公元前 367 年 | 设立城市裁判官职位 |
| 公元前 242 年 | 设立外事裁判官职位 |
| 公元前 125 年？ | 颁布《爱布兹法》，对民事诉讼程序进行改革 |
| 元首制时期 ||
| 公元前 27 年 | 奥古斯都将自己的权力合法化 |
| 14 年 | 奥古斯都去世 |
| 117—138 年 | 哈德良统治时期 |
| 130 年 | 对裁判官告示加以整理 |
| 138—161 年 | 安东尼·比乌统治时期 |
| 161 年？ | 盖尤斯的《法学阶梯》出版 |
| 161—169 年 | 奥勒留和维鲁统治时期 |
| 169—180 年 | 奥勒留单独执政时期 |
| 193—211 年 | 塞维鲁统治时期 |
| 211—217 年 | 卡拉卡拉（安东尼）统治时期 |

续表

| 时间 | 事件 |
| --- | --- |
| 212 年 | 颁布《安东尼告示》(也称《卡拉卡拉告示》),向帝国境内所有居民授予罗马市民籍 |
| **君主制时期** ||
| 284—305 年 | 戴克里先统治时期 |
| 306—337 年 | 君士坦丁大帝统治时期 |
| 313 年 | 发布关于宗教容忍的《米兰告示》 |
| 330 年 | 迁都君士坦丁堡 |
| 395 年 | 罗马帝国最终分裂 |
| 426 年 | 颁布《援引法》 |
| 438 年 | 颁布《狄奥多西法典》 |
| 476 年 | 西罗马帝国结束 |
| 527—565 年 | 优士丁尼统治时期 |

# 译后记

十年前,我和意大利罗马第二大学的斯奇巴尼教授曾经议定:要向中国的读者介绍原汁原味的罗马法。也就是说,要将拉丁文的罗马法原始文献翻译成中文,并且要将罗马法故乡——意大利的、正宗的现代罗马法论著介绍到中国。为此,我和我的其他合作伙伴们在工作与合作中一般只使用两种语言(就中国合作者来说,是指外语):拉丁语和意大利语;我们似乎也在一定程度上接受了某些正统罗马法学者的一项"默示"禁忌——不使用英语,即使通晓它。

去年,在听取了法律出版社贾京平总编辑关于丛书出版的设想并且翻阅了尼古拉斯教授的这部著作后,我决定翻译这本英文的《罗马法概论》。现在,望着一堆打印出来的译稿,我感到非常心安理得:这是一本好书;为翻译它而违反一次正统罗马法学者的"禁忌",是值得的。

尼古拉斯教授的《罗马法概论》是一本以比较的方法撰写的罗马法教科书,它在每一议题的论述中都加进了罗马法与英国法的比较以及古典罗马法与现代民法法系制度的比较,包含着丰富的信息量和精辟的分析见解。这种比较的方法不仅能够大大地开阔读者的眼界和思路,而且有助于加深读者对各项罗马法具体制度的理解。尼古拉斯教授将比较的方法运用于教科书性质的论著中,充分显示出其在各项法律制度的比较研究上具有系统的和精深的造诣。

实际上,罗马法之所以经历数千年的变迁而仍保持着生命力,其根本原因就在于它善于兼容并蓄和不断翻新。对罗马法,我们需要了解其本源，但也同样需要了解其发展和演变，而这后一种了解就离不开横向的和纵向的比较。从一定意义上讲，几乎所有国家的法律工作者都可以运用罗马法学说对本国的基本民事关系作出解释，并且也可以从本国的基本现实出发对罗马法学说作出自己的诠释。当年，中国的江平教授在意大利，面对众多的罗马法学者，根据中国经济改革中的所有权和经营权"两权分离"的学说对罗马法的占有制度作出独特的解释，曾令正统的罗马法学者耳目一新，感慨良深。

尼古拉斯教授的《罗马法概论》没有采纳一些现代罗马法教科书的体例，也就是说，不是简单地按照现代民法典的分类体系排列罗马法规范，而基本上是以盖尤斯《法学阶梯》的论述次序为其结构蓝本。盖尤斯将法的调整对象归纳为三大范畴：人、物和诉讼。人法调整的是人的身份和地位、婚姻家庭关系、监护和保佐制度等。物法则涉及与物有关的三大权利：物权、债权、继承权。诉讼法调整的是人们据以获得法律保护的手段。为突出实体法，尼古拉斯教授对这一"三分法"作了一些调整，将诉讼法揉进各项实体法制度中介绍，并且将物法的三大权利作为三个独立范畴与人法相互并列，从而形成了本书的基本论述次序：人法（包括婚姻、家庭、监护和保佐）、财物法（物权）、债法（其中也包括产生于私犯的债，即所谓侵权法）、继承法。这是地道的古典罗马法体系。

这本《罗马法概论》证明：尼古拉斯教授是一位真正的正统罗马法专家，而且是一位崇尚古典罗马法的学者。可以说，这本书通篇贯穿着古典罗马法的集大成者——盖尤斯的论点，作者甚至对优士丁尼法（它被许多罗马法学者奉为圣典）持有一种清醒的批判态度。书中的大量论述是对盖尤斯《法学阶梯》的逐段阐释。例如，财物法编中的第六章"原始取得的自然方式"就基本上是对盖尤斯《法学阶梯》第二编中有关段落的诠释，甚至连举的例子都是相同的。也许是因为我曾经根据拉丁文翻译过盖尤斯的《法学阶梯》，上述对应关系给我留下深刻的印象，以致使我确信这本概论所介绍的罗马法具有原本性。

显然,《罗马法概论》的作者不是仅仅根据第二手或者第三手的材料转述罗马法,而是力图依据第一手的原始文献向读者展现罗马法的原本面貌。能够这样做的人,无论是使用意大利文、德文或者波兰文写作,还是使用英文或者中文写作,均可称为真正的罗马法学者,这里不应当存在法系间的偏见。

我不知道《罗马法概论》的作者是否赞同历史唯物主义的观点,从他在书中对一些问题的分析来看,作者在对这一观点的运用上似乎颇具功力。一个明显的例子是作者对罗马法租赁制度的分析,作者敏锐地发现:与其他契约制度相比,罗马法的租赁制度缺乏比较细致的权利与义务划分,究其原因,恰恰在于当时租赁制度具有不平等性,"农业承租人通常是些小农,在帝国后期甚或退化成隶农,而且,雇主和被雇佣者之间不平等的讨价还价的地位被贫富程度的两极分化以及奴役制度进一步加强"。这种紧扣具体历史环境的分析在书中其他部分也能见到。对于有兴趣探讨外国法律制度的历史的、社会的和经济的成因或背景的中国读者来说,这本书具有可读性。

这本书还有其他一些优点:它的叙述简练、流畅;通常以举例的方式对有关的观点或者理论加以解释;主要的术语均采用拉丁文表述,配合英文的诠释,能够帮助读者掌握基本的罗马法名词等。

我想,我的合作伙伴们(无论是中方的,还是意方的),在认真阅读此书后,都会对它的价值以及翻译它的有益性予以认同。

毋庸讳言,这部《罗马法概论》,在我看来,也有值得商榷的地方:作为一本教科书或者导论性质的作品,系统性是非常重要的,而且为满足现代读者的需要和兴趣,这种系统性应当更紧密地同现代法律制度的基本体系相联系。如果很严格地遵循盖尤斯《法学阶梯》的体系,从现代法的角度看,可能就会使人感到其对法的各个部分的论述有些轻重失衡,甚至会出现遗漏或者重复。这实际上涉及同一问题的另一个方面,任何一部作品的独特之处或者优点可能恰恰容易被人找出毛病或者留下遗憾。在关于罗马法的论著中,原本性与现代性永远是难以平衡,但又应竭力予以平衡的两端。

在翻译中,译者对原书体系所作的唯一调整是:将以不同数码形式标出的层次划分改为使用编、章、节的编排形式。这样的改动也许能够使本书具有较为鲜明的层次感,更加突出其议题的体系。

黄　风

1998 年 7 月 25 日

于蒲黄榆